ARTIFICIAL
INTELLIGENCE

빅데이터 분석의 첫걸음

R코딩

Coding

장용식 · 최진호 지음

생능출판

빅데이터 분석의 첫걸음

R 코딩
Coding

초판 발행 2020년 4월 8일
제1판 2쇄 2021년 2월 19일

지은이 | 장용식, 최진호
펴낸이 | 김승기
펴낸곳 | (주)생능출판사
등 록 | 제406-2005-000002호(2005년 1월 21일)
주 소 | 10881 경기도 파주시 광인사길 143
전 화 | (031) 955-0761
팩 스 | (031) 955-0768
홈페이지 | http://www.booksr.co.kr

책임편집 | 김민보
편 집 | 신성민, 유제훈, 권소정
디자인 | 유준범
마케팅 | 최복락, 김민수, 심수경, 차종필, 백수정, 최태웅, 명하나, 김범용, 김민정
인쇄 · 제본 | (주)상지사 P&B

ISBN 978-89-7050-397-4 (93000)
값 30,000원

• 이 책의 국립중앙도서관 출판예정도서목록(CIP)은 서지정보유통지원시스템 홈페이지(http://seoji.nl.go.kr)와 국가자료공동목록시스템(http://www.nl.go.kr/kolisnet)에서 이용하실 수 있습니다.(CIP제어번호: CIP2020008455)

머리말

이 책은 R을 통해 코딩에 대한 자신감을 높이고 데이터 분석에 대한 흥미를 가질 수 있도록 하기 위해 저술되었다. 지금 우리는 인공지능이 붐인 4차 산업혁명 시대에 살고 있다. 1956년 여러 분야의 연구자들이 모인 미국 다트머스 대학 워크숍에서 인공지능이란 단어가 사용되기 시작하고 기대와 실망을 거듭하다가 지금 다시 인공지능이 많은 문제를 해결할 것 같은 기대감에 유망 기술로 각광받고 있다. 2016년 바둑 인공지능 소프트웨어인 구글의 알파고는 이세돌 기사를 4대 1로 이기면서 세계의 이목을 끌었고, 지금은 MRI 영상정보를 판독하여 의사의 판단을 도와주는가 하면, 인간보다 높은 이미지 인식률로 스마트 팩토리, 보안 검색 및 출입 관리, 무인 점포 등에 활용되어 편리함을 더해주고 있다.

인공지능이 발달하게 되는 그 중심에는 빅데이터가 있다. 빅데이터는 융합기술이 살아 숨쉬게 하는 에너지와 같은 역할을 한다. 우리가 일상에서, 주변의 사물인터넷에서, 그리고 비즈니스와 공장에서 어마어마한 데이터를 쏟아내고 있다. 우리는 우리가 살고 있는 사회를 잘 이해하기 위해서 또는 데이터 분석의 경쟁력을 키우기 위해서 데이터와 가까워질 필요가 있다.

R은 우리에게 새로운 기회가 될 수 있다. 통계 패키지로 출발한 R은 SAS, MATLAB, SPSS 보다 더 선호되고 있으며, 범용 프로그래밍 언어인 Java, C/C++, Python 못지 않게 인기가 높다. R은 일반적인 데이터 처리를 위한 뛰어난 기능이 있고, 간단히한두 줄의 코딩으로 표, 차트, 지도 등 다양한 시각화 자료를 쉽게 만들어 내며, 웹을 통한 정보 추출과 인공지능구현을 위한 손쉬운 기능 등을 제공하고 있어 배울수록 흥미가 깊어질 것이다. 이 책은 처음 데이터를 다루는 입문자를 위해 R의 기초 문법과 여러 흥미로운 주제를 쉽게 이해할 수 있도록 내용을 구성하려고 노력하였다. 그러나, 마지막은 역시 학습자의 몫일 것이다. 관심과 반복으로 스스로 깨우치려는 노력이 더욱 요구된다.

끝으로 이 책의 기획에 큰 도움을 주신 생능출판사의 김민수 이사님과 품격 높은 편집으로 좋은 책을 만들어주신 김민보 차장님께 감사드린다.

2020년 3월 저자 일동

학습내용과 절차

이 책의 학습내용은 13개 장으로 크게 다섯부분의 흐름으로 구성되어 있다. 첫 번째 1장에서는 4차 산업혁명 시대에서 데이터 분석의 사례를 통해 그 중요성을 이해하고, 데이터 분석 도구인 R의 개요를 설명한다. 두 번째 2장에서는 R과 RStudio개발환경을 구축하고 시작하는 과정을 기술한다. 세 번째 3장에서는 R데이터 구조와 데이터 세트, 그리고 함수를 통해 기초적인 문법을 설명한다. 네 번째 4장에서는 이 책에서 다루는 일부 주제인 차트, 워드 클라우드, 애니메이션, 웹스크래핑, 시뮬레이션을 먼저 실행해 봄으로써, 간단하고 뛰어난 R편집과 기능을 이해해보도록 한다. 마지막으로는 5장부터 13장까지는 R이 가지고 있는 기능들을 익히기 위해 여러 주제에 대해 학습하는 단계이다. 즉, 데이터 분포를 파악하는 차트 만들기, 움직이는 화면을 통해 데이터 출력효과를 높이기 위한 애니메이션, 위치 정보를 구글맵에 출력하는 방법, 웹 문서의 정보를 추출하는 웹스크래핑, 공공데이터요청과 활용, 네이버에서 제공하는 오픈 데이터의 접근과 활용, 네트워크 구조를 갖는 사회연결망 분석, 시간에 따른 시스템의 변화를 모방하여 분석하는 시뮬레이션, 생물학적 신경망 구조로 모형화한 인공신경망으로 구성되어 있다.

학습 절차는 시간적인 제약과 흥미에 따라 달리할 수 있을 것이다. 4장을 제외한 1장에서 5장까지는 R의 기초적인 내용으로 순서에 따라 살펴보면 좋을 것이다. 특히, 3장과 5장은 R을 이해하는 시작이기 때문에 세밀히 살펴볼 필요가 있다. 한편, 4장은 R의 기능을 익히기 전에 문법적인 설명보다는 단순히 코딩만으로 개략적인 실행 결과를 살펴보고 흥미를 가질 수 있는 단계이다. 상황에 따라 4장은 건너 뛰어도 무난하다. 5장부터 13장까지는 순서대로 학습하거나 주제별로 선별해서 학습할 수 있다. 다만, 9장의 공공 데이터 활용은 7장 지도 활용하기와 8장 웹스크래핑을 학습 후에, 그리고 10장의 네이버 오픈 API 활용은 8장을 학습 후에 하기를 권한다.

1. 데이터로 움직이는 사회
2. R 개발환경
3. 데이터 구조의 이해
4. 무조건 해보기
5. 차트 프로그래밍
6. 애니메이션
7. 지도 활용하기
8. 웹스크래핑
9. 공공 데이터 활용
10. 네이버 오픈 API 활용
11. 네트워크 분석
12. 시뮬레이션
13. 인공신경망과 딥러닝의 이해

5장부터 13장까지의 각 주제별 학습 절차는 다섯 단계의 과정으로 되어 있다. 각 주제는 각 주제별 개요, 원리 이해, 기초 실습, 응용 실습 단계로 기술하여, 학습자가 혼자서 또는 그룹으로 토의하면서 내용들을 이해할 수 있도록 하였다. 또한, 각 주제별 마지막 부분의 실습과제는 스스로 이해 수준을 파악하고 응용력을 키울 수 있는 단계가 되도록 하였다.

학습은 스스로 하는 자세가 중요하다. 처음에 이해가 되지 않더라도 여러 번 반복해서 살펴보고 스스로 질문하면서 답을 찾도록 노력할 필요가 있다. 그 노력의 결과는 자신도 모르는 사이에 코딩이 편하고 데이터 분석에 대한 열의가 있는 자신을 발견하게 될 것이다.

차례

머리말 3
학습내용과 절차 4

Chapter 1 데이터로 움직이는 사회와 R

1.1 산업혁명 14
1.2 데이터로 움직이는 사회 16
1.3 데이터분석 도구, R 19

Chapter 2 R 개발환경

2.1 R 개발환경 22
2.2 R 설치와 시작 23
2.3 RStudio 설치와 시작 29
2.4 패키지와 라이브러리 33

Chapter 3 데이터 구조의 이해

3.1 데이터 구조의 이해 38
3.2 벡터와 연산자 39
3.3 요인 49
3.4 배열과 행렬 50
3.5 리스트 53
3.6 데이터 프레임 55
3.7 데이터 파일 읽기 61
3.8 함수 66

Chapter 4 무조건 해보기

4.1 X-Y 플로팅 차트로 보는 지역별 미세먼지 현황 70
4.2 워드 클라우드로 보는 지역별 미세먼지 현황 73
4.3 애니메이션: 바람개비 돌리기 74
4.4 웹스크래핑: 공공데이터 포털의 API 목록 출력 77
4.5 동전 던지기 시뮬레이션 79

Chapter 5 차트 프로그래밍

5.1 단순한 차트의 유형 84
5.2 줄기-잎 그림 86
5.3 파이 차트 90
5.4 바 차트 99
5.5 X-Y 플로팅 107
5.6 히스토그램 115
5.7 박스 플롯 121
실습 과제 1: CDNow의 거래 데이터를 이용한 분포 분석 126
실습 과제 2: 강의 길이에 대한 분포 분석 128

Chapter 6 애니메이션

6.1 애니메이션 개요 132
6.2 카운트 다운 133
6.3 랜덤 막대그래프 139
6.4 동전 던지기 확률의 변화 차트 143
6.5 룰렛 돌리기 147
6.6 라이언 킹 153
실습 과제 1: 수열 출력: 1~100 사이의 3의 배수 합 161
실습 과제 2: 당구공 굴리기 163

Chapter 7 지도 활용하기

7.1 구글맵과 개요 168
7.2 구글맵 API키 신청 170
7.3 구글맵 출력 183
7.4 단양팔경을 지도 위에 194
7.5 지진 발생 지역 분포 200
실습 과제: 미세 먼지 분포 208

Chapter 8 웹스크래핑

8.1 웹스크래핑 개요 212
8.2 문자 추출을 위한 DOM 구조의 이해 213
8.3 공공데이터포탈의 목록 추출(단일 페이지) 218
8.4 공공데이터포탈의 목록 추출(다수 페이지) 225
실습 과제: 유튜브의 동영상 목록 추출 228

Chapter 9 공공 데이터 활용

9.1 공공데이터 포탈 개요 232
9.2 오픈 API 인증키 신청: 미세먼지 정보 233
9.3 미세먼지 농도의 시간대별 변화: 막대 그래프 241
9.4 지역별 미세먼지 농도 비교: 지도 252
실습 과제 1: 특정 지역의 시간대별 미세먼지 농도의 변화 258
실습 과제 2: 특정 시간대의 지역별 초미세먼지 농도 비교 260

Chapter 10 네이버 오픈 API 활용

10.1 네이버 오픈 API 개요 264
10.2 네이버 정보검색 API키 발급 받기 266
10.3 네이버 오픈 API 기본 사항 269
10.4 뉴스 검색: "인공지능" 키워드 272
실습 과제: 네이버 블로그 검색 284

Chapter 11 네트워크 분석

11.1 네트워크 분석의 개요 288
11.2 네트워크 분석 지표 290
11.3 네트워크 지표 분석 300
11.4 페이스북 사용자 네트워크 분석 319
실습 과제 : 천체물리학자의 협업네트워크 분석 340

Chapter 12 시뮬레이션

12.1 시뮬레이션 개요 348
12.2 표본추출과 난수 349
12.3 동전 던지기 352
12.4 몬테카를로 시뮬레이션에 의한 원주율 구하기 357
12.5 회귀선 구하기 361
실습 과제 1: 주사위 던지기 371
실습 과제 2: 시뮬레이션과 통계적 방법의 회귀선 비교 374

Chapter 13 인공신경망과 딥러닝의 이해

13.1 인공지능과 인공신경망 개요 378
13.2 인공신경망 구성과 학습 381
13.3 주택 가격 예측(회귀문제) 383
13.4 붓꽃 종의 분류(분류문제) 398
실습 과제 1: 주택 가격 예측(입력 노드 수의 변경) 409
실습 과제 2: 붓꽃 종의 분류(은닉층 노드 수의 변경) 410

부록 411

1 R 설치 413
2 RStudio 설치 421

참고문헌 426
찾아보기 428

학습 목표

데이터 분석과 R의활용 이유

학습 내용

- 산업혁명의 트렌드
- 데이터 분석의 활용 예
- R 개요

Chapter 1 데이터로 움직이는 사회와 R

빅데이터는 4차 산업혁명 시대의 인공지능을 구현하는 주요 자원이다.
우리 사회에서 데이터 분석을 활용하는 주요 사례와 주요 데이터 분석도구인 R을 살펴보자.

1.1 산업혁명
1.2 데이터로 움직이는 사회
1.3 데이터분석 도구, R

1.1 산업혁명

1769년 영국의 제임스 와트James Watt가 증기기관을 발명하면서 가내 수공업 생산은 기계화로 변하는 계기가 되었다. 이를 1차 산업혁명이라고 부른다. 1855년에는 헨리 베세머Bessemer가용광로에서 만들어진 선철을 가공이 편리한 강철로 만드는 베세머 전로를 발명하고, 1882년에는 전기를 활용한 에디슨의 백열전구를 발명하여 전기를 생활과 산업에 활용하게 되었고, 1910년에는 헨리 포드가 자동차 생산라인에 컨베이어 벨트를 도입하게 되면서 대량생산 체계의 2차 산업혁명 시대로 발전하였다. 1946년대에 전기적 수치 계산용 컴퓨터인 ENIAK의 발명은 디지털 혁명의 시작이라고 할 수 있으며, 이후 생산의 자동화로 이어지게 된다. 또한 1981년 개인용 컴퓨터인 IBM PC의 개

1차 산업혁명, 생산의 기계화
(1835 섬유공장)[1]

2차 산업혁명, 대량생산 체계
(포드 자동차 생산 라인)[2]

3차 산업혁명, 공장 자동화
(KUKA 산업로봇)[3]

4차 산업혁명, 융합
(Amazon Go)[4]

발, 1973년 인터넷과 2007년 스마트폰인 애플의 아이폰 개발은 정보가 중심이 되는 정보화 사회로 발전하게 된다. 이를 3차 산업혁명이라고 한다.

2016년 1월 세계경제포럼World Economic Forum에서 포럼 회장인 클라우스 슈밥이 '제4차 산업혁명의 이해'라는 주제로 발표하면서 사회가 나아가는 새로운 방향을 제시하였다. 4차 산업혁명 시대에는 인공지능, 로봇, 바이오, 사물인터넷, 가상현실, 빅데이터, 자율주행차, 드론 등의 다양한 기술이 융합되어 경제, 정치, 사회 등 모든 분야에서 혁신적 변화가 나타나는 새로운 패러다임의 시대로 변모하고 있다. 2016년 12월 미국 시애틀에 있는 아마존 본사 건물에 문을 연 인공지능 식료품점인 아마존 고Amazon Go는 융합의 한 사례로 들 수 있다. 천장에 달린 센서는 소비자의 동선을 추적하다가 상품을 집어 들거나 내려 놓는 행위를 인식한다. 이런 융합 기술을 '저스트 워크아웃 테크놀로지Just Walk Out Technology'라고 한다. 한편, 딥러닝 알고리즘으로 어떤 물품인지를 인식하고, 매장을 떠나면 앱을 통해 자동으로 결제된다. 아마존 고는 2020년 3월 현재 미국의 시카고, 뉴욕,샌 프란시스코, 시애틀에 26개 매장을 운영하고 있으며, 그 수는 점차 증가할 것이다.

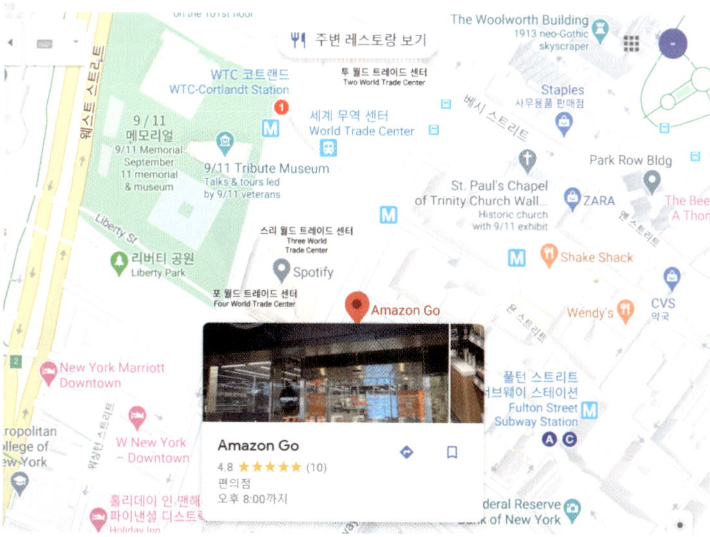

아마존 고(뉴욕)

1.2 데이터로 움직이는 사회

4차 산업혁명 시대에서 데이터는 세상의 흐름을 주도하고 변화시키는 주요 자원 중 하나이다. 최근 전세계 연도별 데이터 처리량을 보면, 해를 거듭할수록 데이터 증가량은 점점 커지고 있는 현상을 볼 수 있다. 2018년의 전세계 데이터 처리량은 33제타바이트(ZB)로 나타나고 있으며, 2025년에는 175제타바이트까지 증가할 것으로 예상된다.

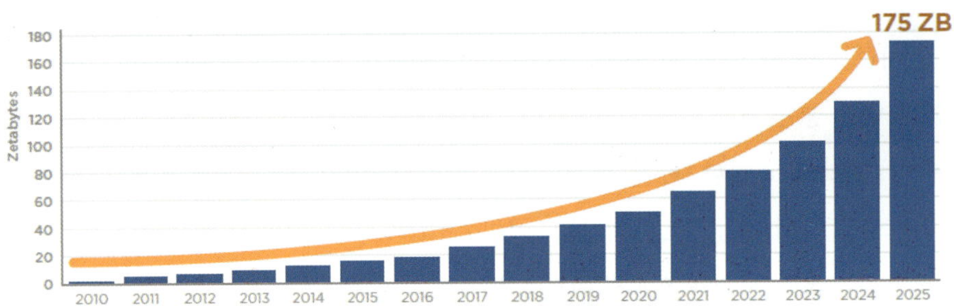

연도별 전세계 데이터 처리량[5]

전에 없던 이 거대한 데이터를 빅데이터라고 한다. 빅데이터의 주요 3V라고 하는 특성은 volume(데이터 크기), velocity(데이터 생성 속도), variety(데이터의 다양성)이 있다. 원유가 기계를 움직이게 하는 연료이듯이, 빅데이터는 현대 사회를 역동적으로 돌아가게 하는 연료가 된다. 빅데이터는 학습 자료로 활용되거나 분석을 통해 그 가치가 발휘되는데, 학문 영역은 물론, 기업과 우리 사회생활에 큰 편익을 주고 있다. 최근 2016년에 바둑의 기보 데이터로 학습한 구글의 알파고가 이세돌을 4대 1로 이긴 사건으로 세상은 '인공지능AI: Artificial Intelligence'에 놀라게 되었다. 인공지능 연구는 1956년 미국 다트머스 대학의 워크숍에서 시작되었고, AI라는 용어는 존 맥컬티John McCarthy가 창안하였다[6]. 인공지능은 크게 전문가시스템, 퍼지시스템, 유전알고리즘, 기계학습(머신러닝) 분야로 분류된다. 각 분야별로 붐이 있던 시기가 있었지만, 최근에 기계학습 분야에 속하는 인공신경망의 딥러닝이 크게 발전함에 따라 다시금 인공지능의 붐이 불고 있다.

빅데이터는 산업과 우리 생활에서 다양하게 활용되고 있다. 2013년부터 시행한 서울시의 일명 '올빼미 버스'인 심야버스 노선운영은 한 예이다. 서울시는 1개월간의 통화데이터에 기반한 KT 유동인구데이터와 7일간의택시승 · 하차데이터를 분석하였다. 버스나 지하철등 대중교통을 이용할수 없는 자정부터 새벽 5시의 심야시간대에 시민들의 안전한 귀가와 불편해소를 위해 2013년 4월부터심야버스 2개노선(N26, N37)을 시범적으로 운행하였고, 9월부터는 9개 노선으로 확대하여 운영하고 있다[7].

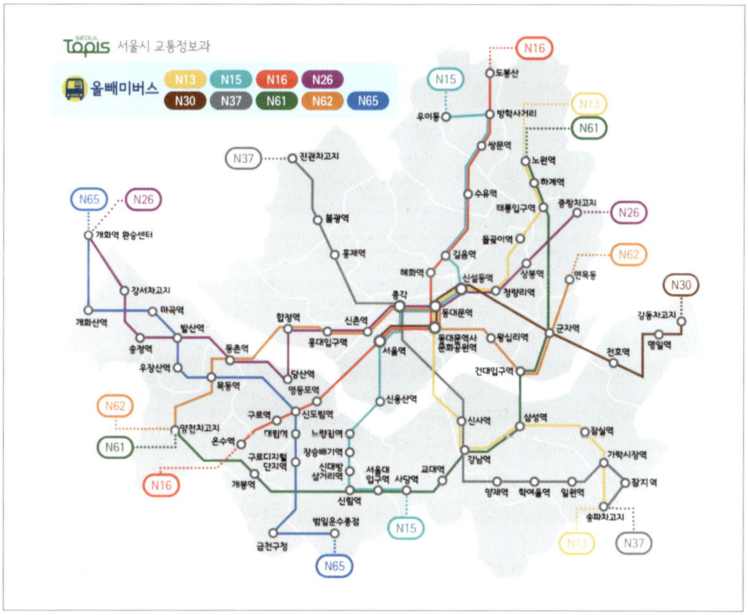

서울시 올빼미버스 노선도[8]

빅데이터는 인공지능과 로봇이 결합된 시스템이라고 할 수 있는 자율주행차 부문에도 활용되고 있다. 세계적인 컨설팅기업인 KPMG에 따르면 정책 · 제도, 기술 · 혁신, 사회기반시설, 소비자 수용성의 4대 부문 25개 지표로 구성된 '2019 자율주행 준비 지수2019 Autonomous Vehicles Readiness Index'의 평가에서는 25개 자율주행 경쟁 국가 중에 네덜란드(25.05점), 싱가포르(24.32점), 노르웨이(23.75점), 미국(22.58점)이 앞서 있고 우리나라

(19.79점)는 13위로 나타났다[9]. 국토교통부는 2020년 자율주행차 레벨3(비상 시에 운전자 개입 필요)의 상용화를 목표로 기술개발 지원, 인프라 구축, 제도개선을 위해 다양한 지원정책을 실시하고 있다[10]. 한편, 구글의 경우2018년 12월에 자율주행 계열사인 웨이모가 "Waymo One"이라는 상용 자율 주행 자동차 서비스를 시작했다. 아리조나주의 피닉스지역의 사용자는 앱을 사용하면 픽업을 요청할 수 있다[11]. 주변에서 일어나는 실시간 데이터를 정확하고 빠르게 분석 및 판단하는 기술은 향후 운전자 개입이 전혀 필요 없는 레벨5인 완전 자율주행차가 가능하도록 할 것이다.

웨이모(Waymo): 구글의 자율주행차[11]

또한, 빅데이터는 이미지 인식과 자연어 처리를 위한 학습 데이터로 유용하게 활용되고 있다. 2010년부터 시작된 전세계 이미지 인식 경진대회인 ILSVRC ImageNet Large Scale Visual Recognition Challenge에서는 이미지 인식 알고리즘들의 오차가 점점 줄어들고 있다. 사람의 경우, 이미지 분류 오차는 5% 정도로 알려져 있는데, 2017년도의 딥러닝 기반 알고리즘인 SENet은 2.3%의 오차로 사람보다 더 뛰어난 이미지 인식 능력을 보여준다[12]. 이미지 인식 기술은 무인 상점에서 고객이 계산대에 올린 상품을 자동으로 인식하거나, 입출입자의 얼굴 인식이나 보안 검색대의 반출입 불허 품목 검색의 보안 부문 외에 폭 넓은 분야에 널리 활용될 수 있다. 최근 예술 분야의 창작 활동 등에 활용할 수 있는 이미지 생성 기술인 생성적 적대 신경망 GAN: Generative Adversarial Network은 새로운 인공지능 기술로 기대되고 있다.

1.3 데이터분석 도구, R

데이터는 다양한 방법으로 세상을 보여준다. 이제 우리는 이 유용한 자원을 어떻게 활용할 수 있을까를 진지하게 고민해야 할 때이다. 이에 대응하기 위해 데이터를 다루는 능력을 키우는 일이 우선 과제가 될 수 있다. 어떤 도구가 그런 능력을 키우는 데 도움을 줄 수 있을까? R은 주요 대안 중 하나이다. R은 통계처리 전문 툴로서, 다양한 데이터 분석에 활용되고 있다. 그 동안 통계처리는 MATLAB, SAS, SPSS 등이 주로 사용되었는데, 최근 R이 그 자리를 대신하고 있는 추세이다.

R은 1961년 미국 벨 연구소의 존 챔버스John Chambers와 그의 동료들에 의해 개발된 S 언어에 그 뿌리를 두고 있다. R은 1996년도에 뉴질랜드의 오클랜드 대학교에서 로스 이하카Ross Ihaka와 로버트 젠틀맨Robert Gentleman이 개발하였으며, 자신들의 이름을 기념하기 위해 R이라는 이름이 지어졌다고 한다[13].

왜 R이 인기가 높을까? R은 설치가 간단하고, 문법은 물론, 절차에 따라 명령어들을 기술한 R스크립트의 편집과 실행이 쉽다. 특히, 데이터를 다루는 능력이 뛰어나며, 8,000여 개의 라이브러리가 있어 몇 줄의 코드만으로 고급 데이터 분석이 가능하고, 분석결과의 시각화 방법도 간단하고 다양하다. R은 다른 프로그래밍 언어 속에 섞여 코드화되는 임베디드 기능이 있고, 기존 라이브러리를 활용해서 여러 기능으로 쉽게 확장할 수 있다. 또한, R에는 풍부한 실습용 데이터 세트가 제공되기 때문에 학습하기에 용이하다. 아마 무엇보다 중요한 요인은 무료로 사용 가능하기 때문일 것이다. 또한, R을 기반으로 하는 통합개발환경인 RStudio는 편집과 실행을 용이하게 해준다. RStudio는 유료와 무료 버전이 있는데, 무료 버전을 사용하면 될 것이다.

R을 잘 다루는 능력은 요즈음의 데이터 시대에 주요 경쟁력 요인이 될 수 있다. 또한, 학습 과정에서 창의적 사고를 키우고, 데이터 분석과 코딩에 흥미를 가지게 되는 계기가 될 것이다.

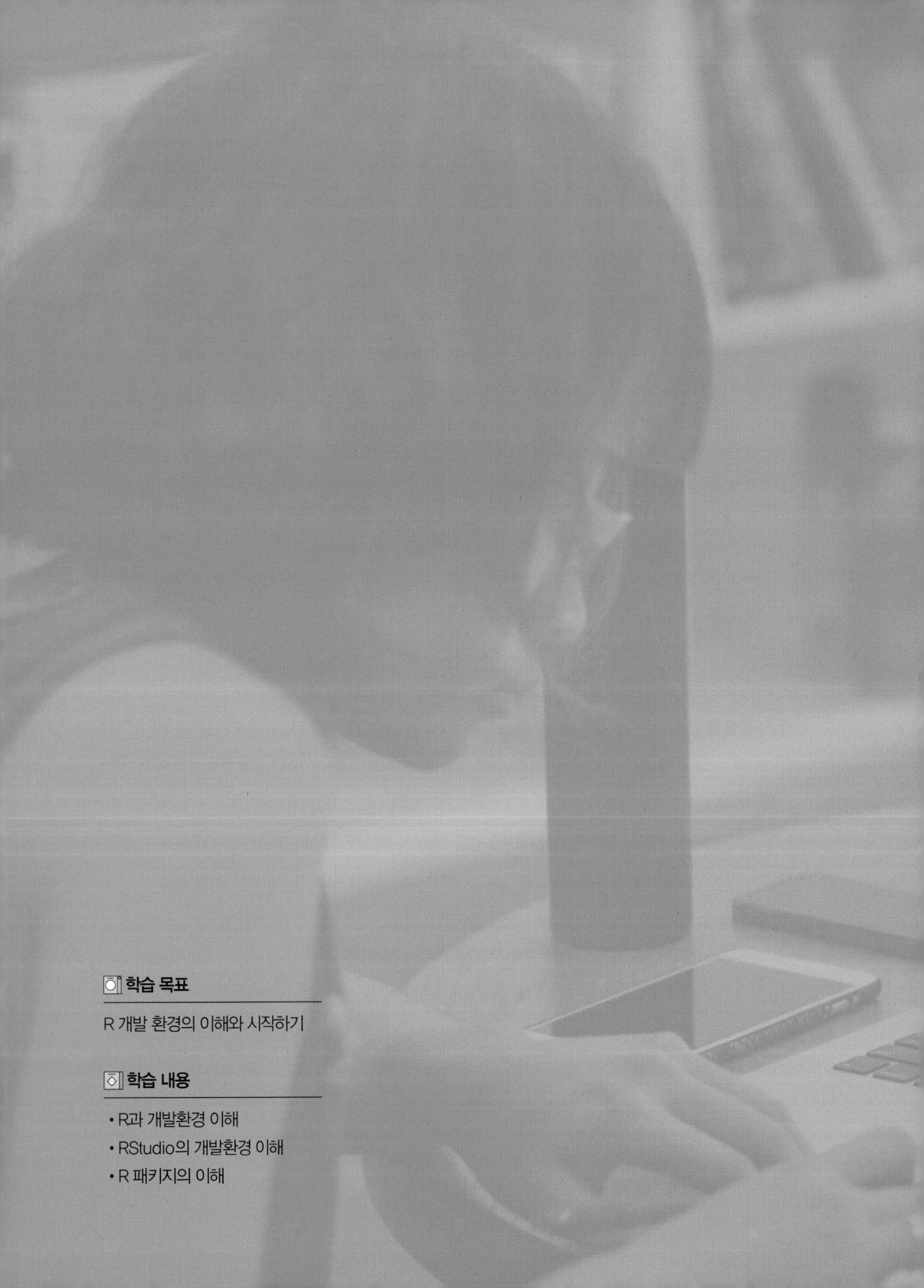

학습 목표

R 개발 환경의 이해와 시작하기

학습 내용

- R과 개발환경 이해
- RStudio의 개발환경 이해
- R 패키지의 이해

Chapter 2
R 개발환경

R은 세계 여러 나라에서 운영되는 CRAN 사이트에서 누구든지 자유롭게 내려 받아 설치할 수 있다. R의 최신 Base system을 설치하고, 필요에 따라 편집 및 실행을 더 용이하게 지원하는 RStudio를 설치하여 자신감 있게 코딩을 시작해 보자.

2.1 R 개발환경
2.2 R 설치와 시작
2.3 RStudio 설치와 시작
2.4 패키지와 라이브러리

2.1 R 개발환경

전세계에 분포되어 있는 R 관련 자원을 관리하는 서버인 CRANThe Comprehensive R Archive Network, https://cran.r-project.org/에서 R의 Base System을 다운로드 받아 설치하면 된다(①). R 설치 후에 통합개발환경인 RStudio를 설치하면 더 효과적인 코딩과 분석이 가능하다(②). 따라서, R에 조금 익숙해지면 RStudio의 사용을 권장한다. R 또는 RStudio에서 R 스크립트를 작성하고 실행하면 문자나 그래픽 등의 결과를 볼 수 있다.

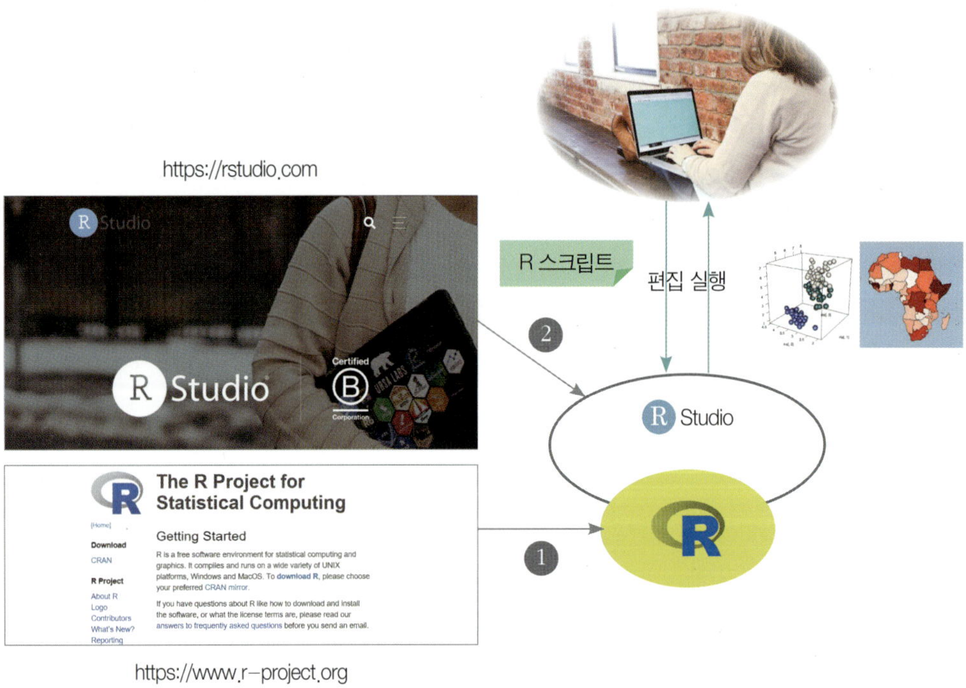

2.2 R 설치와 시작

(1) R의 설치

R의 홈페이지(https://www.r-project.org)에서 설치 파일을 실행해서 설치한다(부록 1 참조).

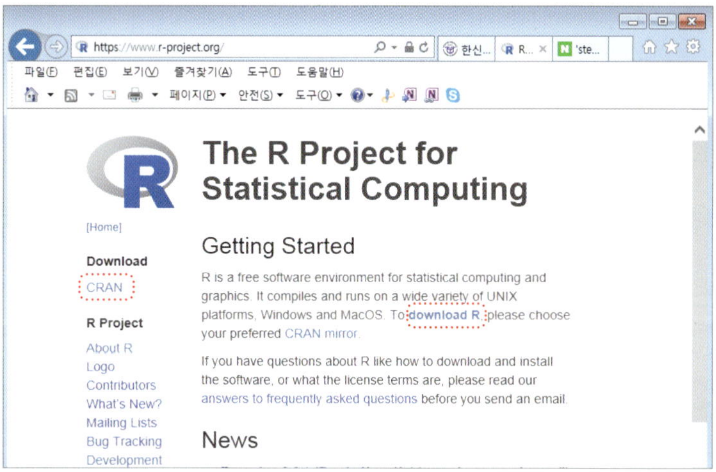

(2) R의 시작

모니터의 하단부 왼쪽에 있는 작업표시줄의 '시작' 버튼을 클릭하면 나타나는 '시작 메뉴'에서 R을 선택한다. 또는 바탕 화면에 'R x64 버전' 아이콘을 클릭하면 R을 실행할 수 있다.

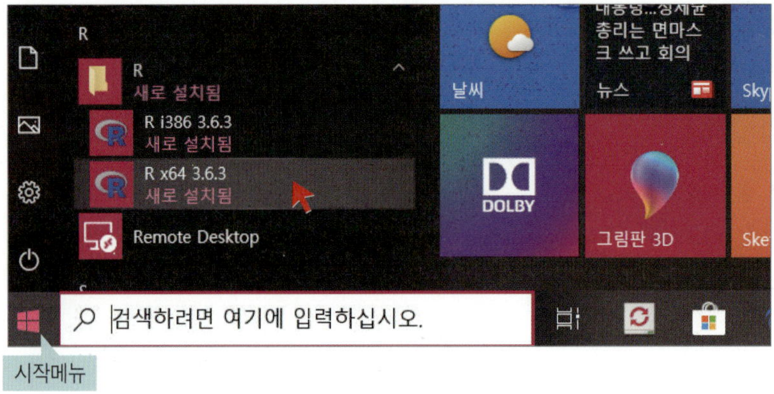

(3) R의 편집과 실행

R의 편집은 콘솔을 이용하는 방법과 스크립트 창을 이용하는 방법이 있다. **콘솔**에서는 명령어 작성과 실행이 가능하다. **스크립트 창**은 명령어들을 편집하거나 외부 파일로 저장할 수 있으며, 외부에 저장된 스크립트를 불러올 수 있다. 두 방법 다 실행결과는 콘솔에 나타나며, 그래프는 별도의 창으로 출력된다.

① 콘솔 이용 방법

먼저, 콘솔을 이용하는 예를 보자. 다음은 콘솔에 3개 데이터를 c() 함수로 벡터를 만들어 x 변수에 저장한 뒤, sum() 함수로 총합을 구하는 예이다.

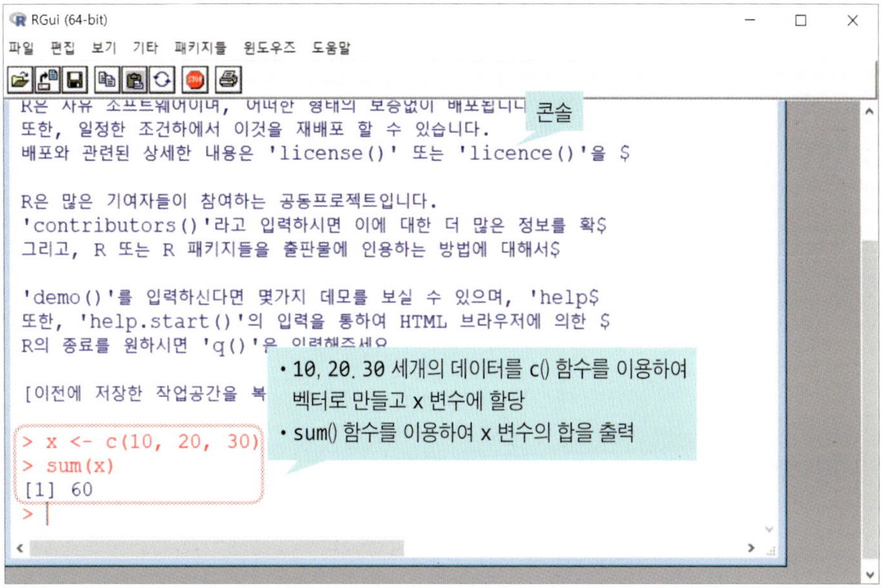

② 스크립트를 이용하는 방법

다음은 스크립트 창을 이용하는 예이다. 먼저 화면과 같이 "파일 → 새 스크립트" 메뉴를 선택해서 스크립트 창을 연다. 앞의 예와 같이 3개 데이터를 c() 함수로 벡터를 만들고 x변수에 지정한 뒤, sum() 함수로 총합을 구하는 명령어들을 나열한다. 실행할 영역을 마우스로 블록을 지정하고 'Ctrl+R' 키를 입력하면 콘솔에 실행 결과가 나타난다.

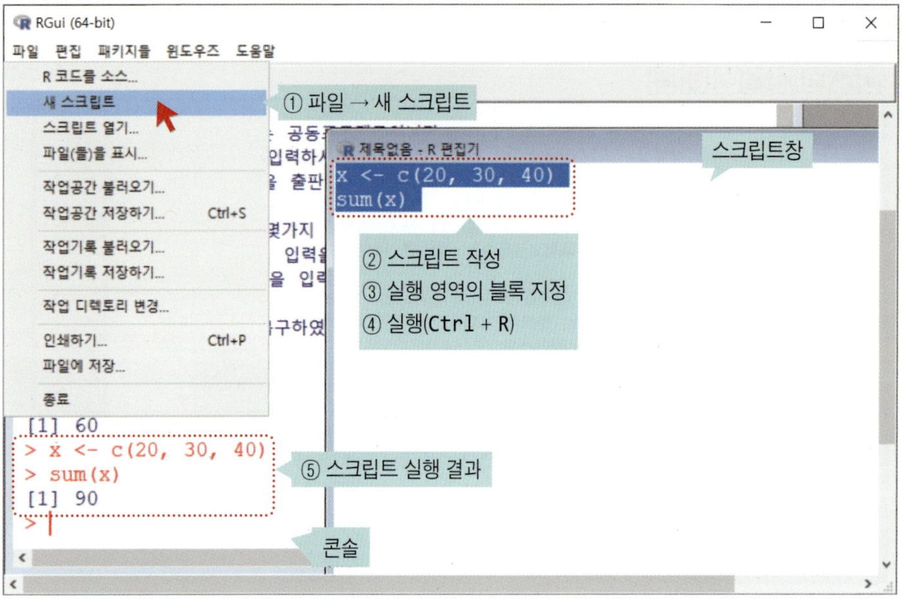

(4) 스크립트의 저장과 열기

스크립트를 저장하면 재사용이 가능하다. 저장할 스크립트 창을 선택하고 "파일 → 다른 이름으로 저장" 메뉴를 선택해서 임의의 폴더에 저장하면 된다. 스크립트 파일명만 기입하면 확장자는 '.R'로 자동 저장된다.

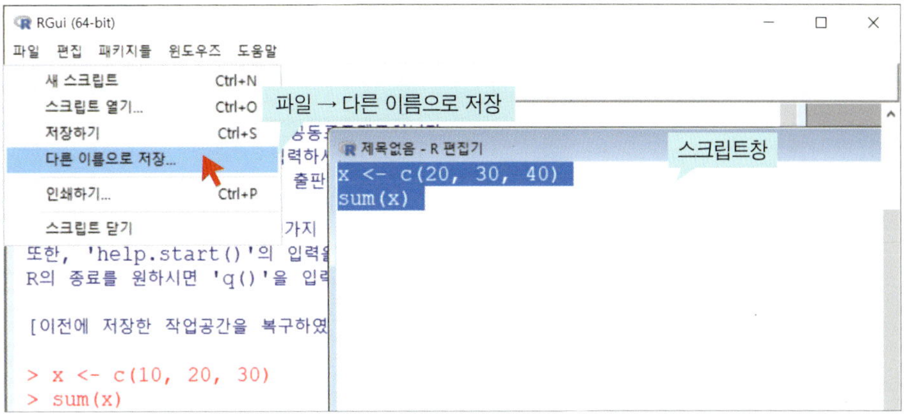

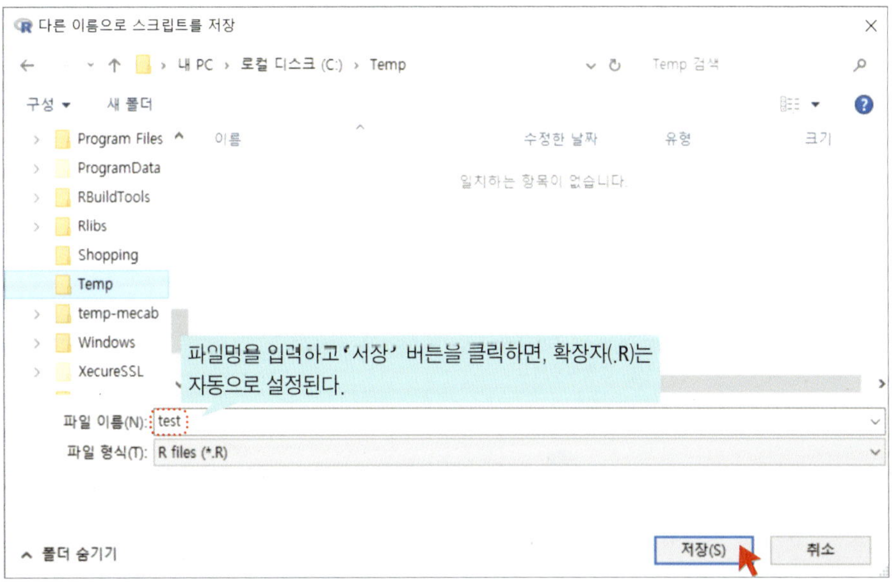

한편, "파일 → 스크립트 열기" 메뉴를 선택하면 윈도우 탐색기를 통해 임의 폴더에 있는 파일을 재사용할 수 있다.

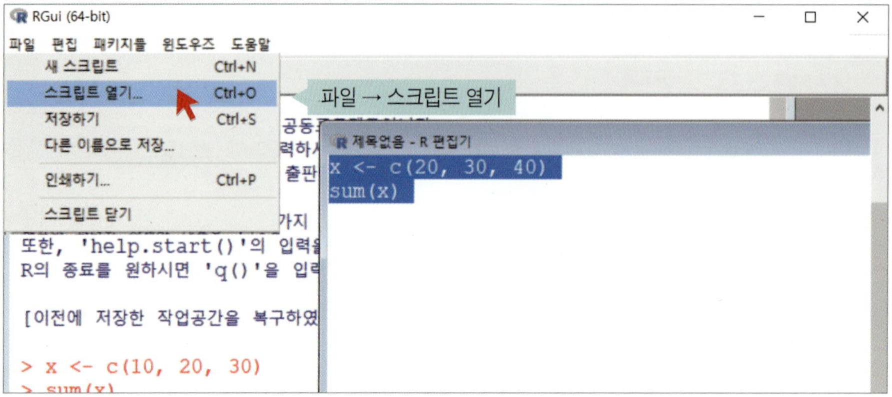

(5) R의 종료

화면 오른쪽 상단에 있는 "닫기" 버튼을 클릭하거나 콘솔에서 에서 종료를 의미하는 q() 또는 quit() 함수를 사용한다

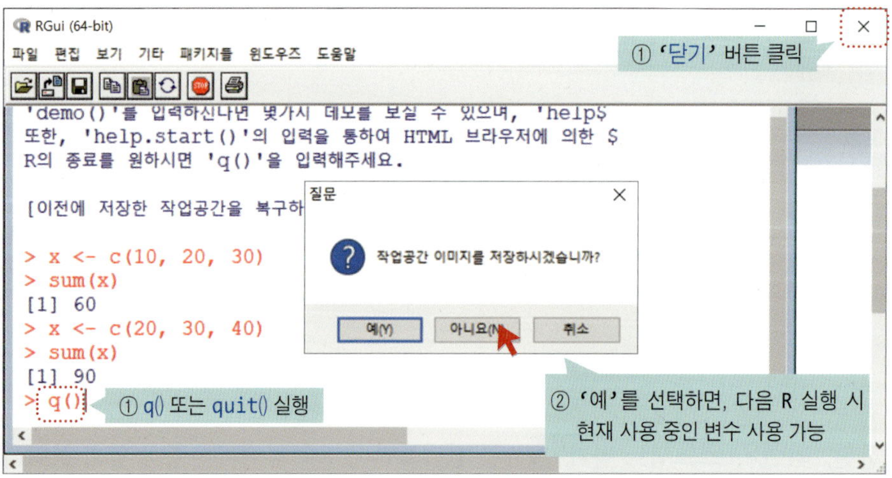

2.3 RStudio 설치와 시작

(1) RStudio의 설치

RStudio의 홈페이지(https://rstudio.com)에서 설치 파일을 실행해서 설치한다(부록 2 참조).

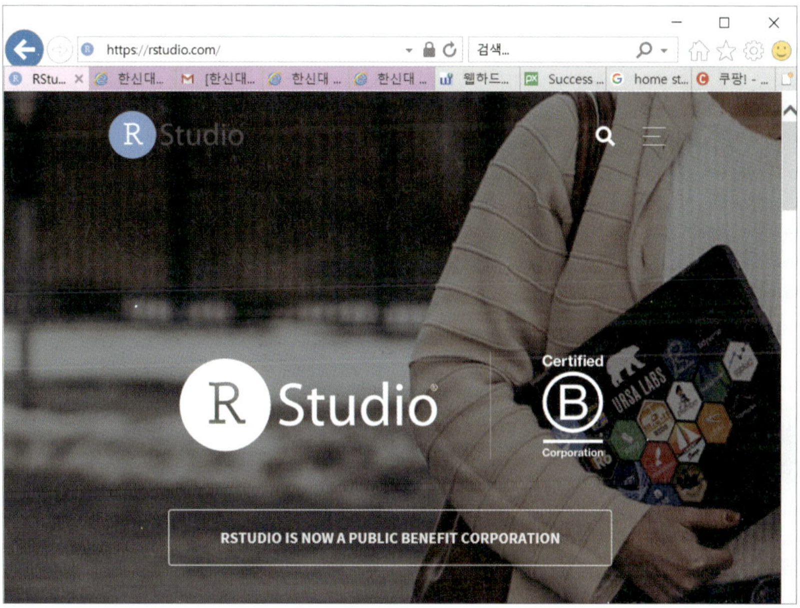

(2) RStudio의 시작

컴퓨터 모니터 하단부의 왼쪽에 있는 "시작" 버튼을 클릭하고 팝업 메뉴에서 "RStudio"를 클릭한다.

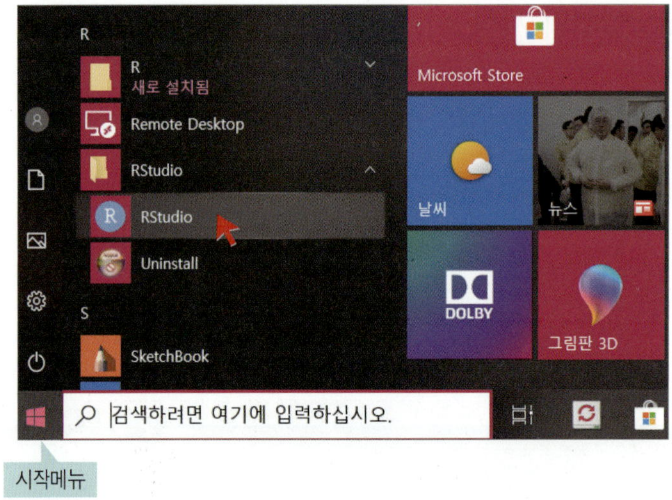

처음 실행되면, 콘솔(좌), 환경 등(우상단), 파일 등(우하단)에 관한 3개의 창으로 구성된 화면이 나타난다.

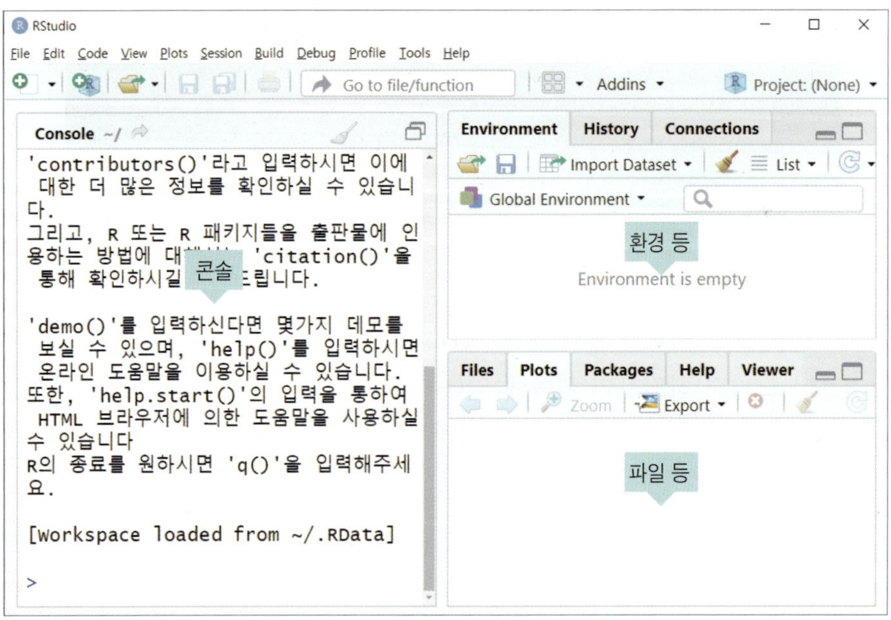

(3) RStudio의 편집과 실행

RStudio에서의 편집은 콘솔을 이용하는 방법과 스크립트 창을 이용하는 방법이 있다. 콘솔에서는 명령어 작성과 실행이 가능하다. 한편 "파일 → 새 스크립트" 메뉴를 클릭하여 스크립트 창에서 편집하고 콘솔로 실행할 수 있다. 스크립트 창은 명령어를 편집, 저장 또는 외부에 저장된 스크립트의 불러 오기를 할 수 있다. 오른쪽 하단부의 "Files" 탭에서도 윈도우 탐색기처럼 폴더의 파일목록에서 R 스크립트를 선택할 수 있으며, 그래프의 실행결과는 "Plots" 탭에 나타난다.

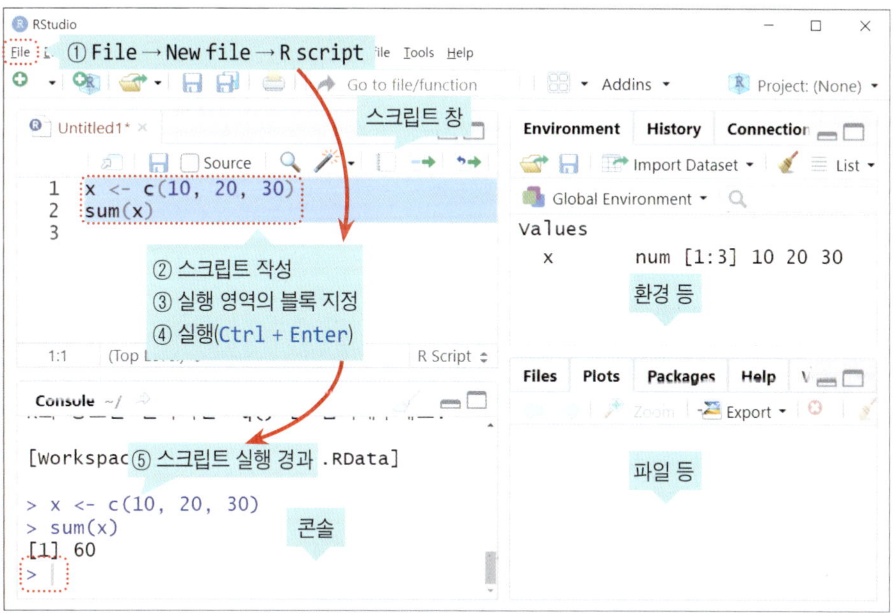

RStudio를 구성하는 각 창의 기능은 다음과 같다.

그룹	창(Pane)	기능
그룹1	Console	R 명령어 입력과 결과 출력
그룹2	Script	스크립트의 작성과 저장

그룹	창(Pane)	기능
그룹3	Environment	Console에 입력한 변수와 값
	History	현재까지 실행한 명령어
그룹4	File	외부 파일의 입출력
	Plots	R 실행결과(그래픽)
	Packages	패키지 목록과 설치
	Help	R 관련 정보
	Viewer	웹 문서의 출력 등

(4) 스크립트의 저장과 열기

스크립트를 저장하려면, "File → Save as" 메뉴를 선택해서 임의의 폴더에 저장하면 된다. 스크립트 파일명만 기입하면 확장자는 '.R'로 자동 저장된다.

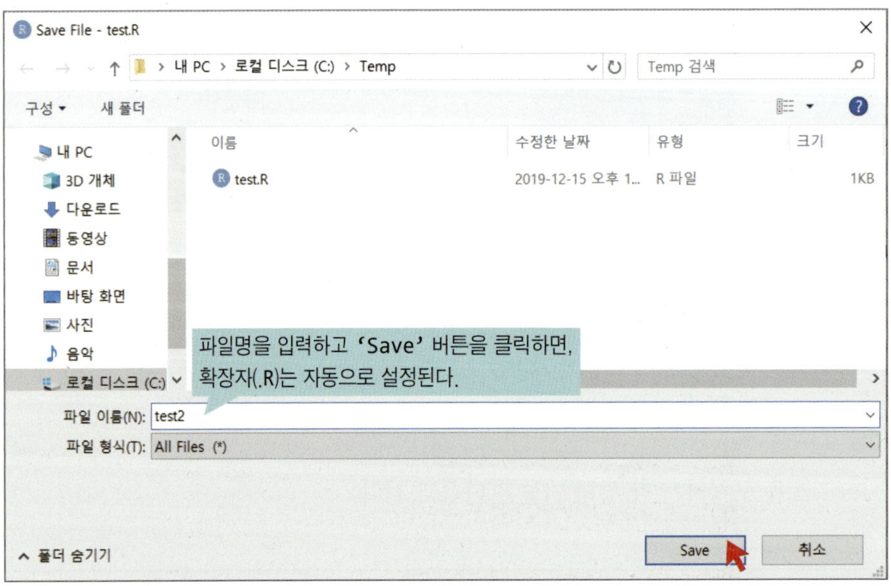

한편, "File → Open file(Ctrl+O)" 메뉴를 선택하면 윈도우 탐색기를 통해 임의의 폴더에 있는 파일을 재사용할 수 있다.

(5) RStudio의 종료

콘솔에서 종료를 의미하는 q() 또는 quit() 함수를 사용하면 R을 마칠 수 있다.

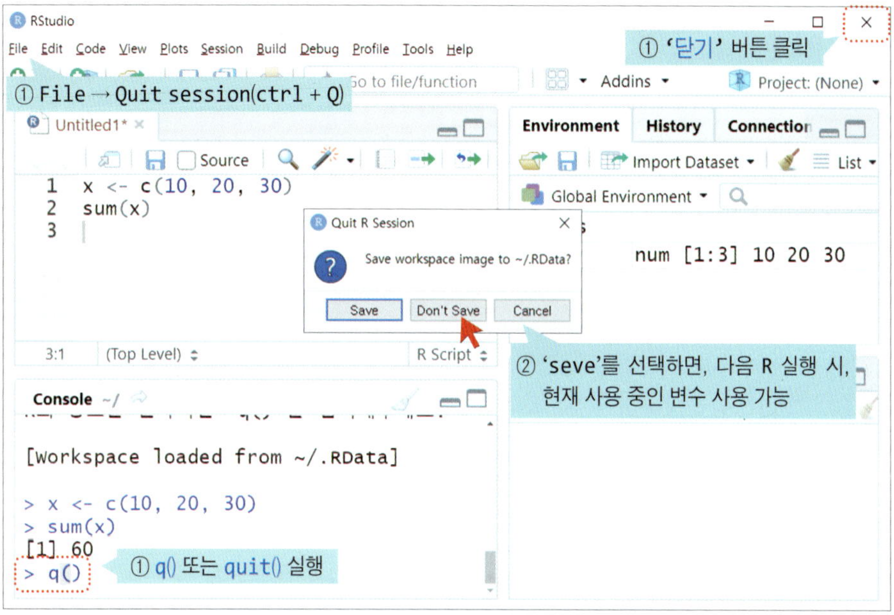

2.4 패키지와 라이브러리

패키지package는 R 함수들을 모아 놓은 컬렉션이며, 라이브러리library는 R 패키지가 저장되는 폴더를 의미한다. 패키지는 R 설치 시에 자동적으로 설치되는 기본 패키지(①)와 추천 패키지(②)가 있고, 추가 기능이 필요할 때 별도로 추가 설치하는 기타 패키지(③)가 있다. 기본 패키지는 R을 사용할 때 별도의 로딩 과정 없이 바로 불러 사용할 수 있으며, 추천 패키지는 로딩 과정을 거쳐야 한다. 한편, 기타 패키지는 필요 시에 R에 추가 설치하고 R 사용 시에도 항상 로딩 과정을 거쳐야 한다. 단, 한번 설치한 후에는 다시 설치할 필요는 없다.

패키지 구분과 사용 방법

<table>
<tr><th></th><th>기본 패키지</th><th>추천 패키지</th><th>기타 패키지</th></tr>
<tr><td>구분</td><td>base (4장)
compiler
datasets
graphics (5장)
grDevices
grid
methods
parallel
splines
stats
stats4
tcltk
tools
translations
utils</td><td>KernSmooth
MASS
Matrix
boot
class
cluster
codetools
foreign
lattice
mgcv
nlme
nnet
rpart
spatial
survival</td><td>animation (6장)
ggplot2
imager (4장)
neuralnet
RColorBrewer (5장)
rvest (4장)
stringr
XML
wordcloud (4장)
…..</td></tr>
<tr><td>설치</td><td colspan="2">별도 설치 불필요
(Base system에 포함)</td><td>필요시 추가 설치
install.packages()</td></tr>
<tr><td>로딩</td><td>자동 로딩</td><td colspan="2">사용할때 로딩
library()</td></tr>
</table>

패키지의 설치 위치

• **기본 패키지와 추천 패키지**

R 설치 시에 "C:\Program Files" 폴더의 "R/R-버전/library" 폴더에 저장된다.

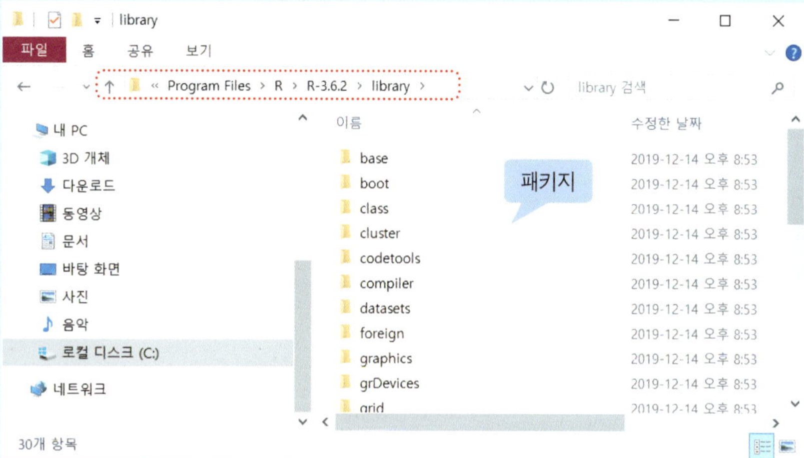

• **기타 패키지**

필요에 따라 install.packages("패키지명") 명령어로 설치하는 기타 패키지는 "C:\Users\사용자계정\문서(Documents)\R\win-library\R버전" 폴더에 설치된다.

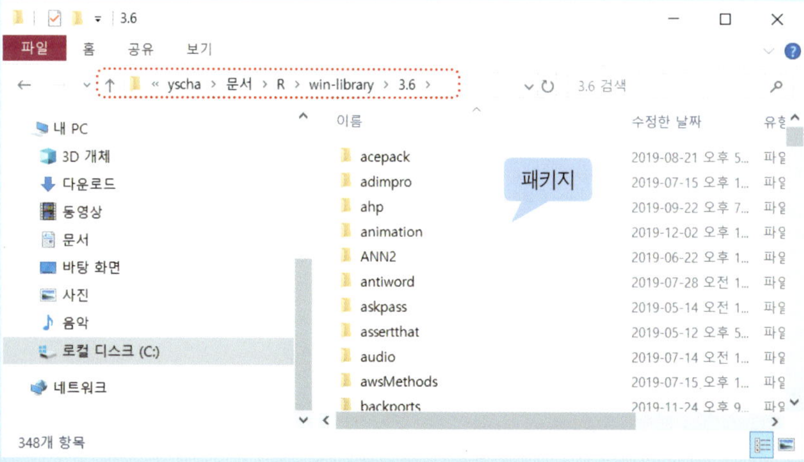

학습 목표

R의 데이터 구조와 함수 이해

학습 내용

- 데이터 구조의 개념 이해
- 데이터 구조별 작성 방법
- 함수 작성의 기초

Chapter

3

데이터 구조의 이해

R은 데이터를 표현하고 다루는 뛰어난 기능들이 있다. 따라서 R에서 표현하는 다양한 데이터 구조들을 잘 이해하고 데이터를 처리하는 함수의 개념을 이해해 보도록 하자.

3.1 데이터 구조의 이해
3.2 벡터와 연산자
3.3 요인
3.4 배열과 행렬
3.5 리스트
3.6 데이터 프레임
3.7 데이터 파일 읽기
3.8 함수

3.1 데이터 구조의 이해

R은 벡터vector, 요인factor, 배열array, 리스트list, 데이터 프레임data frame 등 다양한 데이터 구조data structure를 지원한다. 벡터는 하나의 순서화된 동일한 데이터 유형(숫자 또는 문자 등)으로, 하나 이상의 값으로 구성된다. 요인은 문자 벡터에 데이터의 레벨(예: 남, 여)이 추가된 데이터 구조이다. 데이터가 여러 그룹으로 분류 가능한 범주형 변수인 경우 레벨이 추가되어 요인으로 분류된다. 배열은 동일한 데이터 유형을 갖는 1차원 이상의 데이터 구조이다. 1차원 배열은 벡터에 해당하며, 행과 열로 구성되는 2차원 배열은 행렬matrix이라고 한다. 리스트는 각 원소들이 이름을 가질 수 있으며 서로 다른 데이터 유형으로 구성될 수 있는데, 각 원소는 벡터, 배열 또는 리스트가 될 수 있다. 데이터 프레임은 2차원 테이블 형태로, 각 열의 데이터는 동일한 데이터 유형이다.

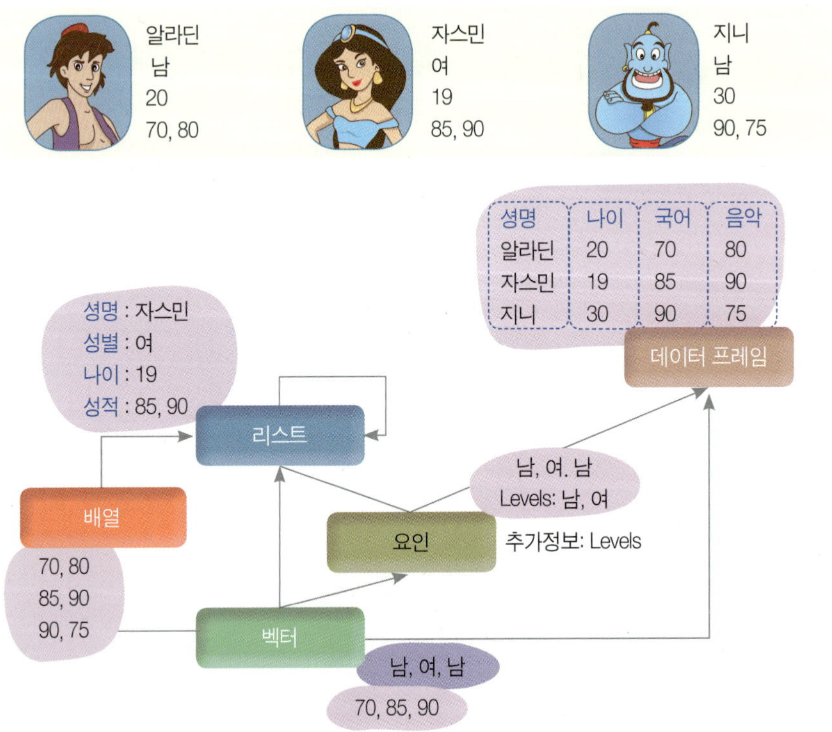

3.2 벡터와 연산자

(1) 벡터 만들기와 수정

벡터vector는 동일한 데이터 유형(숫자 또는 문자 등)의 단일 값들이 일차원적으로 구성된 것으로, '<-'는 오른 쪽의 값을 왼 쪽에 할당하는 대입(할당) 연산자이다.

70	85	90
X[1]	X[2]	X[3]

3개의 원소로 구성되는 x 벡터

R 벡터 만들기

```
score <- 70
score
```

데이터가 1개일 때 score 벡터에 할당
☞ score <- c(70)와 동일, 편리상 c() 함수를 생략함

데이터 출력
☞ print(score)와 동일

출력 결과

```
[1] 70
```

```
score <- c(70, 85, 90)

score
```

알라딘, 자스민, 지니의 국어 성적을 벡터로 저장
☞ 데이터가 여러 개일 때는 c() 함수 사용

출력 결과

```
[1] 70 85 90
```

```
score[4] <- 100
score[3] <- 95
score
```

4번째 데이터 추가

3번째 데이터 수정

출력 결과

```
[1]  70  85  95 100
```

```
name <- c("알라딘", "자스민", "지니")
name
```

문자 벡터
☞ 문자 데이터인 경우에는, 데이터 시작과 끝에 큰따옴표(″) 또는 작은 따옴표(′) 사용

출력 결과

```
[1] "알라딘" "자스민" "지니"
```

잠깐! 식별자

식별자(identifier)는 변수 또는 함수 등을 다른 것들과 구별하기 위해 사용하는 '이름'들을 지칭하는 용어를 말한다. 식별자 이름은 일련의 문자, 숫자, '.' 그리고 '_'로 구성된다. 단, 식별자 이름은 숫자와 '_'로 시작하거나, 숫자로 시작하면 '.'이 둘째 위치에 오면 안 된다(예: '5a', '_b', '3.') 또한, R에서 정의되어 있는 예약어도 사용할 수 없다(예: if, else, repeat, while, function, for, in, next, break, TRUE, FALSE, NULL*, Inf*, NaN*, NA* 등)

(☞ *표는 p.100 참조)

벡터 생성 함수와 할당 함수

벡터를 생성하는 데 사용되는 함수는 c()이다. 'c'는 'concatenate'로, 여러 숫자(또는 문자)들을 하나로 연결시키는 것을 의미한다(벡터 생성 함수).
함수 assign("x", c(70, 85, 90))은 x <- c(70, 85, 90)와 같은 결과이지만, 간단히 사용할 수 있는 '<-'의 사용을 권장한다(대입 연산 함수).

일정한 간격으로 구성되는 숫자들의 수열은 벡터에 자주 사용되며, seg() 함수를 이용하면 간단히 만들 수 있다.

연속적인 값들의 벡터 만들기

```
x <- seq(1, 10, by=3)
x
```

1부터 10까지의 정수 범위에서 3 간격의 숫자

출력 결과

```
[1]  1  4  7 10
```

```
x <- 1:10
x
```

1부터 10까지의 정수 범위에서 1 간격의 숫자
☞ seq(1, 10, by=1)과 동일

출력 결과

```
[1]  1  2  3  4  5  6  7  8  9 10
```

```
x <- 10:1
x
```

10부터 1까지의 정수 범위에서 1 간격의 숫자
☞ seq(10, 1, by=-1)과 동일

출력 결과

```
[1] 10  9  8  7  6  5  4  3  2  1
```

```
x <- seq(1, 10, length.out=5)
x
```

1부터 10까지 정수 범위에서 같은 간격의 5개 숫자

출력 결과

```
[1]  1.00  3.25  5.50  7.75 10.00
```

함수

seq()

패키지	base (기본 패키지)
기능	규칙적인 일련번호 생성
사용법	seq(from, to, by) 또는 seq(from, to, length.out)
반환 값	팩터 또는 행렬

매개변수	설명
from	일련번호의 시작 값
to	일련번호의 최대 값
by	일련번호의 증가
length.out	생성할 벡터의 개수

반복적인 값들로 구성되는 벡터는 rep() 함수로 만들 수 있다.

R 반복적인 값들의 벡터 만들기

```
x <- c(1, 2, 3)
y <- rep(x, times=2)    # x 벡터를 2번 반복
y
```

출력 결과

```
[1] 1 2 3 1 2 3
```

```
y <- rep(x, each=2)    # x 벡터의 원소를 순서대로 각각 2번 반복
y
```

출력 결과

```
[1] 1 1 2 2 3 3
```

함수

rep()

패키지	base (기본 패키지)
기능	x에 있는 값들을 복사
사용법	rep(x, times|each)
반환 값	x와 같은 형의 객체

매개변수	설명
x	반복할 벡터 자료
times	자료 x의 반복 횟수
each	자료 x의 개별 원소들의 반복 회수

(2) 연산자

연산자에는 값을 할당하는 대입(할당) 연산자(<−), 사칙연산 등을 위한 산술 연산자, 값들의 크기를 비교하기 위한 비교 연산자, 그리고 참과 거짓에 대한 논리적 판단을 위한 논리 연산자가 있다. 먼저, 산술 연산자를 살펴보자.

⊕ 산술연산자

유형	기호	예	결과
다하기	+	2+3	5
빼기	−	10−3	7
곱하기	*	3*4	12
나누기	/	8/2	4
거듭제곱	^ 또는 **	2^3	8
나머지	%%	10%3	1
몫	%/%	10%/%3	3

예시된 산술연산을 실행해서 비교해보자.

R 산술 연산

```
2^3
```
2의 세제곱

출력 결과

```
[1] 8
```

벡터에 대한 산술연산은 벡터를 구성하는 모든 데이터에 적용된다.

R 벡터와 사칙 연산

```
x <- c(10, 20, 30, 40)
y <- c(2, 4, 6, 8)
z <- c(2, 4)

x+5
```
x 벡터의 각 원소들을 5 더함

출력 결과

```
[1] 15 25 35 45
```

```
x+y
```
x와 y 벡터에서 순서대로 대응하는 원소들을 각각 더함

출력 결과

```
[1] 12 24 36 48
```

```
x+z
```
x와 z 벡터에서 순서대로 대응하는 원소들을 각각 더함
☞ 두 벡터의 길이가 배수 관계이면, 길이가 짧은 벡터는 반복해서 적용

출력 결과

```
[1] 12 24 32 44
```

비교 연산자는 두 값들을 비교하여 참(TRUE)과 거짓(FALSE)을 판단한다.

✪ 비교 연산자

유형	기호	예	결과
작음	<	3 < 10	TRUE
이하	<=	3 <= 10	TRUE
큼	>	3 > 10	FALSE
이상	>=	3 >= 10	FALSE
같음	==	3 == 10	FALSE
같지 않음	!=	3 != 10	TRUE

예시된 비교연산을 실행해보자.

R 비교 연산자

```
3 < 10
```

3은 10보다 작은가?

출력 결과

```
[1] TRUE
```

```
x <- c(10, 20, 30)
x <= 10
```

x의 각 원소는 10 이하인가?

출력 결과

```
[1]  TRUE FALSE FALSE
```

```
x[x>15]
```

x 벡터에서 15보다 큰 원소

출력 결과

```
[1] 20 30
```

any()는 벡터의 원소들이 하나라도 조건을 만족하면 TRUE이며, all() 함수는 모든 원소들이 조건을 만족할 때 TRUE가 된다.

R 비교 연산자

```
x <- c(10, 20, 30)
any(x <= 10)
```

x 벡터에서 하나라도 10 이하인 원소가 있는가?

출력 결과

```
[1] TRUE
```

```
all(x <= 10)
```

x 벡터는 모든 원소가 10 이하인가?

출력 결과

```
[1] FALSE
```

논리 연산자는 변수의 연산 결과에 대한 TRUE, FALSE의 진위를 다룰 때 사용한다.

✪ 논리 연산자

유형	기호	예	결과
논리합	|	x <- TRUE y <- FALSE x | y	TRUE
논리곱	&	x <- TRUE y <- FALSE x & y	FALSE
논리부정	!	x <- TRUE !x	FALSE
		x <- 3 !x	FALSE ☞ 숫자의 경우 0이면 FALSE, 그 외는 TRUE로 인식됨
진위여부	isTRUE(x)	x <- TRUE isTRUE(x)	TRUE

다음 AND, OR, XORexclusive OR 연산에 대한 진리표를 참고하여 실행해보자.

X	Y	X AND Y	X OR Y	X XOR Y
TRUE	TRUE	TRUE	TRUE	FALSE
TRUE	FALSE	FALSE	TRUE	TRUE
FALSE	TRUE	FALSE	TRUE	TRUE
FALSE	FALSE	FALSE	FALSE	FALSE

논리 연산자

```
x <- c(TRUE, TRUE, FALSE, FALSE)
y <- c(TRUE, FALSE, TRUE, FALSE)
x & y    x AND y
```

출력 결과

```
[1]  TRUE FALSE FALSE FALSE
```

```
x | y    x OR y
```

출력 결과

```
[1]  TRUE  TRUE  TRUE FALSE
```

```
xor(x, y)    x XOR y
```

출력 결과

```
[1] FALSE  TRUE  TRUE FALSE
```

(3) 결측치(NA)와 널(NULL)

데이터를 다루는 과정에서 생길 수 있는 결측치와 널 값들을 살펴보자. NAnot available는 데이터가 누락된 것을 의미하며, 설문조사 과정에서 해당 데이터가 누락되는 경우가 그 예이다. NULL은 변수를 만드는 과정에서 변수 이름만 있는 경우로 초기화 과정에서 많이 사용된다. 한편, 0이 아닌 수를 0으로 나누거나, 0을 0으로 나눌 수는 없다. 전자는 불능으로 무한대를 의미하는 Inf[infinity], 후자는 부정을 의미하며 NaN[not a number]로 표시된다.

결측치와 널

```
x <- NULL
is.null(x)          # x 벡터는널인가?
```

출력 결과

```
[1] TRUE
```

```
y <- c(1, 2, 3, NA, 5)     # 4번째 원소가 비어 있는 벡터
y
```

출력 결과

```
[1]  1  2  3 NA  5
```

```
z <- 10/0
z
```

출력 결과

```
[1] Inf     # 불능(무한대)
```

```
u <- 0/0
u
```

출력 결과

```
[1] NaN     # 부정
```

3.3 요인

요인factor은 문자 벡터에 그룹으로 분류한 범주 정보인 레벨level이 추가된 데이터 구조이다. 성별은 "남"과 "여"로 분류되는 카테고리 정보를 추가할 수 있다. 요인은 factor() 함수를 이용하고 범주 즉, 요인의 레벨은 levels 인수로 지정한다. 요인으로 저장하면 요인의 데이터는 levels 인수에 없는 값으로 수정할 수 없으며, 데이터들을 범주별로 집계하는 등 유용하게 사용할 수 있는 장점이 있다. 그러나, 범주 변수의 데이터를 요인으로 설정하지 않더라도, R은 내부적으로 요인으로 처리하기 때문에 반드시 요인으로 설정할 필요는 없다.

R 요인 만들기

```
gender <- c("남", "여", "남")    # 성별 벡터 데이터
gender
```

출력 결과

```
[1] "남" "여" "남"
```

```
gender.factor <- factor(gender)    # 성별 벡터를 성별 요인으로 변형
gender.factor
```

출력 결과

```
[1] 남 여 남
Levels: 남 여    # 데이터의 그룹 분류(레벨) 정보 추가
```

3.4 배열과 행렬

배열array은 한 개 이상의 벡터로 구성되며 동일한 데이터 유형을 갖는다. 배열은 행과 열로 구성되고, 다차원으로 확장 가능하다. 배열을 만들기 위해 사용하는 함수는 array()이다.

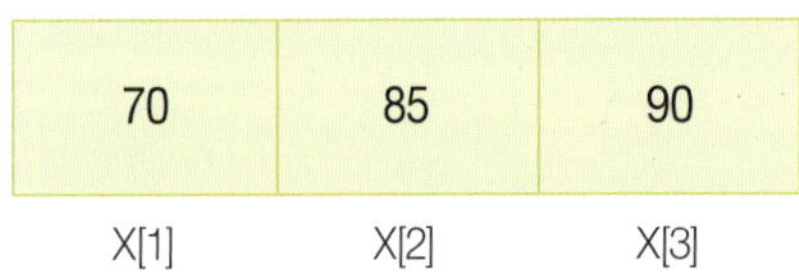

1차원 배열

2차원 배열

다음은 배열을 만드는 기본 작업이다.

배열 만들기

```
x <- c(70, 80, 95)
arr <- array(x)
arr
```

x 벡터 데이터를 1차원 배열로 변환

출력 결과

```
[1] 70 80 95
```

```
z <- 1:6
arr <- array(z, dim=c(2,3))
arr
```

x 벡터 데이터를 2행 3열 배열로 변환
☞ 데이터는 1열부터 배치

출력 결과

```
     [,1] [,2] [,3]
[1,]    1    3    5
[2,]    2    4    6
```

함수

array()

패키지	base (기본 패키지)
기능	배열 생성
사용법	array(data, dim, [dimnames])
반환 값	배열

매개변수	설명
data	벡터 자료
dim	차원을 나타내는 벡터
dimnames	각 차원의 이름을 나타내는 벡터

행과 열 이름을 설정하고, 데이터를 수정해보자.

행과 열 이름 설정 및 데이터 수정

```
name <- list(c("국어", "음악"), c("알라딘", "자스민", "지니"))
score <- c(70, 80, 85, 90, 90, 75)
arr <- array(score, dim=c(2,3), dimnames=name)
arr
```

x배열을 만들 때, 행과 열 이름 설정
☞ 리스트는 3.6절 참조

출력 결과

```
     알라딘 자스민 지니
국어     70     85   90
음악     80     90   75
```

```
arr[2,3] <- 77
arr[2,3]
```

2행 3열 데이터 수정

2행 3열 데이터 출력

출력 결과

```
[1] 77
```

```
arr[1,]
```
1행 데이터 출력

출력 결과

```
알라딘 자스민   지니
    70     85     90
```

```
arr[,2]
```
2열 데이터 출력

출력 결과

```
국어 음악
  85   90
```

행과 열로 구성되는 2차원 배열은 자주 사용되며 행렬이라고 한다. 행렬을 만드는 함수는 matrix()이다.

행렬

```
name <- list(c("1행", "2행"), c("1열", "2열", "3열"))
x <- 1:6
mtx <- matrix(x, nrow=2)
mtx
```

행렬 만들기
☞ 데이터가 6개이기 때문에, 행의 수를 2로 설정하면(nrow=2) 열의 수는 3으로 자동 설정
☞ 데이터는 열을 기준으로 1열부터 설정

출력 결과

```
     [,1] [,2] [,3]
[1,]    1    3    5
[2,]    2    4    6
```

```
mtx <- matrix(x, nrow=2, dimnames=name, byrow=TRUE)
mtx
```

데이터 배치 순서를 행 기준으로 설정
(1행부터 설정)

출력 결과

```
    1열 2열 3열
1행   1   2   3
2행   4   5   6
```

```
y <- c(7, 8, 9)
mtx <- rbind(mtx, y)        mtx 행렬에 y 벡터를 아래 행에 추가
rownames(mtx)[3] <- "3행"    3번째 행의 이름 설정
mtx
```

출력 결과

```
    1열 2열 3열
1행   1   2   3
2행   4   5   6
3행   7   8   9
```

```
z<- c(10, 11, 12)
mtx <- cbind(mtx, z)        mtx 행렬에 z 벡터를 우측 열에 추가
colnames(mtx)[4] <- "4열"    4번째 열의 이름 설정
mtx
```

출력 결과

```
    1열 2열 3열 4열
1행   1   2   3  10
2행   4   5   6  11
3행   7   8   9  12
```

3.5 리스트

리스트list는 벡터의 각 원소들이 이름을 갖고, 각 원소들은 서로 다른 데이터 유형으로 구성될 수 있다. 또한, 각 원소는 하나 이상의 값으로 구성될 수 도 있다. 벡터는 요소들이 모두 같은 데이터 타입이지만, 리스트는 요소들이 여러 데이터 타입을 갖는 데이터 구조가 가능하다. 리스트를 만드는 함수는 list()이다

성명 : 알라딘
성별 : 남
나이 : 20
성적 : 70, 80

리스트 만들기

```
x <- list("알라딘", 20, c(70, 80))
x
```

알라딘의 리스트
☞ 각 원소의 값만 있는 경우

출력 결과

```
[[1]]
[1] "알라딘"

[[2]]
[1] 20

[[3]]
[1] 70 80
```

첫 번째 원소 값
두 번째 원소 값
세 번째 원소 값

```
x[1]
```

첫 번째 원소(색인과 원소 값) 출력

출력 결과

```
[[1]]
[1] "알라딘"
```

```
x[[1]]
```

첫 번째 원소의 원소 값 출력

출력 결과

```
[1] "알라딘"
```

```
x <- list(성명="알라딘", 나이=20, 성적=c(70, 80))
x
```

알라딘의 리스트
☞ 각 원소 값에 대한 항목명이 있는 경우

출력 결과

```
$성명
[1] "알라딘"

$나이
[1] 20

$성적
[1] 70 80
```

각 항목명과 원소 값 출력

```
x[1]
```

첫 번째 원소의 항목명과 원소 값 출력
☞ x["성명"]과 동일

출력 결과

```
$성명
[1] "알라딘"
```

```
x[[1]]
```

첫 번째 원소의 원소 값 출력
☞ x[["성명"]], x$성명과 동일

출력 결과

```
[1] "알라딘"
```

함수

list()

패키지	base (기본 패키지)
기능	리스트 생성
사용법	**list**(…)
반환 값	리스트

매개변수	설명
…	객체들 (가능하면 이름이 주어짐)

3.6 데이터 프레임

데이터 프레임data frame은 성명, 성별, 나이, 국어, 음악 등과 같이 여러 항목들로 구성된다. 각 항목들 간 데이터 유형은 서로 다를 수 있지만, 각 항목들은 단일 값으로 표현되는 2차원적인 데이터 구조를 갖는다. 다음 두 고객에 대한 성명, 나이, 국어(성적), 음악(성적)을 데이터 프레임 형태로 표현한 예는 다음과 같다.

성명 : 알라딘
성별 : 남
나이 : 20
성적 : 70, 80

성명 : 자스민
성별 : 여
나이 : 19
성적 : 85, 90

• 데이터 프레임 형태의 고객 정보 •

성명	나이	국어	음악
알라딘	20	70	80
자스민	19	85	90

데이터 프레임은 data.frame() 함수로 만들 수 있다.

R 두 고객의 데이터 프레임 만들기

```
df <- data.frame(성명=c("알라딘", "자스민"), 나이=c(20, 19), 국어=c(70, 85))
```

두 고객의 데이터 프레임

출력 결과

```
    성명 나이 국어
1 알라딘   20   70
2 자스민   19   85
```

함수

data.frame()

패키지	base (기본 패키지)
기능	데이터 프레임 생성
사용법	**data.frame**(…, row.names=NULL)v
반환 값	데이터 프레임

매개변수	설명
…	값 또는 태그=값
row.names	열의 이름

열과 행 단위 추가

```
df <- cbind(df, 음악=c(80, 90))
df
```
데이터 프레임에 음악 성적 추가

출력 결과

```
    성명 나이 국어 음악
1 알라딘   20   70   80
2 자스민   19   85   90
```
☞ 항목명이 한글인 경우, 출력 형태가 일부 어긋나게 보임

```
df <- rbind(df, data.frame(성명="지니", 나이=30, 국어=90, 음악=75))
df
```
데이터 프레임에 지니의 정보 추가

출력 결과

```
    성명 나이 국어 음악
1 알라딘   20   70   80
2 자스민   19   85   90
3   지니   30   90   75
```

함수

cbind()

패키지	base (기본 패키지)
기능	열 단위의 벡터 추가
사용법	cbind(x, v)
반환 값	x와 같은 형의 객체

매개변수	설명
x	데이터 프레임
v	x의 행 길이와 동일한 벡터

함수

rbind()

패키지	base (기본 패키지)
기능	행 단위의 벡터 추가
사용법	`rbind(x, v)`
반환 값	x와 같은 형의 객체

매개변수	설명
x	데이터 프레임
v	x의 열 길이와 동일한 벡터

요소 값 보기

```
df[3, 2]
```
3행 2열의 요소 값

출력 결과

```
[1] 30
```

```
df[3,]
```
3행의 모든 값

출력 결과

```
  성명 나이 국어 음악
3 지니   30   90   75
```

```
df[, 2]
```

2열의 모든 값
☞ x[,"나이"], x$나이와 동일

출력 결과

```
[1] 20 19 30
```

```
df[-2,]
```

2행을 제외한 모든 값

출력 결과

```
    성명 나이 국어 음악
 알라딘   20   70   80
   지니   30   90   75
```

```
df[, -3]
```

3열을 제외한 모든 값

출력 결과

```
     성명 나이 음악
1 알라딘   20   80
2 자스민   19   90
3   지니   30   75
```

데이터 유형이 요인factor인 경우, 데이터 수정 시에 문제가 있으니 다음을 참고하자

R 요소 값 수정

```
df <- data.frame(성명=c("알라딘", "자스민"), 나이=c(20, 19), 국어=c(70, 85))
str(df)
```

데이터 프레임 구조 출력

① 두 고객의 데이터 프레임

출력 결과

```
'data.frame':   2 obs. of  3 variables:
 $ 성명: Factor w/ 2 levels "알라딘","자스민": 1 2
 $ 나이: num  20 19
 $ 국어: num  70 85
```

데이터 프레임은 문자 데이터인 '성명'의 경우, '요인(factor)' 데이터형으로 만들어짐. 레벨은 "알라딘", "자스민"으로 설정.
☞ rbind()로 데이터 행을 추가하면 문자형으로 자동 변환됨

```
df[1, 2] <- 21
df
```
1행 2열(알라딘의 나이)의 값을 21로 수정

출력 결과

```
     성명 나이 국어
1 알라딘   21   70
2 자스민   19   85
```

```
df[1,1] <- "Aladin"
```
1행 1열(알라딘의 성명)의 값을 수정

출력 결과

```
Warning message:
In `[<-.factor`(`*tmp*`, iseq, value = "Aladin") :
  invalid factor level, NA generated
```

☞ 요인(factor) 데이터형의 값 수정 시,레벨(알라딘, 자스민)에 없는 문자의 경우 수정 불가

```
df <- data.frame(성명=c("알라딘", "자스민"),
        나이=c(20, 19),
        국어=c(70, 85),
        stringsAsFactors = F)
str(df)
```
② 데이터 프레임 생성 시, 문자를 요인 유형을 만들지 않도록 설정

출력 결과

```
'data.frame':   2 obs. of  3 variables:
 $ 성명: chr  "알라딘" "자스민"
 $ 나이: num  20 19
 $ 국어: num  70 85
```

☞ 데이터 프레임은 문자 데이터인 경우에 문자형(chr)으로 만들어짐

```
df[1,1] <- "Aladin"
df
```

출력 결과

```
     성명 나이 국어
1 Aladin   20   70
2 자스민   19   85
```
1행 1열(알라딘의 성명)의 값이 수정된 결과

3.7 데이터 파일 읽기

우리가 활용할 수 있는 많은 데이터들이 있다. R에는 내장된 데이터 세트들이 있고, 외부 시스템에 연결해 다운로드 받을 수 있다.

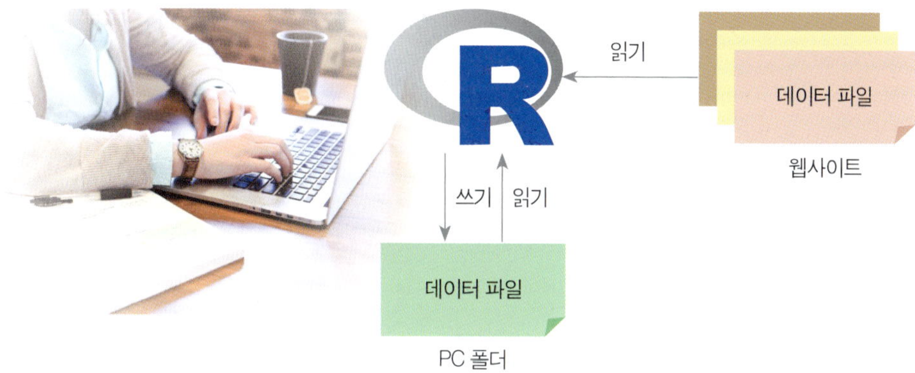

(1) R에 내장된 데이터 세트 읽기

R의 datasets 패키지에는 여러 데이터 세트들이 있다. R 설치 이후에 추가적으로 설치된 패키시에 있는 데이터 세트를 사용할 경우에는, 먼저 library()로 그 패키지를 로딩하고 데이터 세트를 부르면 된다.

datasets 패키지에 있는 데이터 세트 목록을 보자.

데이터 세트 목록

```
data(package = "datasets")
```

datasets 패키지의 데이터 목록

출력 결과

```
Data sets in package 'datasets':

AirPassengers            Monthly Airline Passenger Numbers 1949-1960
BJsales                  Sales Data with Leading Indicator
BJsales.lead (BJsales)   Sales Data with Leading Indicator
BOD                      Biochemical Oxygen Demand
CO2                      Carbon Dioxide Uptake in Grass Plants
ChickWeight              Weight versus age of chicks on different diets
DNase                    Elisa assay of DNase
EuStockMarkets           Daily Closing Prices of Major European Stock
                         Indices, 1991-1998
Formaldehyde             Determination of Formaldehyde
HairEyeColor             Hair and Eye Color of Statistics Students
Harman23.cor             Harman Example 2.3
Harman74.cor             Harman Example 7.4
```

다음은 학습으로 활용하는 데이터 세트들이다.

패키지	데이터 세트	내용	비고
datasets	iris	붓꽃 종의 분류	13장
	quakes	피지 섬 주변의 지진 발생지와 규모	3장, 5장
	rivers	북미 주요 강의 길이	5장
	women	여성 키와 몸무게	5장
MASS	Boston	보스톤 시의 주택 가격	13장

quakes 데이터 세트(위도, 경도, 진원지, 지진규모, 관측소 번호)는 오세아니아에 있는 피지Fiji 섬나라 근처에서 발생한 1,000개 지진 정보를 담고 있다.

데이터 세트를 읽고 기본정보를 파악해보자.

데이터 세트 보기

```
quakes
```
quakes 데이터 세트 출력

출력 결과

```
        lat   long depth mag stations
1    -20.42 181.62   562 4.8       41
2    -20.62 181.03   650 4.2       15
3    -26.00 184.10    42 5.4       43
4    -17.97 181.66   626 4.1       19
5    -20.42 181.96   649 4.0       11
6    -19.68 184.31   195 4.0       12
7    -11.70 166.10    82 4.8       43
8    -28.11 181.93   194 4.4       15
9    -28.74 181.74   211 4.7       35
```

```
head(quakes)
```
데이터 세트의 앞 부분 출력
☞ 디폴트는 6개 행

출력 결과

```
     lat   long depth mag stations
1 -20.42 181.62   562 4.8       41
2 -20.62 181.03   650 4.2       15
3 -26.00 184.10    42 5.4       43
4 -17.97 181.66   626 4.1       19
5 -20.42 181.96   649 4.0       11
6 -19.68 184.31   195 4.0       12
```

```
tail(quakes, n=10)
```

데이터 세트의 뒷 부분 출력
☞ 행의 수(n) 설정

출력 결과

```
       lat   long depth mag stations
991  -20.73 181.42   575 4.3       18
992  -15.45 181.42   409 4.3       27
993  -20.05 183.86   243 4.9       65
994  -17.95 181.37   642 4.0       17
995  -17.70 188.10    45 4.2       10
996  -25.93 179.54   470 4.4       22
997  -12.28 167.06   248 4.7       35
998  -20.13 184.20   244 4.5       34
999  -17.40 187.80    40 4.5       14
1000 -21.59 170.56   165 6.0      119
```

```
names(quakes)
```

데이터 세트를 구성하는 항목(열) 이름

출력 결과

```
[1] "lat"      "long"      "depth"     "mag"       "stations"
```

```
dim(quakes)
```

데이터 세트의 크기(행과 열의 수)

출력 결과

```
[1] 1000    5
```

```
str(quakes)
```

데이터 세트의 구조

출력 결과

1,000개 행의 수, 5개의 변수(열)

```
'data.frame':   1000 obs. of  5 variables:
 $ lat     : num  -20.4 -20.6 -26 -18 -20.4 ...
 $ long    : num  182 181 184 182 182 ...
 $ depth   : int  562 650 42 626 649 195 82 194 211 622 ...
 $ mag     : num  4.8 4.2 5.4 4.1 4 4 4.8 4.4 4.7 4.3 ...
 $ stations: int  41 15 43 19 11 12 43 15 35 19 ...
```

변수(열) 이름: 데이터 유형, 데이터
☞ num: 숫자(실수), int: 정수

```
summary(quakes)
```

데이터 세트의 요약정보

출력 결과

```
     lat              long            depth            mag
Min.   :-38.59   Min.   :165.7   Min.   : 40.0   Min.   :4.00
1st Qu.:-23.47   1st Qu.:179.6   1st Qu.: 99.0   1st Qu.:4.30
Median :-20.30   Median :181.4   Median :247.0   Median :4.60
Mean   :-20.64   Mean   :179.5   Mean   :311.4   Mean   :4.62
3rd Qu.:-17.64   3rd Qu.:183.2   3rd Qu.:543.0   3rd Qu.:4.90
Max.   :-10.72   Max.   :188.1   Max.   :680.0   Max.   :6.40
   stations
Min.   : 10.00
1st Qu.: 18.00
Median : 27.00
Mean   : 33.42
3rd Qu.: 42.00
Max.   :132.00
```

각 변수별 최솟값, 제1사 분위수, 중앙값(제2사 분위수), 평균, 제3사 분위수, 최댓값

(2) 데이터 세트의 저장과 파일 읽기

데이터 프레임을 임의 폴더에 저장하고 읽는 방법은 다음과 같다.

데이터 세트 저장하고 읽기

```
write.table(quakes, "c:/Temp/quakes.csv", sep=",")
df <- read.csv("c:/Temp/quakes.csv", header=T)
df
```

데이터 프레임(quakes)을 "c:/Temp" 폴더에 "quakes.csv"로 저장. 데이터 간 구분은 쉼표(,)

"c:/Temp" 폴더의 "quakes.csv" 파일을 읽음
☞ 첫 행은 항목명으로 인식(header=T)

출력 결과

```
     lat   long depth mag stations
1 -20.42 181.62   562 4.8       41
2 -20.62 181.03   650 4.2       15
3 -26.00 184.10    42 5.4       43
4 -17.97 181.66   626 4.1       19
5 -20.42 181.96   649 4.0       11
6 -19.68 184.31   195 4.0       12
7 -11.70 166.10    82 4.8       43
8 -28.11 181.93   194 4.4       15
9 -28.74 181.74   211 4.7       35
```

웹에 있는 여러 데이터 세트를 읽거나, 다운로드 받아 사용하는 방법은 5장부터 살펴보기로 한다.

3.8 함수

함수function는 하나 이상의 명령어들을 묶어 놓은 것이다. 함수를 사용하면 번거로운 반복적인 코딩 시간의 절약으로 효율성을 높일 수 있고, 검증된 코드 사용에 따른 프로그래밍 효과를 높일 수 있다. R은 데이터 분석을 위해 필요한 많은 기능들을 함수로 만들어 패키지 형태로 제공하고 있다.

벡터 값에 대해 통계적으로 자주 사용하는 합계, 평균, 분산, 표준편차와 일반적으로 자주 사용하는 제곱근, 절댓값 등을 계산하는 함수를 사용해 보자. 이들은 모두 R의 base 패키지에 정의되어 있다. 패키지를 추가하면, 그 패키지에 정의된 함수들도 사용할 수 있다.

• 수학 함수의 예 •

함수	기능	사용 예	결과
abs()	절댓값	abs(-10)	10
mean()	평균	x <- 1:10 mean(x)	5.5
sd()	표준편차	x <- 1:10 sd(x)	3.02765
sqrt()	제곱근	sqrt(100)	10
sum()	합	x <- 1:10 sum(x)	55
var()	분산	x <- 1:10 var(x)	9.166667

때때로 사용자 관점에서 별도의 함수를 만들어 사용할 필요가 있다. 다음은 삼각형의 면적을 구하는 절차를 함수로 정의하고 호출하는 예이다. 함수 정의는 function 키워드와 함께 전달 받을 데이터에 해당하는 매개변수를 지정한다. 함수 이름은 임의로 정하면 된다. 함수를 호출할 때에는 정의된 매개변수의 수에 대응하는 인수들을 나열해야 한다.

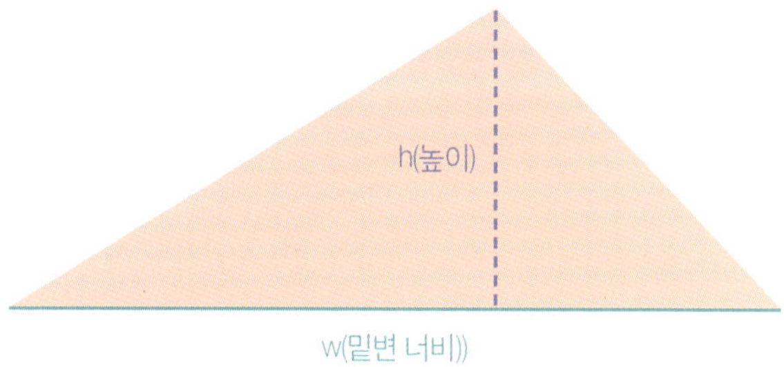

함수 정의와 호출

```
getTriangleArea <- function(w, h) {
    area <- w * h / 2
    return(area)
}

getTriangleArea(10, 5)
```

함수 정의
- ☞ 함수 이름(getTriangleArea))은 임의로 설정
- ☞ function 키워드로 실행할 명령어들을 {…}로 정의
- ☞ 전달받을 인수에 대응하는 매개변수(w, h, …)는 function(w, h, …)로 정의
- ☞ 실행 후 반환할 값(area)은 return()에 설정

삼각형의 밑변 너비(10)와 높이(5)를 인수로 설정하고 함수 호출

출력 결과

```
[1] 25
```

학습 목표

R 활용 예시를 통한 R 사용법 이해

학습 내용

- 차트로 보는 생활 환경(미세먼지)
- 애니메이션 제작하기
- 웹스크래핑 해보기
- 시뮬레이션 해보기

Chapter 4 무조건 해보기

R을 본격적으로 시작하기 전에, 이 책에서 다루는 주요 일부 기능인 차트, 애니메이션, 지도, 키워드 분석, 시뮬레이션 등을 미리 살펴본다. 문법적인 이해에 신경쓰지 말고 결과 중심으로 보다 보면, 간단한 코딩만으로 대단한 결과를 만들어 내는 R에 더 큰 흥미를 갖게 될 것이다. 학습일정에 따라 이 장은 건너 뛰어도 된다.

4.1 X-Y 플로팅 차트로 보는 지역별 미세먼지 현황
4.2 워드 클라우드로 보는 지역별 미세먼지 현황
4.3 애니메이션: 바람개비 돌리기
4.4 웹스크래핑: 공공데이터 포털의 API 목록 출력
4.5 동전 던지기 시뮬레이션

4.1 X-Y 플로팅 차트로 보는 지역별 미세먼지 현황

최근 미세먼지는 우리생활에 큰 불편을 주고 있다. 다음은 한국환경공단https://www.airkorea.or.kr이 "실시간 자료 조회" 메뉴에서 "시도별 대기정보"의 초미세먼지(PM 2.5) 농도를 제공하는 화면이다. 그래프에 서울과 광역시(부산, 대구, 인천, 광주, 대전, 울산)별 초미세먼지 농도의 크기에 해당하는 원을 그리고 지역명을 출력해서 비교해 보자(상세한 내용은 5장 참조).

시도별 초미세먼지 농도는 다음 표와 같다. 위치에 따른 농도별 크기를 출력하기 위해 각 시도별 위도와 경도를 검색해서 추가하였다.

• 지역별 초미세먼지 일평균 농도 •

시도명	초미세먼지 농도(μg/m³)	위치	
		위도	경도
서울	18	37.567933	126.978054
부산	21	35.180002	129.074974
대구	21	35.877052	128.600680
인천	17	37.457730	126.702194
광주	8	35.160331	126.851433
대전	11	36.350573	127.384793
울산	25	35.539865	129.311469

가로(X축)는 경도, 세로(Y축)는 위도로 표시하는 X-Y 플로팅 그래프를 그려보자.

지역별 초미세먼지 농도 출력

```
city <- c("서울", "부산", "대구", "인천", "광주", "대전", "울산")
pm25 <- c(18, 21, 21, 17, 8, 11, 25)
lat <- c(37.567933, 35.180002, 35.877052, 37.457730,
         35.160331, 36.350573, 35.539865)
lon <- c(126.978054, 129.074974, 128.600680, 126.702194,
         126.851433, 127.384793, 129.311469)

plot(x=lon, y=lat,
     pch=19, cex=pm25 * 0.3,
     col=rgb(1,0,0,0.3),
     xlim=c(126, 130), ylim=c(35, 38),
     xlab="경도", ylab="위도")
text(x=lon, y=lat, labels=city)
```

- city: 지역명
- pm25: 초미세먼지 농도
- lat: 지역별 위도
- lon: 지역별 경도
- plot: x축은 경도(lon), y축은 위도(lat)로 하는 지점에 원 모양의 기호(pch=19)를 농도(pm 25)의 0.3배 크기(cex)로 출력
  색(col)은 적색: rgb(적색, 녹색, 청색, 불투명도)의 각 값은 0~1 사이
  xlim, ylim은 가로와 세로 축의 크기
  xlab, ylab는 x, y축 라벨 설정
- text: 경도(lon)와 위도(lat) 지점에 지역명(city) 출력

출력 결과

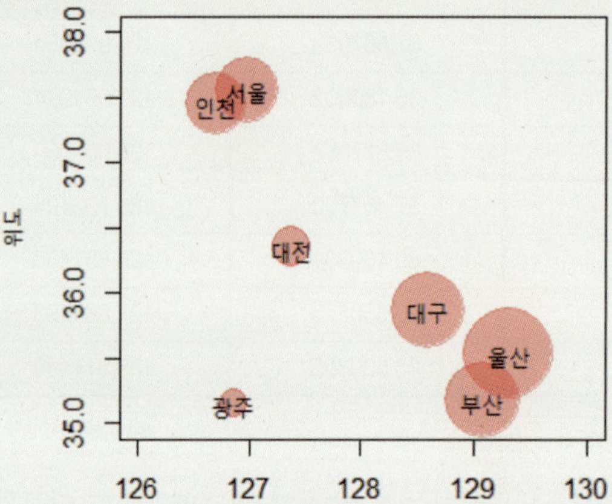

☞ 위도와 경도에 대한 지도 출력은 지도 API 키를 신청하는 별도의 과정을 거쳐야 한다(8장 참조)

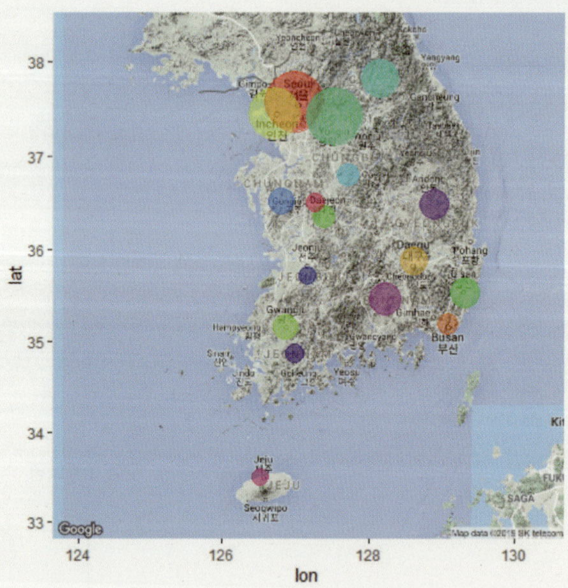

4.2 워드 클라우드로 보는 지역별 미세먼지 현황

단어들의 빈도와 그에 따른 순위, 지역별 현황 비교 등을 간단히 비교하기 위해 워드 클라우드가 유용하게 사용된다. 4.1절의 지역별 미세먼지 농도의 크기를 워드 클라우드로 비교해보자(상세한 내용은 8장 참조).

R 지진 발생 지역 출력

```
install.packages("wordcloud")
library(wordcloud)

city <- c("서울", "부산", "대구", "인천", "광주", "대전", "울산")
pm25 <- c(18, 21, 21, 17, 8, 11, 25)

wordcloud(city, freq=pm25, colors=rainbow(3), random.color=T)
```

- install.packages("wordcloud"): 워드 클라우드 출력을 위한 "wordcloud" 패키지 설치
- library(wordcloud): "wordcloud" 패키지 로딩
- city: 지역명
- pm25: 초미세먼지 농도
- wordcloud(...): 지역별(city) 농도(pm25)에 따른 워드 클라우드 출력. 3가지 무지개 색을 빈도 순서와 무관하게 무작위 순서로 글자색에 적용

출력 결과

4.3 애니메이션: 바람개비 돌리기

R은 이미지 처리 성능이 빠르지 않지만, 애니메이션 기능을 활용할 수 있다. 바람개비 이미지를 만들어 회전하는 애니메이션을 제작해보자. 바람개비는 파워포인트에서 간단히 만들 수 있다. 날개를 그린 후에, 날개 전체를 선택하고 마우스 오른쪽 버튼을 클릭하면 나타나는 팝업 메뉴에서 "그림으로 저장" 메뉴를 선택하고 임의 폴더(예: data)에 "pinwheel.png"로 저장한다(상세한 내용은 6장 참조).

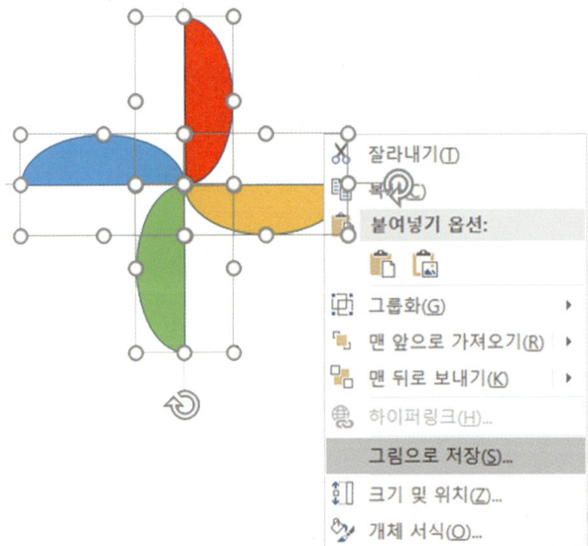

바람개비 돌리기

```
install.packages("imager")      이미지 처리를 위한 "imager" 패키지 설치
library(imager)                 "imager" 패키지 로딩

img_path <- "C://data/pinwheel.png"      이미지 위치 경로
img <- load.image(img_path)              이미지 읽기

plot(img)      이미지 출력
```

출력 결과

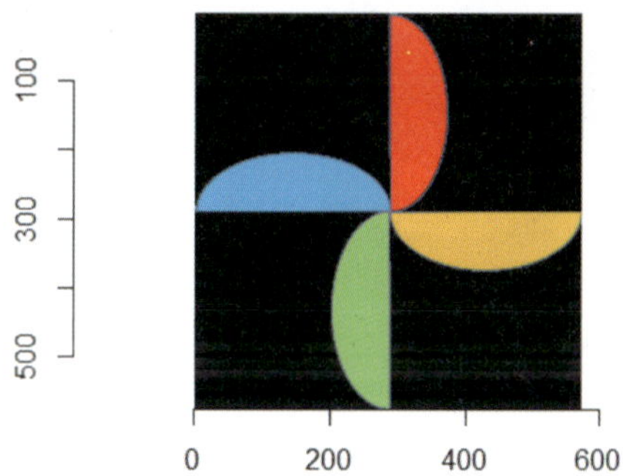


```
img <- resize(img, size_x = 400L, size_y = 400L)      이미지 크기 변환(400X400 픽셀)
plot(img, xlim=c(0, 400), ylim=c(0, 400))             이미지 출력과 X, Y축 크기 설정
```

출력 결과

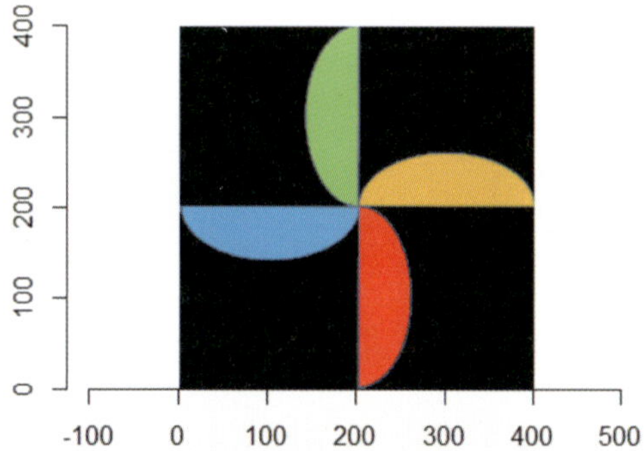

```
angle <- 0
while(TRUE) {
    angle <- angle + 10
    imrotate(img, angle, cx=200,cy=200) %>% plot(axes=FALSE)
    Sys.sleep(0.2)
}
```

이미지 회전 초기 각도 설정

무한 번 반복 ('Esc' 키 누르면 반복 종료)

이미지 각도를 10도 더함

0.2초 동안 실행 대기

cx, cy 위치에서 이미지(img) 회전(angle)

이미지 출력(x, y축은 나타나지 않음)
☞ '%>%'는 실행결과를 다음 단계로 넘기는 chain operator

출력 결과

☞ 바람개비가 오른쪽으로 10도 각도로 움직이는 과정을 무한 번 계속하게 된다. 종료하려면 'Esc'키를 누르면 된다.

4.4 웹스크래핑: 공공데이터 포털의 API 목록 출력

웹스크롤링은 웹페이지에서 문자를 추출하여 필요한 정보를 얻는 과정을 말한다. 공공데이터포털에서 오픈 API들의 목록을 보여주는 웹문서의 HTML 소스를 출력해 보자(목록의 구체적인 추출은 8장 참조).

먼저, 공공데이터포털www.data.go.kr에서 "데이터셋"의 "오픈 API" 메뉴를 클릭한다.

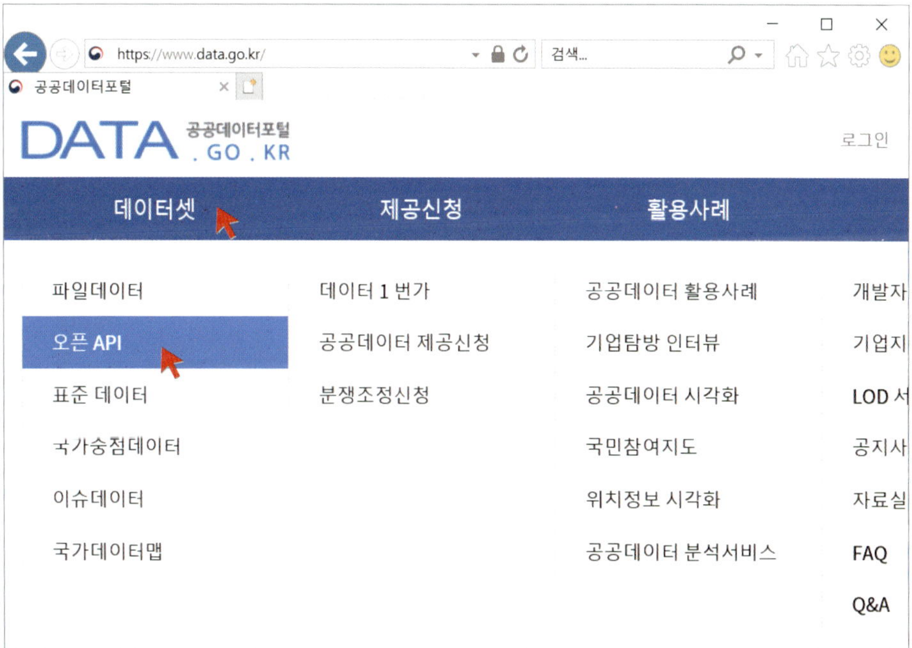

첫 페이지의 목록이 나타나며, 각 목록 아이템에는 제목, 조회 수, 설명 등 여러 내용들로 구성되어 있다. R 스크립트로 접속하기 위해 URL은 복사하면 된다(https://www.data.go.kr/search/index.do?index=OPENAPI&query=&currentPage=1&countPerPage=10&sortType=VIEW_COUNT).

R 스크립트에서는 웹문서를 읽는 기능을 제공하는 rvest 패키지를 설치하고 로딩한다. 공공데이터포털의 오픈 API 목록을 제공하는 웹페이지의 URL을 설정하고, 웹문서를 읽어 출력한다.

공공데이터 포털의 오픈 API 목록 읽기

```
install.packages("rvest")   패키지 설치 및 로딩
library(rvest)

url <- "https://www.data.go.kr/search/index.do?index=OPENAPI&query=&curre
ntPage=1&countPerPage=10&sortType=VIEW_COUNT"   한 줄로 URL 설정
html <- read_html(url)   웹문서 읽기
html   웹문서 출력
```

출력 결과

```
{xml_document}
<html lang="ko" data-cast-api-enabled="true">
[1] <head>\n<meta http-equiv="Content-Type" content="text/html; char ...
[2] <body dir="ltr" id="body" class="  visibility-logging-enabled  1 ...
```

4.5 동전 던지기 시뮬레이션

동전을 던질 때 앞면과 뒷면이 나올 확률은 각각 0.5이다. 컴퓨터를 이용한 시뮬레이션을 통해 동전을 던지는 회수의 증가에 따라 확률이 어떻게 변하는지 그래프로 살펴보자.

수평 축은 동전을 던진 회수, 수직 축은 앞면이 나온 비율(확률)을 표시하고 있다. 0.5 위치로 표시한 수평선은 이론적으로 나타날 확률을 의미한다(상세한 내용은 12장 참조).

동전 앞면이 나오는 확률

```
plot(NA,
     xlab="동전을 던진 회수", ylab="앞면이 나오는 비율",
     xlim=c(0, 100), ylim=c(0, 1),
     main="동전 던지는 횟수에 따른 앞면이 나올 확률 변화")
abline(h=0.5, col="red", lty=2)

count <- 0
for(n in 1:100) {
    coin <- sample(c("앞면", "뒷면"), 1)

    if (coin == "앞면")
        count = count + 1

    prob <- count / n

    points(n, prob)

    Sys.sleep(1)
}
```

- plot(...): X-Y 그래프 출력 / NA: 출력 데이터 없음 / xlab, ylab: X, Y축 라벨 / xlim, ylim: X, Y축 크기 / main: 그래프 제목
- abline(...): y축의 0.5를 지나는 수평선 / col은 color(색), lty는 line type(선의 유형, 2는 점선)을 의미
- count <- 0: 동전 앞면이 나온 수의 초기화
- for(n in 1:100): n이 1부터 100될 때까지 1씩 증가하면서 반복
- coin <- sample(...): "앞면", "뒷면" 중 1개 추출
- if (coin == "앞면") count = count + 1: "앞면"인 경우, count를 1 증가
- prob <- count / n: n번 반복하는 동안 "앞면"이 나온 비율(확률)
- points(n, prob): n을 X, prob를 Y축으로 하는 점을 출력
- Sys.sleep(1): 1초간 실행 대기

출력 결과

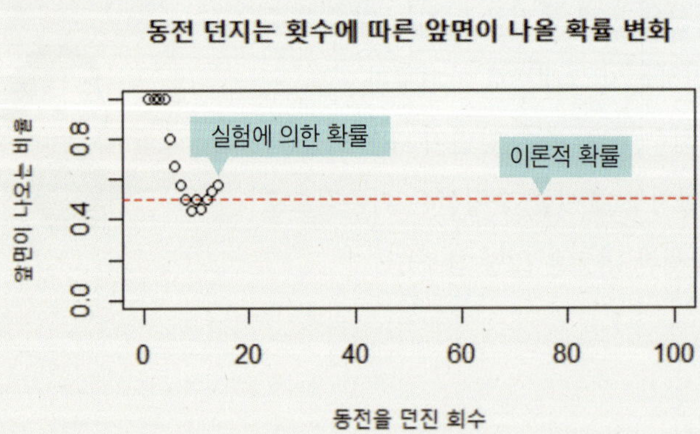

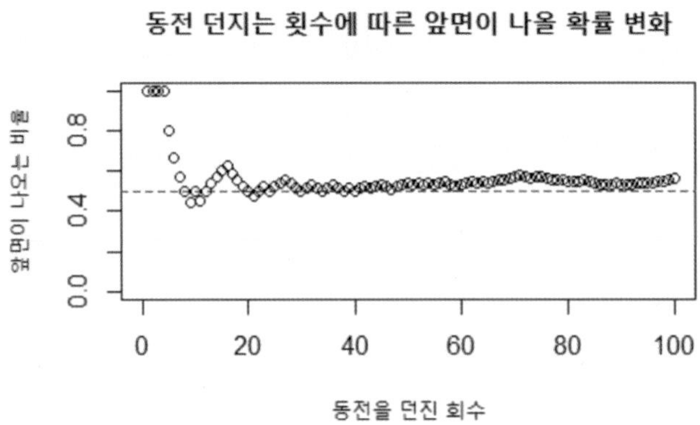

☞ 출력결과 (실험에 의한 확률은 0.5로 수렴하는가? 실험횟수를 1000으로 늘려 실험하면 어떻게 되는지 비교해보자)

학습 목표

다양한 시각화 방법의 이해

학습 내용

- 차트 유형
- 차트 유형별 시각화 방법
- 데이터 유형별 시각화 방법

Chapter 5 차트 프로그래밍

차트는 데이터를 효과적으로 분석하고 그 결과를 전달하기 위해 매우 유용하다. 파이 차트, 바 차트, 그룹화된 바 차트, X-Y 플로팅, 히스토그램, 박스 플롯 등을 간단히 만들어 보면서, 그 원리도 익히고 R에 자신감을 갖도록 해보자.

5.1 단순한 차트의 유형
5.2 줄기-잎 그림
5.3 파이 차트
5.4 바 차트
5.5 X-Y 플로팅
5.6 히스토그램
5.7 박스 플롯
실습 과제 1: CDNow의 거래 데이터를 이용한 분포 분석
실습 과제 2: 강의 길이에 대한 분포 분석

5.1 단순한 차트의 유형

차트는 데이터 분석결과를 효과적으로 전달하기 위해 유용하게 사용되고 있다. 차트의 종류는 다양하지만, 기초적인 공부를 위해 단순하고 쉽게 사용할 수 있는 차트를 소개하면, 줄기-잎 그림, 파이 차트, 바 차트(막대 그래프), X-Y 플로팅, 히스토그램, 박스 플롯 등이 있다.

```
 4 | 1112223334455667790012333444567
 6 | 000112233578012234468
 8 | 045790018
10 | 04507
12 | 1471
14 | 56
16 | 7
18 | 9
20 |
22 | 25
24 | 3
```

줄기-잎 그림

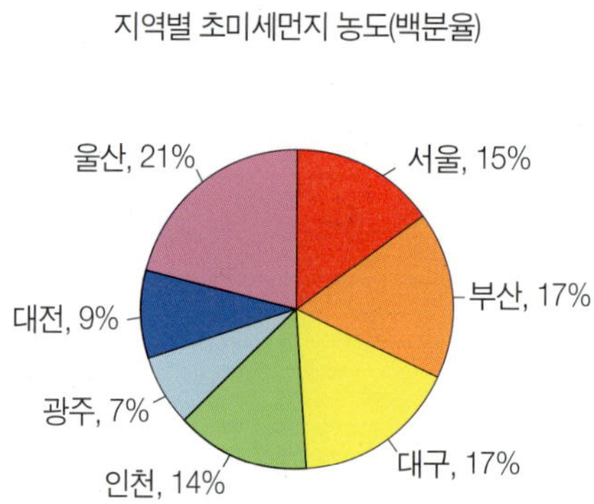

파이 차트

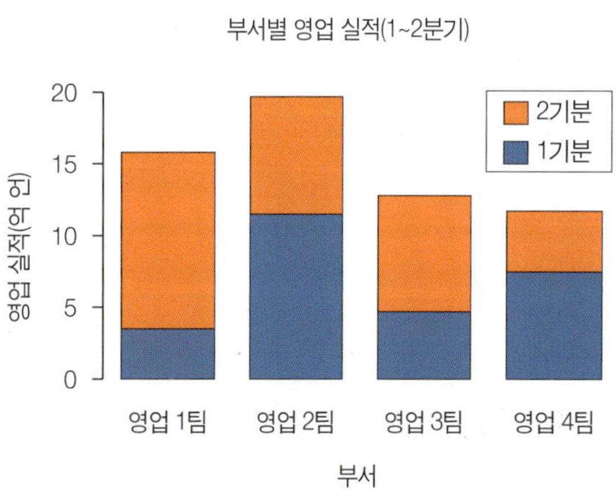

바 차트

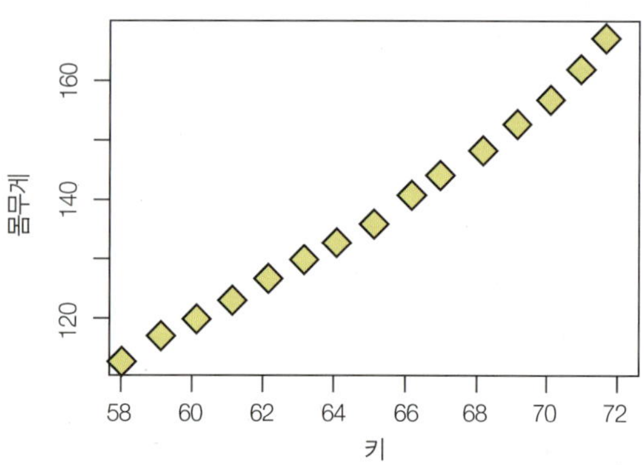

산포도

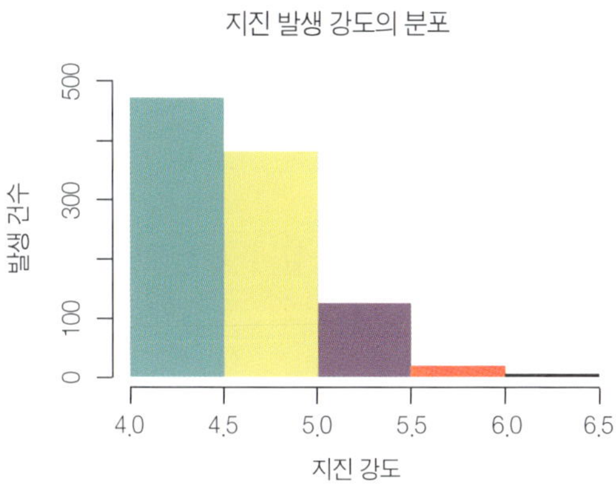

히스토그램

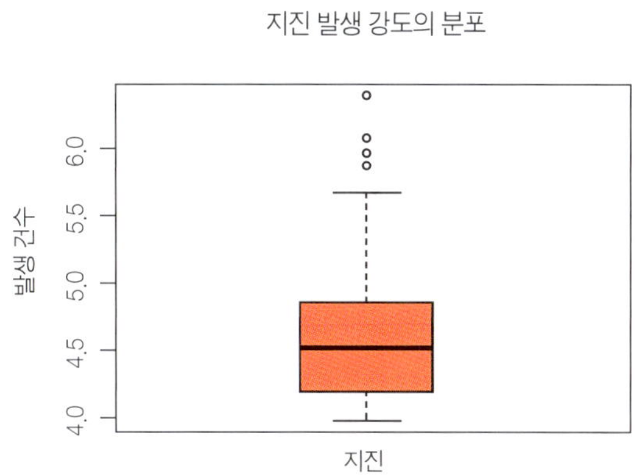

박스 플롯

데이터의 형태는 크게 범주형과 수치형이 있다. 범주형은 명목형과 순서형이 있다. 명목형은 단순히 데이터의 분류를 목적으로 하며, 성별, 지역 등이 있다 순서형은 명목형으로 데이터 간에 순서가 의미가 있는 경우로 성적 등급(A, B, C)이 예이다. 한편, 수치형에는 이산형과 연속형이 있다. 이산형은 일정한 간격이 있는 셀 수 있는 이산적인 값을 갖는 경우로 정수 단위의 근무년수 등이 예이며, 연속형은 키, 지진 규모 등이 그 예이다. 파이 차트와 바 차트는 범주형 데이터를 비교할 때, 그리고 산포도, 히스토그램, 박스플롯은 수치형 데이터의 분포를 표현할 때 사용된다.

이번 장에서는 R에서 간단한 차트 출력을 위해 기본 패키지로 제공하는 graphics 패키지와 색을 아름답게 꾸며주는 팔레트를 제공하는 RColorbrewer 패키지에 대한 사용법을 익혀 보기로 한다.

✪ 패키지

패키지	설명
graphics	차트를 출력하는 다양한 기능 제공(☞ 기본 패키지)
RColorBrewer	여러가지 색의 그룹을 사용할 수 있는 팔레트를 제공함

5.2 줄기-잎 그림

프로젝트

줄기-잎 그림stem plot은 데이터의 분포를 개략적으로 쉽게 파악할 수 있는 그림이다. 강의 길이에 대한 분포를 파악해보자. 다음은 datasets 패키지의 rivers 데이터 세트에 있는 북아메리카의 주요 강 길이에 대한 141개 데이터를 줄기-잎 그림으로 나타낸 것이다.

```
  [1]  735  320  325  392  524  450 1459  135  465  600
  11]  330  336  280  315  870  906  202  329  290 1000
  21]  600  505 1450  840 1243  890  350  407  286  280
  31]  525  720  390  250  327  230  265  850  210  630
  41]  260  230  360  730  600  306  390  420  291  710
  51]  340  217  281  352  259  250  470  680  570  350
  61]  300  560  900  625  332 2348 1171 3710 2315 2533
  71]  780  280  410  460  260  255 [illegible]  350  760  618
  81]  338  981 1306  500  696  605 [illegible]  411 1054  735
  91]  233  435  490  310  460  383 [illegible] 1270  545  445
 .01] 1885  380  300  380  377  425  276  210  800  420
 .11]  350  360  538 1100 1205  314  237  610  360  540
 .21] 1038  424  310  300  444  301  268  620  215  652
 .31]  900  525  246  360  529  500  720  270  430  671
 .41] 1770
```

```
 0 | 4
 2 | 011223334555566667778888899900001111223333344455555666688888999
 4 | 1112223334455566779001233344567
 6 | 000112233578012234468
 8 | 045790018
10 | 04507
12 | 1471
14 | 56
16 | 7
18 | 9
20 |
22 | 25
24 | 3
26 |
28 |
30 |
32 |
34 |
36 | 1
```

문제 해결 방법

강의 길이들을 숫자 벡터로 만들고, 줄기-잎 그림으로 출력한다.

① 숫자 벡터 작성 — rivers

② 줄기-잎 그림 출력 — stem(rivers)

줄기-잎 그림

```
rivers
```

① 숫자 벡터 작성
강의 길이에 대한 데이터 확인

출력 결과

```
  [1]  735  320  325  392  524  450 1459  135  465  600
 [11]  330  336  280  315  870  906  202  329  290 1000
 [21]  600  505 1450  840 1243  890  350  407  286  280
 [31]  525  720  390  250  327  230  265  850  210  630
 [41]  260  230  360  730  600  306  390  420  291  710
 [51]  340  217  281  352  259  250  470  680  570  350
 [61]  300  560  900  625  332 2348 1171 3710 2315 2533
 [71]  780  280  410  460  260  255  431  350  760  618
 [81]  338  981 1306  500  696  605  250  411 1054  735
 [91]  233  435  490  310  460  383  375 1270  545  445
[101] 1885  380  300  380  377  425  276  210  800  420
[111]  350  360  538 1100 1205  314  237  610  360  540
[121] 1038  424  310  300  444  301  268  620  215  652
[131]  900  525  246  360  529  500  720  270  430  671
[141] 1770
```

```
stem(rivers)
```

② 줄기-잎 그림
☞ 전반적으로 왼쪽 봉우리가 높고, 오른쪽으로 길게 기울어진 분포

출력 결과

100 자릿수 0~200 미만

10자리수가 4인 것, 8번째 데이터인 135가 10자리 수에서 반올림된 140에 해당

```
 0 | 4
 2 | 011223334555566667778888899900001111223333344455555666688888999
 4 | 111222333445566779001233344567
 6 | 000112233578012234468
 8 | 045790018
10 | 04507
12 | 1471
14 | 56
16 | 7
18 | 9
20 |
22 | 25
24 | 3
26 |
28 |
30 |
32 |
34 |
36 | 1
```

2200~2400 미만

반올림된 10자리 수가 2와5인 것: 2,315와 2,348

```
stem(rivers, scale=2)
```

기본적으로 출력되는 줄기 수를 2배로 증가

출력 결과

0~100 미만

10자리수로 반올림할 때, 4인 것(135)

```
 1 | 4
 2 | 0112233345555666677788888999
 3 | 0000111122333333444555556666688888999
 4 | 111222333445566779
 5 | 001233344567
 6 | 000112233578
 7 | 012234468
 8 | 04579
 9 | 0018
10 | 045
11 | 07
12 | 147
13 | 1
14 | 56
15 |
16 |
17 | 7
```

출력 결과

```
18 | 9
19 |
20 |
21 |
22 |
23 | 25
24 |
25 | 3
26 |
27 |
28 |
29 |
30 |
31 |
32 |
33 |
34 |
35 |
36 |
37 | 1
```

2300~2400 미만 (23 | 25)

23 | 25: 10자리수로 반올림할 때, 2와 5인 것(2,315와 2,348)

37 | 1: 10자리수로 반올림할 때, 데이터가 3,710인 것(3,710)

함수

stem()

패키지	graphics (기본 패키지)
기능	숫자 벡터를 줄기-잎 그림으로 출력
사용법	**stem**(x, scale=1)
반환 값	

매개변수	설명
x	숫자 벡터
scale	줄기 수

5.3 파이 차트

프로젝트

4.1절에서 살펴본 시도별 초미세먼지 농도를 파이 차트로 그려 비교해보자.

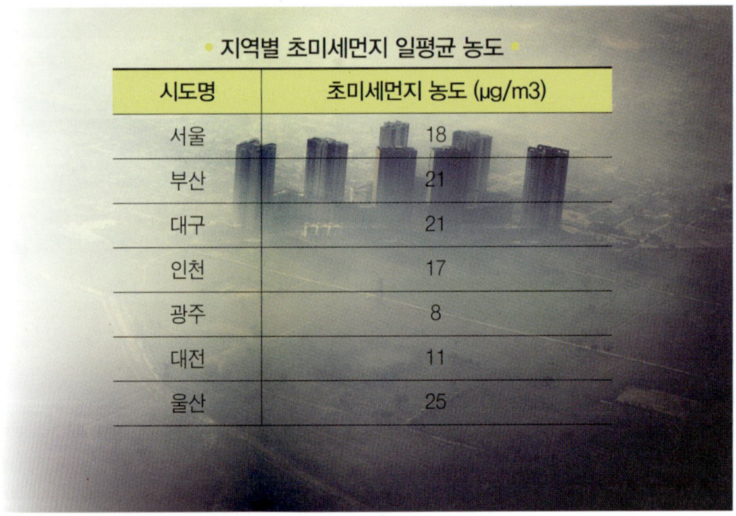

지역별 초미세먼지 일평균 농도

시도명	초미세먼지 농도 (μg/m3)
서울	18
부산	21
대구	21
인천	17
광주	8
대전	11
울산	25

지역별 초미세먼지 농도(백분율)

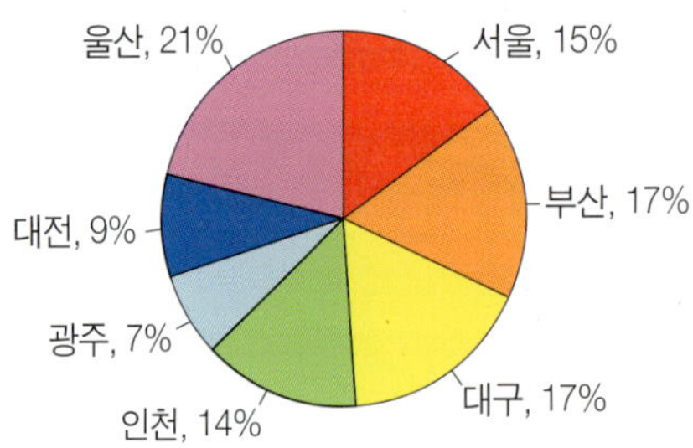

문제 해결 방법

시도명의 범주들에 대한 벡터를 만들고, 각 지역에 대응하는 초미세먼지 농도를 순서대로 숫자형 벡터로 만든다. 두 벡터를 이용하여 파이 차트를 출력한다.

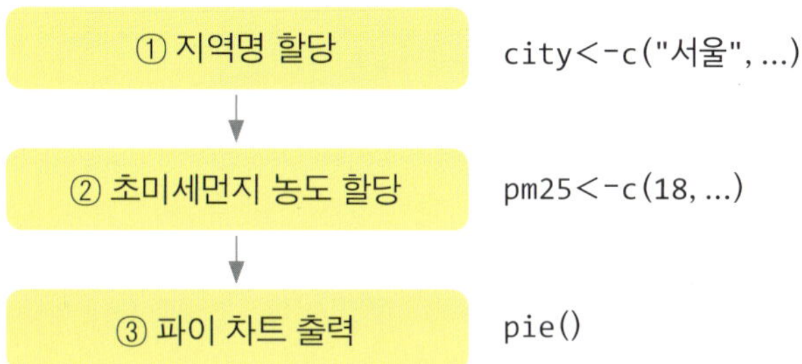

R 파이 차트

```
city   <- c("서울", "부산", "대구", "인천", "광주", "대전", "울산")     ①지역명 할당
pm25   <- c(18, 21, 21, 17, 8, 11, 25)     ② 초미세먼지 농도 할당
colors <- c("red", "orange", "yellow", "green", "lightblue", "blue",     색 지정
"violet")

pie(pm25, labels=city, col=colors, main="지역별 초미세먼지 농도")
                                                    ③ 파이 차트 출력
```

출력 결과

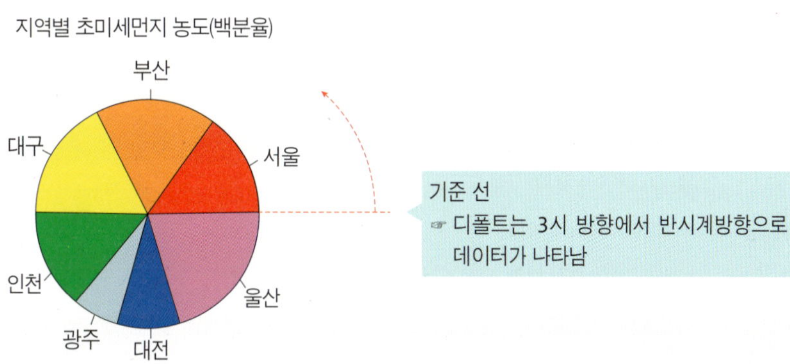

```
pie(pm25, labels=city, col=colors, main="지역별 초미세먼지 농도",
    init.angle=90, clockwise=T)
```
기준 선과 방향 설정

출력 결과

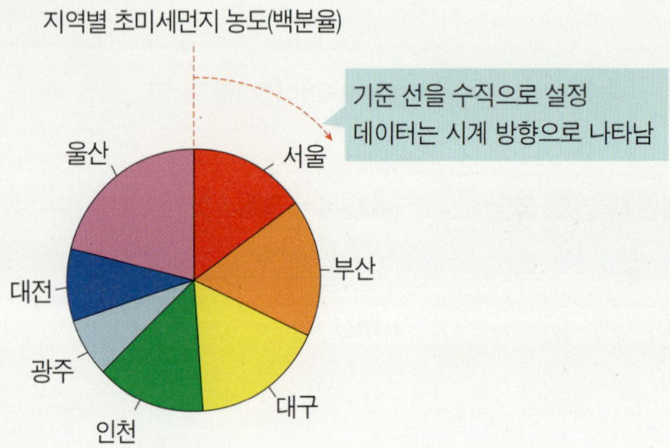

함수

pie()

패키지	graphics (기본 패키지)
기능	파이 차트 출력
사용법	**pie**(x, labels, clockwise=FALSE, init.angle = if(clockwise) 90 else 0, col=NULL, main = NULL, ...)
반환 값	옵션으로 설정된 매개변수 내용의 리스트

매개변수	설명
x	음수가 아닌 수치 백터(부채꼴의 크기로 표현됨)
labels	부채꼴에 대응하는 이름
clockwise	부채꼴(x)의 출력 방향. 디폴트는 FALSE로 반시계 방향
init.angle	디폴트는 3시 방향에서 부채꼴 출력. clickwise가 TRUE인 경우, 디폴트는 12시 방향
col	그래프 부채꼴의 색
main	그래프에 대한 전체 제목

사용 가능한 색 이름 찾기

R에서 색을 쉽게 활용하기 위해 색 이름을 지원하고 있다. colors() 함수를 호출하면 다음과 같이 사용 가능한 내장된 색 이름(built-in color names)을 목록으로 확인 가능하다.
colors() 함수는 R에서 기본 패키지로 제공하는 grDevices 패키지에 포함되어 있다.

```
> colors()
 [1] "white"               "aliceblue"           "antiquewhite"
 [4] "antiquewhite1"       "antiquewhite2"       "antiquewhite3"
 [7] "antiquewhite4"       "aquamarine"          "aquamarine1"
[10] "aquamarine2"         "aquamarine3"         "aquamarine4"
[13] "azure"               "azure1"              "azure2"
[16] "azure3"              "azure4"              "beige"
[19] "bisque"              "bisque1"             "bisque2"
[22] "bisque3"             "bisque4"             "black"
[25] "blanchedalmond"      "blue"                "blue1"
```

```
[628] "thistle3"           "thistle4"            "tomato"
[631] "tomato1"            "tomato2"             "tomato3"
[634] "tomato4"            "turquoise"           "turquoise1"
[637] "turquoise2"         "turquoise3"          "turquoise4"
[640] "violet"             "violetred"           "violetred1"
[643] "violetred2"         "violetred3"          "violetred4"
[646] "wheat"              "wheat1"              "wheat2"
[649] "wheat3"             "wheat4"              "whitesmoke"
[652] "yellow"             "yellow1"             "yellow2"
[655] "yellow3"            "yellow4"             "yellowgreen"
```

각 이름에 대응하는 색은 다음과 같다(https://www.r-graph-gallery.com/colors).

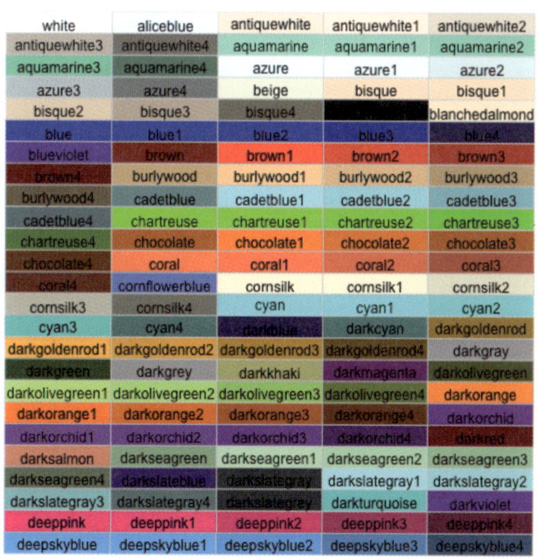

차트를 출력할 때, 일일이 색 이름을 지정한다는 것은 번거로운 일이다. 여러 색들을 그룹으로 만들어 제공하는 팔레트를 사용하면 편리하고 보기 좋은 차트를 만들 수 있다.

잠깐! 팔레트

차트에서 사용할 색은 col=c("red", "blue", "green", "yellow", …)와 같이 구체적인 색을 지정해도 되지만, R에서는 쉽게 사용할 수 있는 팔레트를 제공하고 있다. **팔레트란** 그림 물감을 섞기 위한 판이다. 여러 가지 패키지에서 제공하는 팔레트가 있지만, 간단하고 많이 사용하는 기본 패키지인 gdRdriver 에서 제공하는 팔레트와 기타 패키지인 RColorBrewer 패키지가 제공하는 팔레트를 살펴보자.

- gdRdriver **패키지의 팔레트**

12개의 부채꼴을 갖는 파이 차트를 그리고, col에 지정한 팔레트에 따라 색이 변하는 모습을 살펴보자.

```
x <- rep(1, 12)     # 1을 12번 복사
pie(x, labels=seq(1,12), col=rainbow(12))
```

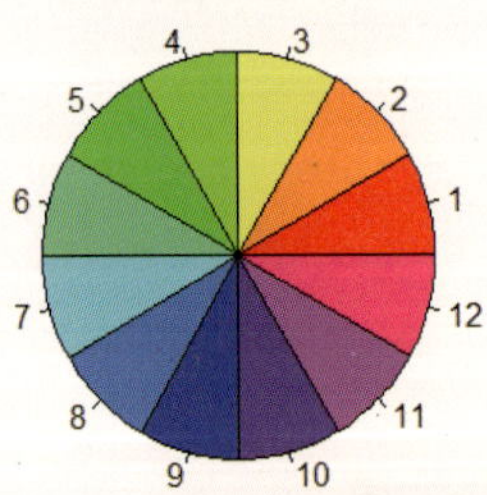

col=rainbow(12)
무지개 색

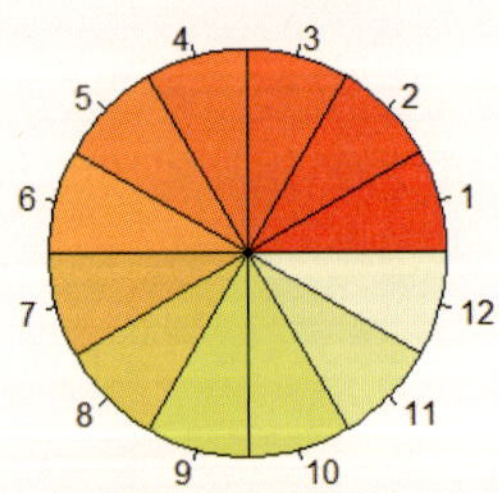

col=heat.colors(12)
적색과 황색에 치우친 색

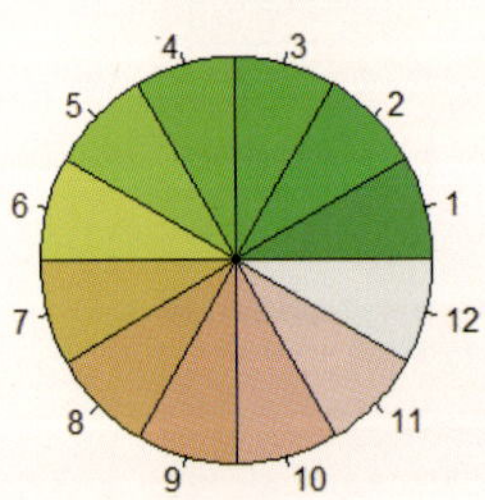

col=terrain.colors(12)
지구 지형 색

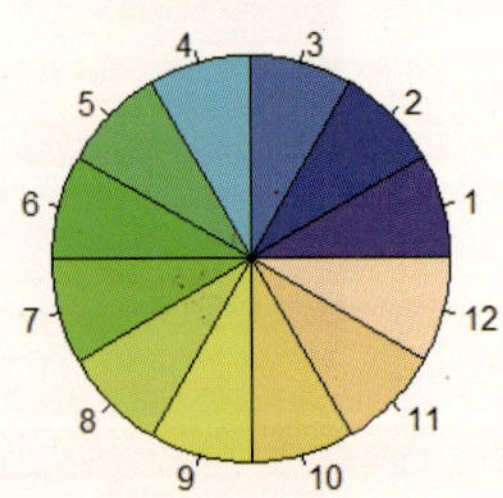

col=topo.colors(12)
앞에서 조금 더 청색에 가까운 색

라벨 변경과 팔레트 사용

```
# install.packages("RColorBrewer")
library(RColorBrewer)
greens <- brewer.pal(7, 'Greens')

pct    <- round(pm25/sum(pm25)*100, 0)

city_label <- paste(city, ", ", pct, "%", sep="")

pie(pm25, labels=city_label, col=greens, main="지역별 초미세먼지 농도",
    init.angle=90, clockwise=T)
```

각 초미세먼지 농도(pm25)를 전체 농도로 나누고 100을 곱한 후 소수점 없이 반올림하여 정수로 만듦
☞ round(x, 2)는 x값을 소수 2자리까지 반올림

지역명, 백분율, '%' 기호를 순서대로 공백 없이 붙임(sep는 구분자를 의미함)

출력 결과

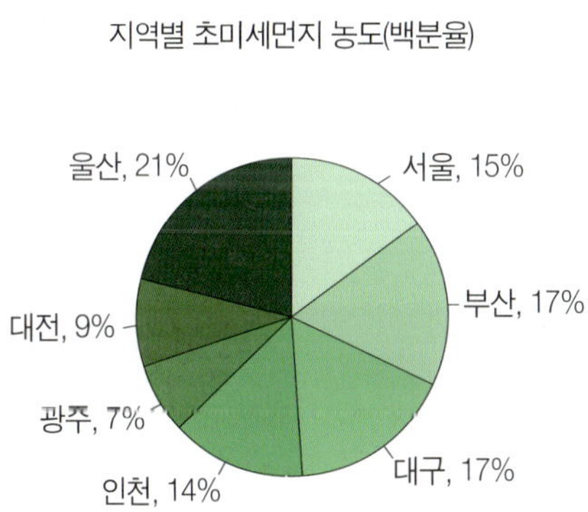

함수

brewer.pal()

패키지	RColorBrewer (추가 패키지)
기능	팔레트를 만듦
사용법	brewer.pal(**n, name**)
반환 값	팔레트

매개변수	설명
n	팔레트의 색의 수. 색의 최소 수는 3, 최대 수는 팔레트 종류에 따라 다름
name	팔레트 이름. 팔레트 유형: Sequential palettes, Qualitative palettes, Diverging palettes

함수

display.brewer.all()

패키지	RColorBrewer (추가 패키지)
기능	팔레트 유형에 해당하는 팔레트의 출력
사용법	`display.brewer.all(type="all")`
반환 값	팔레트

매개변수	설명
type	팔레트 유형 - "div": Diverging palettes - "qual": Qualitative palettes - "seq": Sequential palettes - "all": 모든 팔레트, **display.brewer.all()**과 동일

함수

display.brewer.pal()

패키지	RColorBrewer (추가 패키지)
기능	지정한 팔레트 출력
사용법	`display.brewer.pal(n, name)`
반환 값	팔레트

매개변수	설명
n	팔레트의 색의 수. 색의 최소 수는 3, 최대 수는 팔레트 종류에 따라 다름
name	팔레트 이름. 팔레트 유형: Sequential palettes, Qualitative palettes, Diverging palettes

5.4 바 차트

프로젝트

다음 1, 2분기의 부서별 영업실적을 바 차트로 비교해 보자. 먼저 1분기 실적으로 바 차트로 비교해보고, 1분기와 2분기를 구분해서 그룹형 또는 스택형으로 비교해 보자.

• 부서별 영업실적(억 원) •

부서	1분기	2분기
영업 1팀	4	12
영업 2팀	12	8
영업 3팀	5	8
영업 4팀	8	4

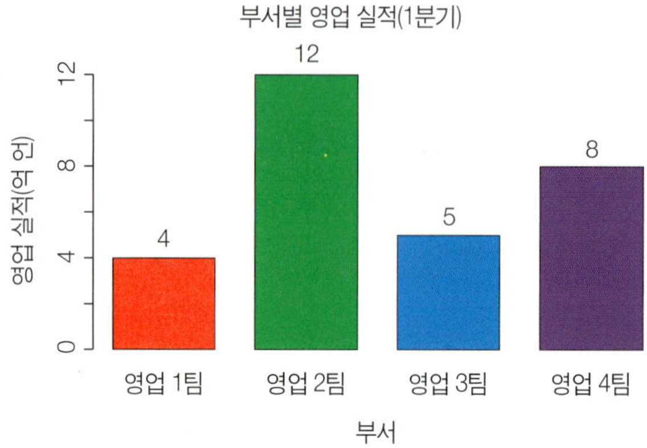

문제 해결 방법

영업부서에 대한 벡터를 만들고, 각 부서에 대응하는 영업실적을 순서대로 숫자형 벡터로 만든다. 다음으로 영업부서와 영업실적에 대한 바 차트를 출력한다.

① 부서명 할당 — `dept<-c("영업 1팀", ...)`

↓

② 영업실적 할당 — `sales01<-c(4, ...)`

↓

③ 바 차트 출력 — `barplot()`

바 차트

```
dept <- c("영업 1팀", "영업 2팀", "영업 3팀", "영업 4팀")   ① 부서명 할당
sales01 <- c(4, 12, 5, 8)   ② 1 분기 영업실적

barplot(sales01, names.arg=dept,
        main="부서별 영업 실적(1분기",
        col=rainbow(length(dept)),
        xlab="부서", ylab="영업 실적(억 원)",
        ylim=c(0, 15))
```

③ 바 차트 출력
names.arg: 막대 라벨
main: 차트 제목
col: 막대 색
xlab, ylab: X, Y출 라벨
ylim: Y축 크기(지정하지 않으면 막대 최대 크기에 맞추어 자동 출력)

출력 결과

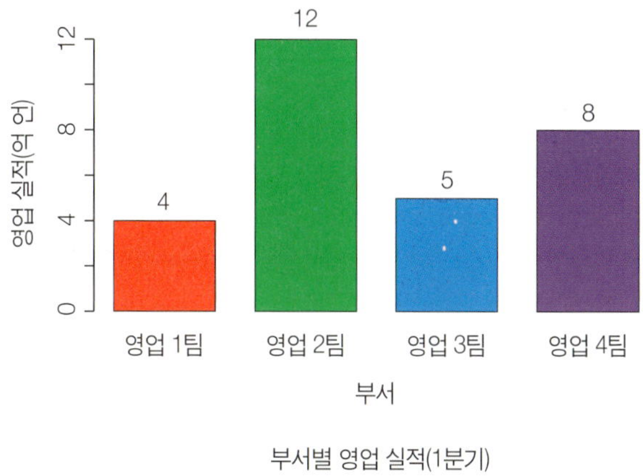


```
abline(h=mean(sales01), col="orange", lty=2)
```

☞ 영업실적 평균값을 나타내보자
lty는 선의 유형으로 2는 점선 의미 (4.5절 참조)
☞ 수직선은 abline(v=숫자, …)

출력 결과

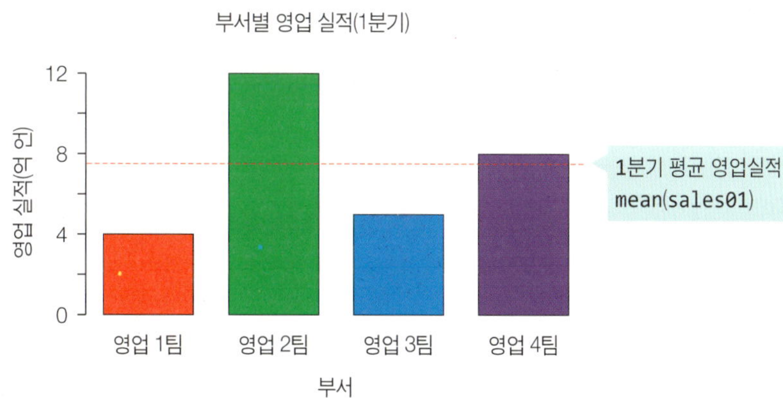

함수

barplot()

패키지	graphics (기본 패키지)
기능	수평 또는 수직의 막대 그래프를 그림
사용법	**barplot**(height, width = 1, names.arg = NULL, horiz = FALSE, col = NULL, main = NULL, sub = NULL, xlab = NULL, ylab = NULL, xlim = NULL, ylim = NULL, ...)
반환 값	차트에 좌표에 관한 수치 벡터(또는 행렬)

매개변수	설명
height	막대의 크기를 나타내는 벡터
width	막대의 너비
names.arg	각 막대 아래 출력될 이름에 대한 벡터
col	막대들에 대한 색. 디폴트는 회색
main	막대 그래프에 대한 전체 제목
sub	막대 그래프에 대한 부제
xlab	x축 라벨
ylab	y축 라벨
xlim	x축 크기
ylim	y축 크기

각 막대에 데이토 라벨을 출력해서 크기를 비교하기 쉽게 해보자.

데이터 라벨 출력

```
bp <- barplot(sales01, names.arg=dept,
              main="부서별 영업 실적(1분기)",
              col=rainbow(length(dept)),
              xlab="부서", ylab="영업 실적(억 원)",
              ylim=c(0, 15))
text(x=bp, y=sales01, labels=sales01, pos=3)
```

막대 그래프의 객체를 bp로 할당

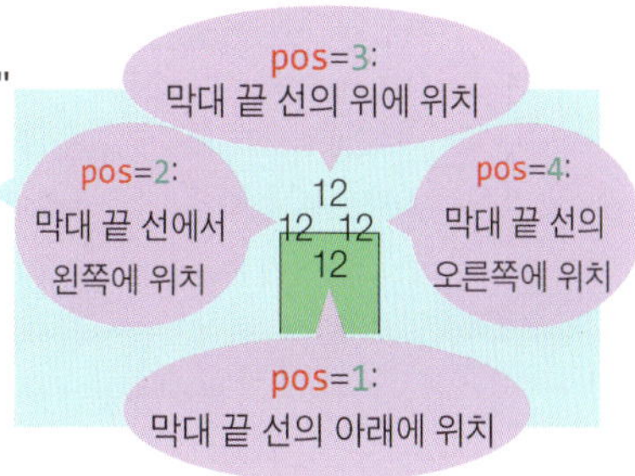

출력 결과

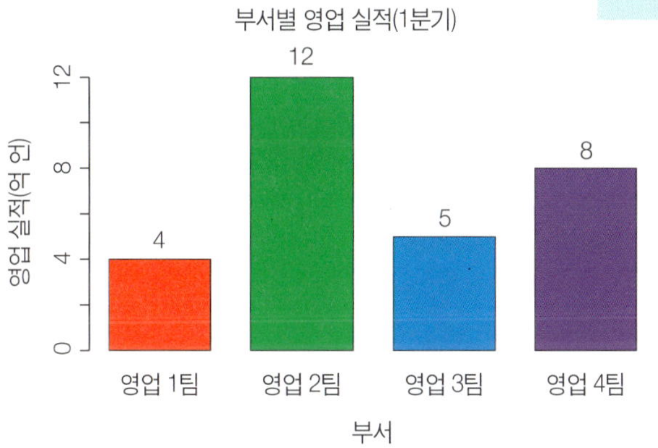

수평 바 차트

부서가 많을 때는 지면의 가로 크기 제약으로 표현이 힘들게 된다. 이 경우, 세로 축으로 표현하면 많은 부서를 보이게 할 수 있다.

바 차트의 회전

```
barplot(sales01, names.arg=dept,
        main="부서별 영업 실적(1분기)",
        col=rainbow(length(dept)),
        ylab="부서", xlab="영업 실적(억 원)",
        xlim=c(0, 15),
        horiz=TRUE)
```

X, Y 축의 변화에 따라 각 축의 라벨도 서로 교체

X, Y 축의 변화에 따라 Y축 크기를 X축 크기로 설정

막대를 수평 방향으로 설정

출력 결과

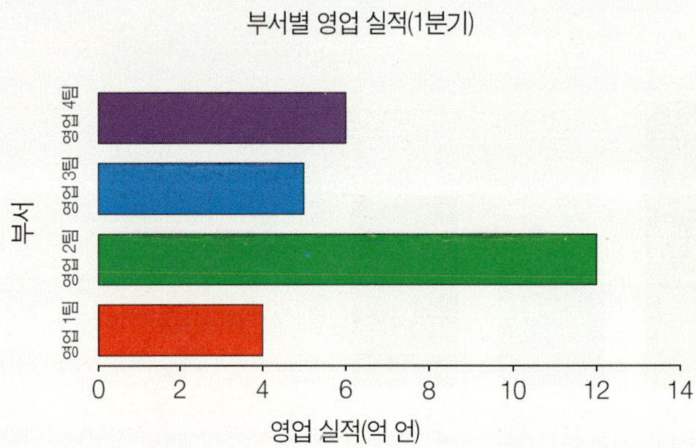

스택형과 그룹형 바 차트

부서별로 1~2 분기 영업실적을 스택형으로 표시해서 전체 영업실적을 비교해보자. 그리고 그룹형으로 변환해서, 분기별로 실적이 어떻게 변했는지 비교해보자.

스택형 바 차트

```
dept <- c("영업 1팀", "영업 2팀", "영업 3팀", "영업 4팀")
sales01 <- c(4, 12, 5, 8)
sales02 <- c(12, 8, 8, 4)
sales <- rbind(sales01, sales02)    1, 2분기 영업실적을 각 행으로 하는 배열을 만듦
sales
```

출력 결과

```
        [,1] [,2] [,3] [,4]    부서별 1, 2분기 영업실적 행렬
sales01    4   12    5    8
sales02   12    8    8    4
```

```
legend_lbl <- c("1 분기", "2 분기")    범례에 사용할 라벨
barplot(sales, main="부서별 영업 실적(1~2 분기)",
        names.arg=dept,
        xlab="부서", ylab="영업 실적(억 원)",
        col=c("green","orange"),    분기별 막대 색
        legend.text=legend_lbl,    범례 라벨
        ylim=c(0, 30),    범례 출력 영역을 고려한 Y축 크기
        args.legend = list(x = "top", ncol = 2))    범례를 중앙 위쪽에 출력, 열을 2개로 하여 범례 배치
```

출력 결과

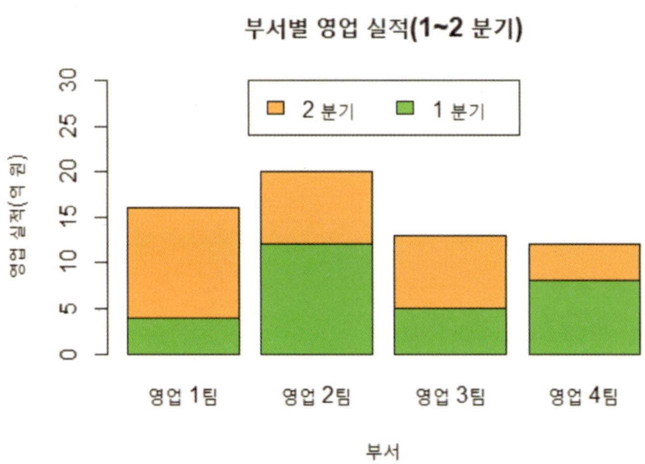

```
barplot(sales, main="부서별 영업 실적(1~2 분기)",
        names.arg=dept,
        xlab="부서", ylab="영업 실적(억 원)",
        col=c("green","orange"),
        legend.text=legend_lbl,
        xlim=c(0, 7),
        args.legend = list(x = "right"))
```

범례 출력 영역을 고려한 X축 크기
☞ 막대 1개는 1단위 정도

범례를 차트 오른쪽 영역의 중앙에 출력.

출력 결과

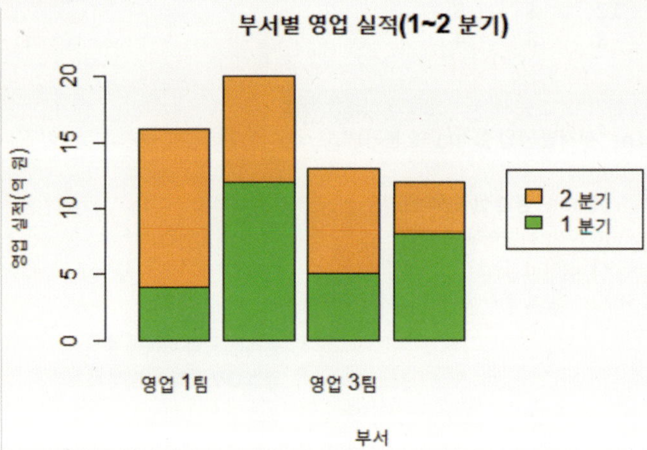

스택형을 그룹형으로 변환하고, 범례를 차트 밖의 영역에 표시해보자.

그룹형 바 차트

```
barplot(sales, main="부서별 영업 실적(1~2 분기)",
        names.arg=dept,
        xlab="부서", ylab="영업 실적(억 원)",
        col=c("green","orange"),
        legend.text=legend_lbl,
        xlim=c(0, 17),
        args.legend = list(x = "right"),
        beside=TRUE)
```

범례 출력 영역을 고려한 X축 크기

두 그룹의 막대를 나란히 배치

출력 결과

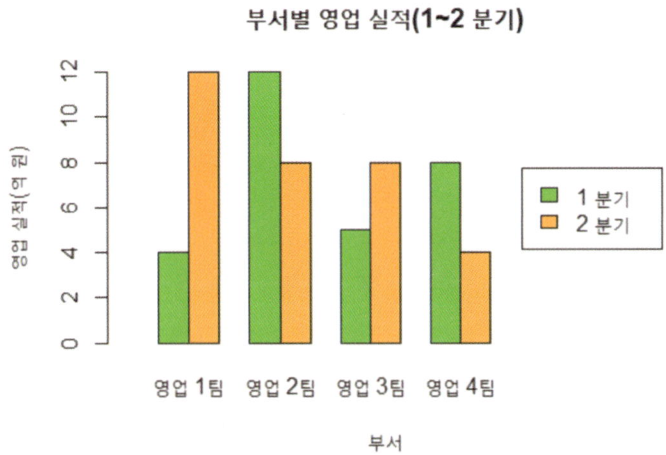

5.5 X-Y 플로팅

프로젝트

몸무게는 키에 비례적으로 늘어날까? datasets 패키지에 있는 30~39세의 미국 여성 15명의 키(height, 인치 단위)와 몸무게(weight, 파운드 단위)에 관한 women 데이터 세트로, 키가 크면 몸무게도 비례적으로 늘어나는 현상을 볼 수 있는지 X-Y 플리팅 그래프로 살펴보자.

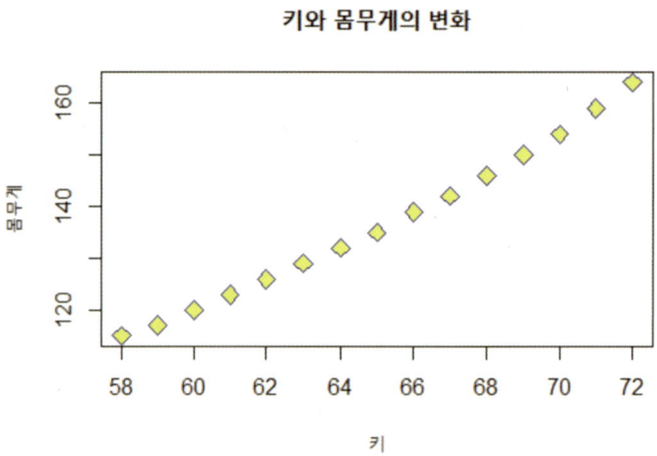

문제 해결 방법

몸무게와 키의 값을 각각 x, y에 대응하는 변수 값으로 할당하고 몸무게에 대한 키의 값을 차트로 출력한다.

① 키 할당	`height<-women$weight`
② 몸무게 할당	`weight<-women$weight`
③ 바 차트 출력	`plot()`

R 플로팅

```
women
```

women 데이터세트 출력

출력 결과

```
   height weight
1      58    115
2      59    117
3      60    120
4      61    123
5      62    126
6      63    129
7      64    132
8      65    135
9      66    139
10     67    142
11     68    146
12     69    150
13     70    154
14     71    159
15     72    164
```

```
height <- women$height
weight <- women$weight
plot(x=height, y=weight,
     xlab="키", ylab="몸무게",
     main="키와 몸무게의 변화")
```

① women 데이터 세트의 height를 height 변수에 할당

② women 데이터 세트의 weight를 weight 변수에 할당

③ height에 따른 weight의 그래프 출력

출력 결과

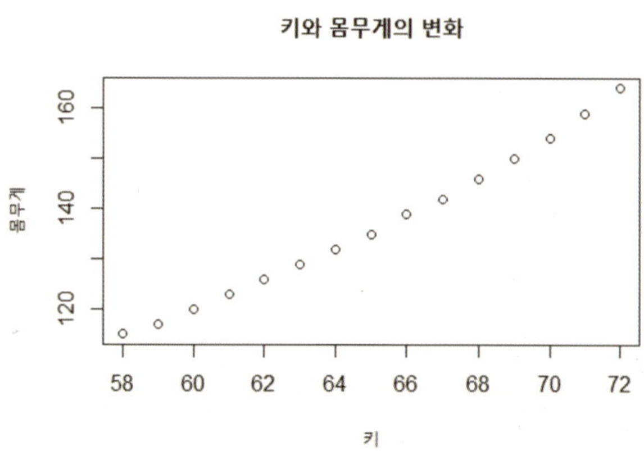

함수

plot()

패키지	graphics (기본 패키지)
기능	수평 또는 수직의 막대 그래프를 그림
사용법	**plot**(x, y, …)
반환 값	R 객체의 그래프 출력을 위한 일반적인 기능 제공

매개변수	설명
x	x 좌표 값
y	y 좌표 값

(1) 플로팅 문자의 활용

차트에 출력하는 플로팅 문자는 다양한 형태가 있다. 앞의 plot() 함수에서는 1번 기호(◯)가 디폴트이며 색이 지정되지 않으면 검은 색으로 나타난다.

잠깐! 플로팅 문자(PCH)의 심벌

pch (plotting character) 심벌은 그래프에 나타나는 점을 문자로 표시하기 위한 것으로 21~25의 문자에 대해서는 문자의 경계선 색으로 col="", 문자의 내부를 채우기 위한 색으로 bg=""를 사용할 수 있다. 그 외는 col="" 만 사용한다.
cex (character expansion)는 문자의 크기를 나타낸다. 디폴트 크기는 1이며, 1.5는 50% 더 크며, 0.5는 50% 더 작게 나타나게 한다.

0:□	5:◇	10:⊕	15:■	20:•	25:▼	A: A	`: `
1:○	6:▽	11:✡	16:●	21:●	@:@	a: a	.: ·
2:△	7:⊠	12:⊞	17:▲	22:■	+:+	B: B	,: ,
3:+	8:✳	13:⊗	18:◆	23:◆	%:%	b: b	?: ?
4:×	9:⊕	14:⊠	19:●	24:▲	#:#	S: S	`: *

플로팅 문자의 활용

```
plot(height, weight,
     xlab="키", ylab="몸무게",
     main="키와 몸무게의 변화",
     pch=23, col="blue", bg="yellow", cex=1.5)
```

플로팅 문자의 설정
23번 기호, 테두리 색은 청색, 배경 색은 노란색, 기호의 크기는 1.5배로 출력

출력 결과

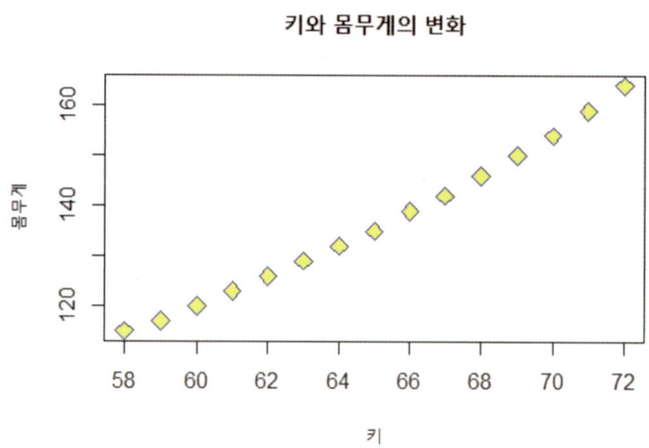

(2) 그래프의 유형

type에 따라 그래프가 어떻게 변하는지 실행해보자.

선의 유형

```
plot(height, weight, xlab="키", ylab="몸무게", type="p")
```

그래프 출력모양의 유형

출력 결과

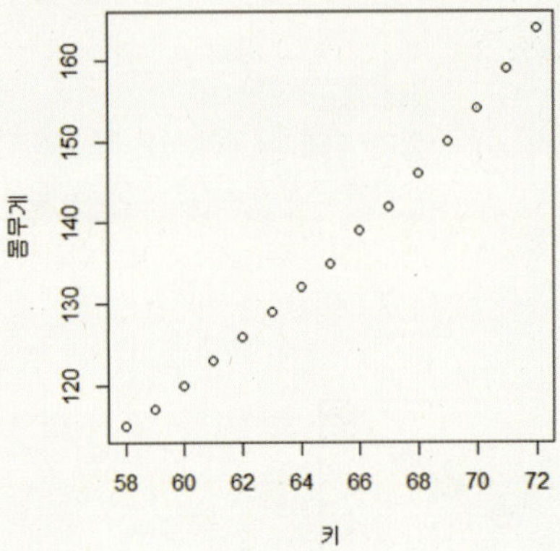

"p" (점)

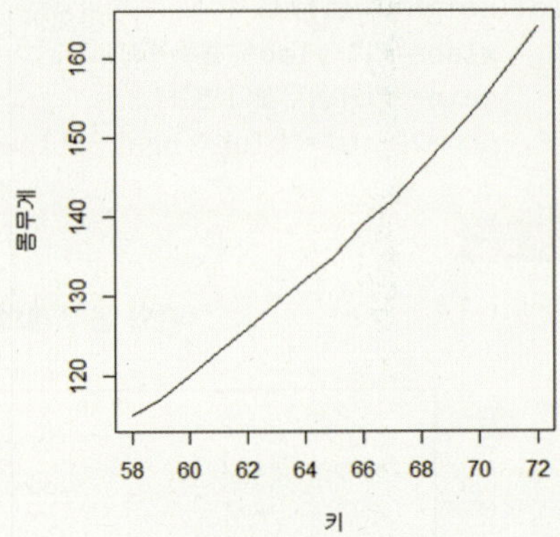

"l" (선)

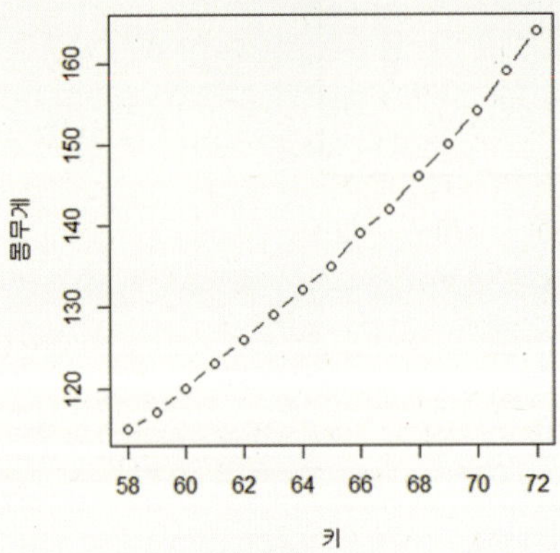

"b" (점과 선)

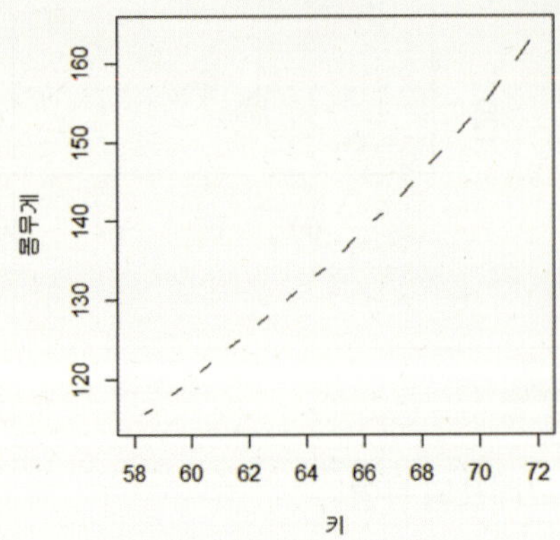

"c" ("b"의 선)

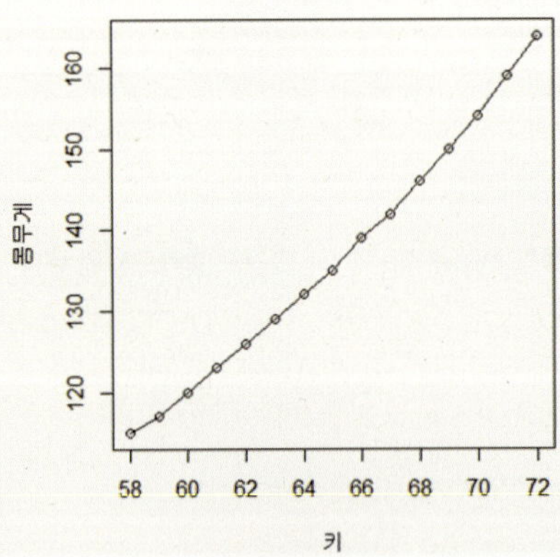

"o" (점 위의 선)

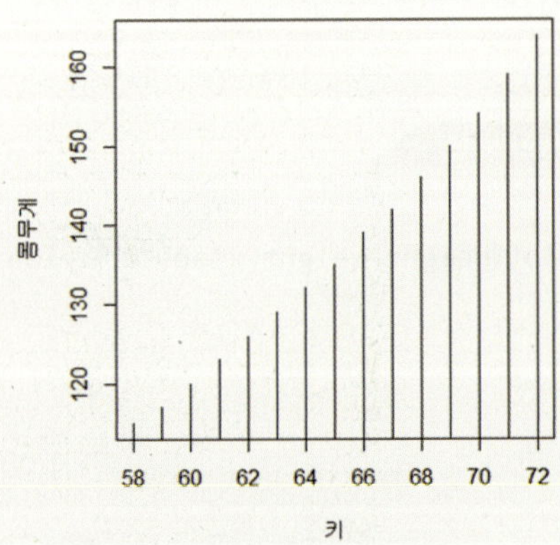

"h" (각 값의 높이에 해당하는 수직선)

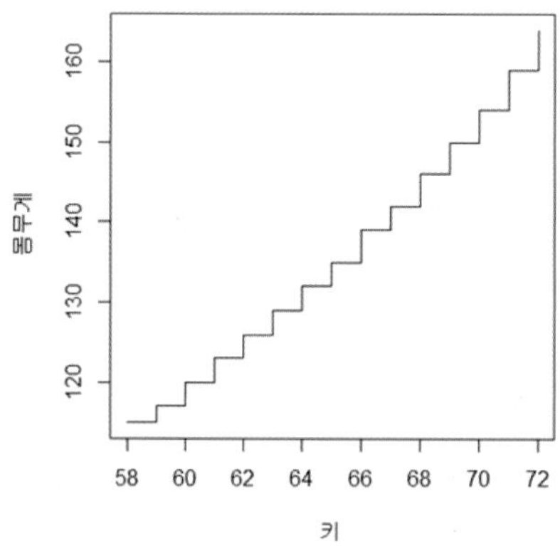

"s"(계단형)

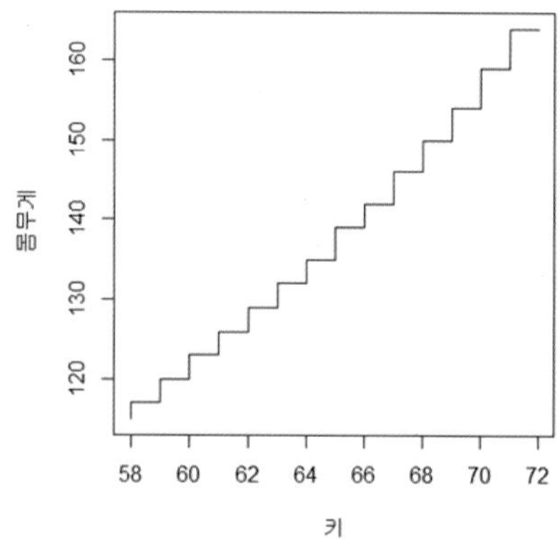

"S"(계단형)

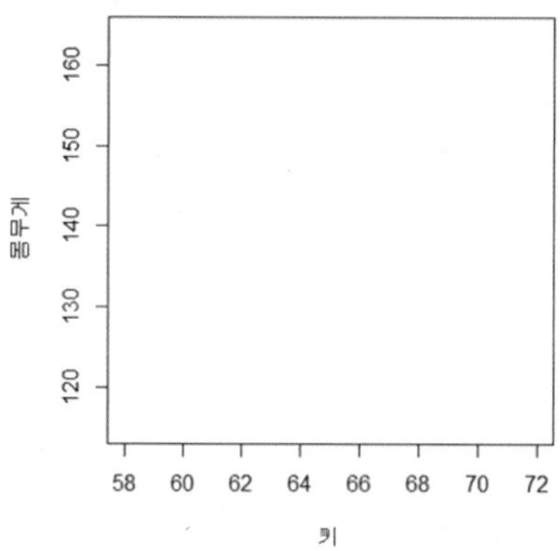

"n"(나타나지 않음)

(3) 선의 유형

선은 유형과 굵기 설정이 가능하다.

잠깐! 그래프 축의 범위

plot(height, weight, xlab="키", ylab="몸무게", type="l", lty=1, lwd=1)
lty는 선의 유형(line type)을 결정하며 다음과 같은 선들이 가능하다.

lwd는 선의 굵기(line width)를 나타낸다. 디폴트는 1이며, 2로 지정하면 그 두 배가 된다.

(4) 축의 출력 범위

X, Y축의 출력 범위를 0부터 최댓값으로 조정해보자.

R 그래프 선의 유형

```
plot(height, weight,
     xlim=c(0, max(height)), ylim=c(0, max(weight)),
     xlab="키", ylab="몸무게",
     main="키와 몸무게의 변화",
     pch=23, col="blue", bg="yellow", cex=1.5)
```

X, Y축의 범위: 0~최댓값

출력 결과

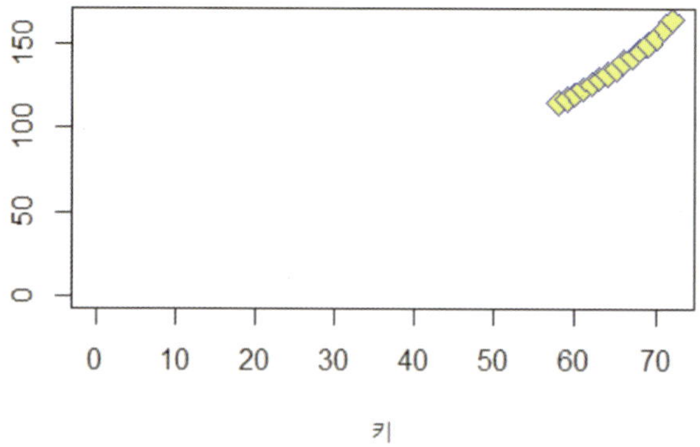

5.6 히스토그램

프로젝트

지진 규모는 어떤 분포를 띠고 있을까? datasets 패키지의 quakes 데이터 세트(위도, 경도, 진원지, 지진규모, 관측소 번호)는 오세아니아에 있는 피지Fiji 섬나라 근처에서 발생한 1,000개 지역의 지진 정보를 담고 있다. 피지 근처에서 발생한 지진 규모를 히스토그램으로 분포를 파악해 보자.

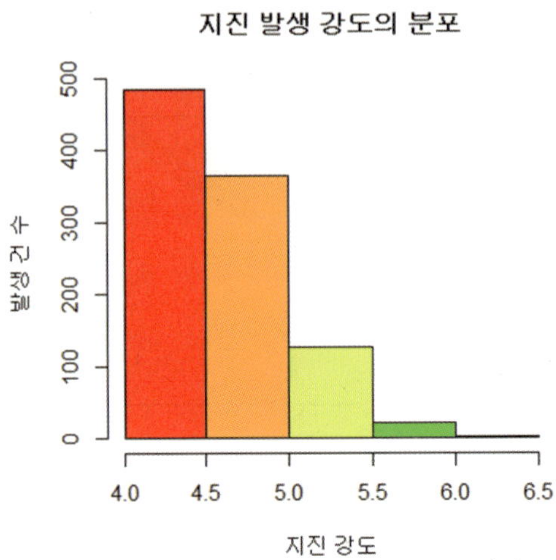

문제 해결 방법

지진 강도의 데이터를 할당하고 히스토그램을 출력한다.

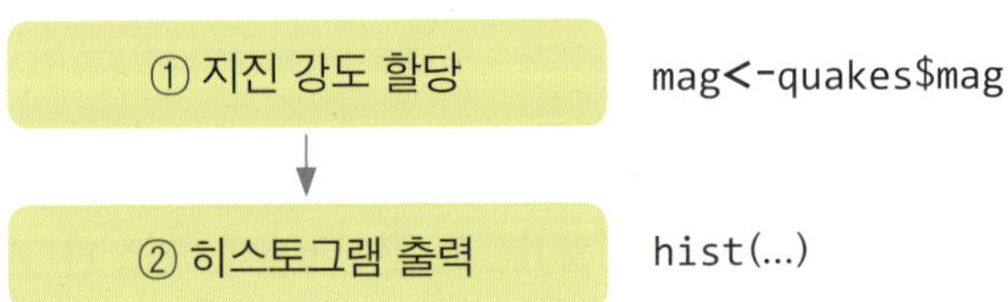

지진의 강도에 대한 히스토그램

```
quakes
```

기본 패키지인 dataset에 있는 quakes 데이터 세트 불러오기

출력 결과

```
      lat   long depth mag stations
1   -20.42 181.62   562 4.8       41
2   -20.62 181.03   650 4.2       15
3   -26.00 184.10    42 5.4       43
4   -17.97 181.66   626 4.1       19
5   -20.42 181.96   649 4.0       11
6   -19.68 184.31   195 4.0       12
7   -11.70 166.10    82 4.8       43
194 -24.08 179.50   605 4.1       21
195 -32.20 179.61   422 4.6       41
196 -20.36 181.19   637 4.2       23
197 -23.85 182.53   204 4.6       27
198 -24.00 182.75   175 4.5       14
199 -20.41 181.74   538 4.3       31
200 -17.72 180.30   595 5.2       74
```

5개 변수, 1,000개 지진 정보: 위도, 경도, 진원지(깊이, km),지진규모(국지적 규모 또는 리히터 크기), 관측소 번호

```
mag <- quakes$mag
mag
```

① 지진 규모

출력 결과

```
  [1] 4.8 4.2 5.4 4.1 4.0 4.0 4.8 4.4 4.7 4.3 4.4 4.6 4.4 4.4 6.1
 [16] 4.3 6.0 4.5 4.4 4.4 4.5 4.2 4.4 4.7 5.4 4.0 4.6 5.2 4.5 4.4
 [31] 4.6 4.7 4.8 4.0 4.5 4.3 4.5 4.6 4.1 4.4 4.7 4.6 4.4 4.3 4.6
 [46] 4.9 4.5 4.4 4.3 5.1 4.2 4.0 4.6 4.3 4.2 4.4 4.5 4.0 4.4 4.3
 [61] 4.7 4.1 5.0 4.6 4.9 4.7 4.1 5.0 4.5 5.5 4.0 4.5 4.3 5.2 4.4
 [76] 4.3 4.1 4.5 4.2 5.3 5.2 4.5 4.6 4.3 4.0 4.3 4.7 4.5 4.2 4.3
 [91] 5.1 4.7 5.2 4.2 4.2 4.0 4.5 5.2 5.1 4.7 4.1 4.6 4.7 4.7 4.6
[916] 5.1 4.2 4.7 4.0 5.6 5.3 5.0 4.3 4.1 5.1 4.5 4.9 5.4 4.7 4.8
[931] 4.5 4.2 4.6 4.6 5.6 5.4 4.0 5.2 4.2 4.7 4.3 4.8 4.6 5.4 4.8
[946] 4.6 4.2 5.5 4.7 4.7 4.5 5.5 4.5 4.1 4.0 4.3 4.7 4.9 4.5 4.7
[961] 4.5 4.8 4.3 4.1 5.4 4.1 4.8 4.2 4.8 5.4 4.4 5.2 4.7 4.9 4.9
[976] 4.2 4.4 4.4 4.3 4.9 5.0 4.7 4.9 4.3 4.5 4.2 5.2 4.8 4.0 4.7
[991] 4.3 4.3 4.9 4.0 4.2 4.4 4.7 4.5 4.5 6.0
```

```
hist(mag,
     main="지진 발생 강도의 분포",
     xlab="지진 강도", ylab="발생 건수",
     col=rainbow(10))
```

② 지진 규모에 대한 히스토그램

출력 결과

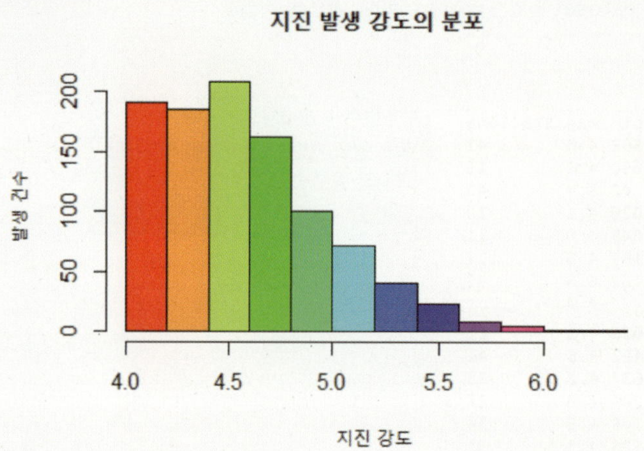


```
hist(mag,
     main="지진 발생 강도의 분포",
     xlab="지진 강도", ylab="발생 건수",
     col=rainbow(10),
     breaks=seq(4, 6.5, by=0.5))
```

계급의 구간 설정
☞ 4~6.5 구간을 0.5 간격으로 하는 계급 설정

출력 결과

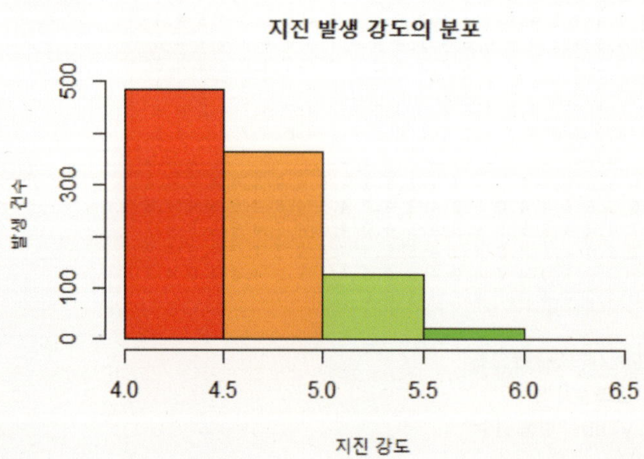

함수

hist()

패키지	graphics (기본 패키지)
기능	히스토그램을 출력하는 일반적인 기능 제공
사용법	`hist(x, breaks = "Sturges", freq = NULL, probability = !freq, col = NULL, main = NULL, xlim = NULL, ylim = NULL, …)`
반환 값	히스토그램에 관한 리스트 형태의 객체

매개변수	설명
x	히스토그램을 위한 백터 데이터
breaks	계급 구간의 수
freq	TRUE는 빈도 수, FALSE는 상대도수를 나타냄
probability	freq의 값의 반대
main	히스토그램에 대한 전체 제목
xlim	x축 크기
ylim	y축 크기
col	계급들의 색

잠깐! 계급의 수는 몇 개가 적당할까?

n개의 데이터가 있을 때, 히스토그램의 계급의 수는 다양한 방법으로 구할 수 있다. 엑셀 등 많은 응용 프로그램에서는 **n의 제곱근($\sqrt{n}$)**을 계급의 수로 하는 단순한 방법을 이용하고 있다. 한편, Sturges의 공식은 데이터가 정규 분포를 가정할 때 사용되며, Rice 규칙은 Sturges의 공식에 대한 단순한 대안으로 사용되기도 한다.

- Sturges 공식: $\lceil 1+3.3\log n \rceil$,
- Rice 규칙: $\lceil 2n^{1/3} \rceil$

$\lceil x \rceil$는 ceiling 함수로서, x 이상의 수 중에 가장 작은 정수를 의미함(예: $\lceil 2.7 \rceil = 3$).

☞ R은 디폴트로 Sturges 공식을 사용하며,

```
hist(....., breaks="Sturges", .....)
```

라고 설정한 것과 같다.

히스트그램을 확률밀도 그래프로 표현해보자. 확률밀도는 단위 길이당 확률로서, 확률은 임의 구간별 면적으로 나타난다. 그래프의 총 면적은 전체 확률로서 1이 된다.

확률밀도 곡선

```
hist(mag,
     main="지진 발생 강도의 분포",
     xlab="지진 강도", ylab="확률밀도",
     col=rainbow(10),
     freq=FALSE)
```

히스토그램을 확률밀도로 나타내기

출력 결과

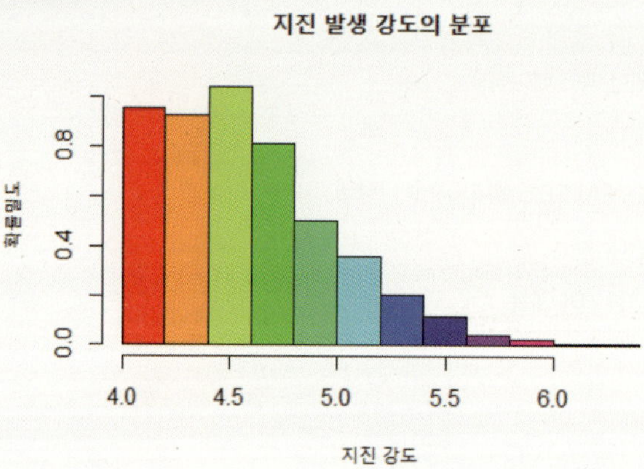


```
lines(density(mag), lwd=2)
```

히스토그램에 확률밀도를 선으로 추가
☞ lwd는 선의 너비

출력 결과

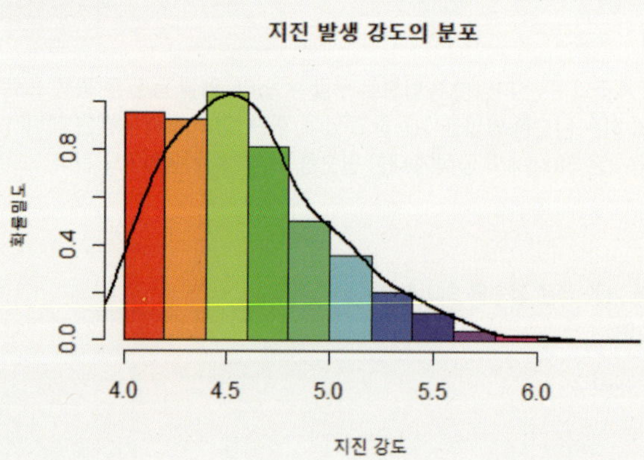

5.7 박스 플롯

프로젝트

quakes 데이터 세트의 지진 강도 분포를 박스 플롯으로 살펴보자. 박스 플롯은 데이터의 최솟값, 1사 분위수, 중앙값, 3사 분위수, 최댓값의 수로부터 개략적인 분포의 형태를 파악할 수 있다.

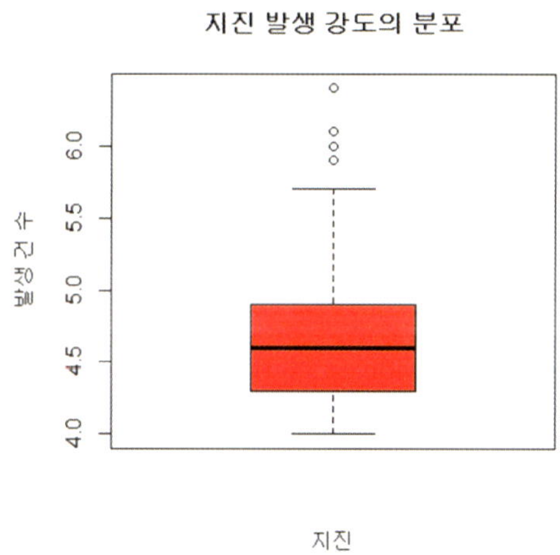

문제 해결 방법

지진 강도 데이터를 할당하고 박스 플롯을 출력한다.

① 지진 강도 데이터 할당 — `mag<-quakes$mag`

↓

② 박스 플롯 출력 — `boxplot()`

R 박스 플롯

```
mag <- quakes$mag
boxplot(mag,
        main="지진 발생 강도의 분포",
        xlab="지진", ylab="지진 규모",
        col="red")
```

① 지진의 강도

② 박스 플롯 출력

출력 결과

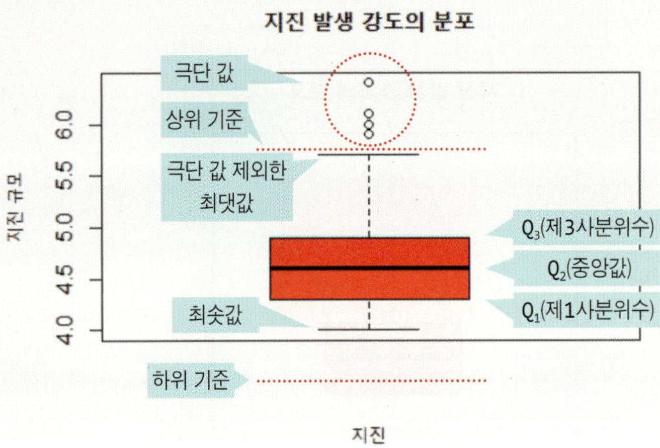

함수

boxplot()

패키지	graphics (기본 패키지)
기능	박스플롯의 일반적인 기능 제공
사용법	**boxplot**(x, …)
반환 값	박스플롯에 관한 리스트

매개변수	설명
x	박스플롯을 위한 벡터 데이터

잠깐! 백분위 수와 극단 값

앞에서 살펴본 1,000개의 지진 강도는 4~6.4 규모의 분포를 가지고 있다. 데이터 분포에 대한 박스 플롯과 히스토그램으로 비교하면 다음과 같다.

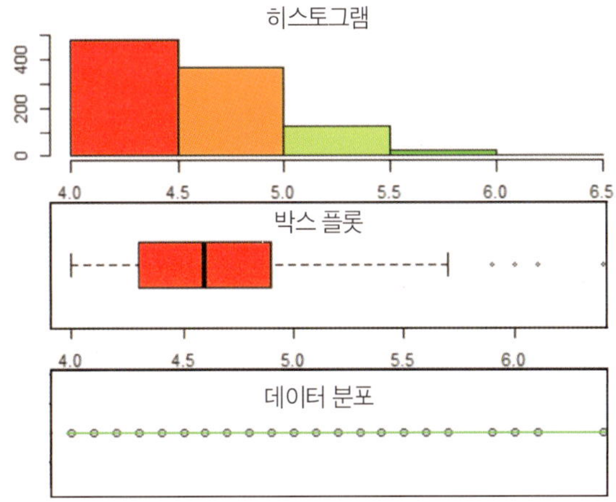

박스 플롯은 데이터는 **최소 값**, **25백분위수(제1사분위수, Q1)**, **50백 분위수(중앙값: 제2사분위수, Q2)**, **75백 분위수(제3사분위수, Q3)**, **최대 값**으로 표현된다. 숫자들로 이루어진 데이터 세트에서 n 백분위 수란 숫자들을 작은 것부터 큰 수로 나열할 때 n% 만큼 작은 수를 가지게 되는 위치에 있는 수를 의미한다. 백분위수는 데이터 구간을 100등분, 사분위수는 4등분한 위치로 파악하면 된다. 너무 크거나 작은 쪽으로 치우치는 극단 값들이 있는 경우, 이 들을 제거하기 위한 기준들이 있다.

Q_3-Q_1는 사분위수 범위(IQR: Interquartile Range)이며, 상위와 하위 기준은 다음과 같다.

- 상위 기준(upper fence) = $Q_3 + 1.5(Q_3-Q_1)$
- 하위 기준(lower fence) = $Q_1 - 1.5(Q_3-Q_1)$.

박스 플롯에 나타나는 여러 정보들은 다음과 같이 살펴볼 수 있다.

박스 플롯 정보

```
min(mag)
```

지진 강도의 최소값

출력 결과

```
[1] 4
```

```
max(mag)
```
지진 강도의 최댓값

출력 결과

```
[1] 6.4
```

```
median(mag)
```
중앙값 (제2사분위수)

출력 결과

```
[1] 4.6
```

```
Q <- quantile(mag)
Q
```
백분위수
25 백분위수(제1사분위수),
50 백분위수(제2사분위수),
75 백분위수(제3사분위수),
100 백분위수(제4사분위수),

출력 결과

```
 0%  25%  50%  75% 100%
4.0  4.3  4.6  4.9  6.4
```

```
Q[3] - Q[1]
```
사분위수 범위

출력 결과

```
50%
0.6
```

```
IQR(mag)
```
사분위수 범위

출력 결과

```
[1] 0.6
```

```
fence.upper <- Q[3] + 1.5 * IQR(mag)
fence.upper
```
상위 기준

출력 결과

```
50%
5.5
```

```
fence.lower <- Q[1] - 1.5 * IQR(mag)
fence.lower
```

하위 기준

출력 결과

```
 0%
3.1
```

```
mag[mag > fence.upper]
```

극단값: 상위 기준 초과 데이터

출력 결과

```
 [1] 6.1 6.0 5.7 5.7 6.4 5.6 5.7 5.7 5.6 5.7 5.7 5.9 5.6 5.7 5.6
[16] 5.6 5.6 5.6 5.9 5.7 6.0 5.6 5.6 6.0
```

```
max(mag[mag <= fence.upper])
```

극단값 제외 최댓값

출력 결과

```
[1] 5.5
```

```
mag[mag < fence.lower]
```

극단값: 하위 기준 초과 데이터
☞ 결과는 없음

출력 결과

```
numeric(0)
```

실습 과제 1 CDNow의 거래 데이터를 이용한 분포 분석

[1] 프로젝트

CDnow는 1992년도에 설립된 닷컴의 대표적인 온라인 유통회사로서, 2002년도에 아마존에 매각되었다. 1997년 1월부터 1998년 6월까지의 6919건의 거래에서 각 거래별 CD 판매량(cds)에 대해 히스토그램을 그려 분포를 살펴보자.

항목명	내용
mastered	고객 ID
sampleid	고객 ID(1/10로 줄인 데이터에 대해 새로 부여한 고객 ID)
data	거래일자
cds	CD 판매량
sales	CD 판매액

CDNow 데이터 소스 확인

URL: https://raw.githubusercontent.com/cran/BTYD/master/data/cdnowElog.csv

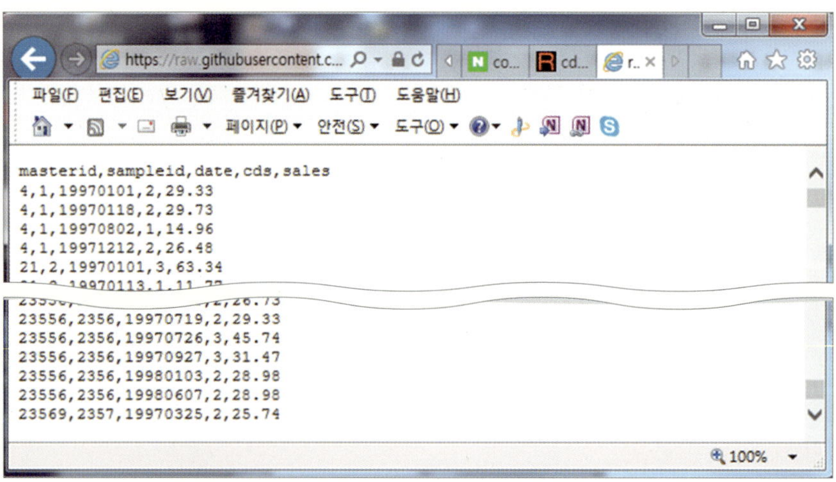

[2] 문제 해결 방법

CDNow 데이터 소스를 읽고, CD 거래량에 대한 히스토그램을 출력한다. 플로 차트로 표현해 보자.

[3] 결과

R 스크립트

```
# CDnow 데이터 소스 위치
url <-
   "https://raw.githubusercontent.com/cran/BTYD/master/data/cdnowElog.
   csv"
# 데이터 읽기
data <- read.csv(url, header=T)

# 데이터 앞부분 출력
head(data)

출력 결과                                CD 거래량
  masterid sampleid     date cds sales
1        4        1 19970101   2 29.33
2        4        1 19970118   2 29.73
3        4        1 19970802   1 14.96
4        4        1 19971212   2 26.48
5       21        2 19970101   3 63.34
6       21        2 19970113   1 11.77

#거래량
quantity <- data$cds

# 거래량에 대한 빈도 수를 히스토그램으로 출력
```

분포 파악

실습 과제 2 강의 길이에 대한 분포 분석

[1] 프로젝트

5.2절의 rivers 데이터 세트를 이용하여 강의 길이 대한 분포를 박스 플롯으로 출력하고, 이탈값과 전반적인 형태를 파악해 보자.

[2] 문제 해결 방법

[3] 결과

R 스크립트

분포 파악

학습 목표

애니메이션 제작을 통한 코딩 학습

학습 내용

- 애니메이션 원리
- 차트를 이용한 애니메이션
- 이미지를 이용한 애니메이션

Chapter 6 애니메이션

애니메이션은 그림이나 사진 등의 이미지가 움직이는 것처럼 보이게 하는 기법이다.
애니메이션의 기법을 이해하고, 카운트 다운, 움직이는 차트, 움직이는 그림을 구현해보자.

6.1 애니메이션 개요
6.2 카운트 다운
6.3 랜덤 막대그래프
6.4 동전 던지기 확률의 변화 차트
6.5 룰렛 돌리기
6.6 라이언 킹
실습 과제 1: 수열 출력: 1~100 사이의 3의 배수 합
실습 과제 2: 당구공 굴리기

6.1 애니메이션 개요

애니메이션이란 조금씩 다른 일련의 여러 이미지를 빠르게 출력하여 사람들로 하여금 움직임과 변화에 대한 착각을 일으키게 하는 기법이다. 애니메이션은 처음 그림 카드를 넘겨 보는 플립 북으로 시작하였고, 원판을 회전하여 보는 페나키스토스코프로 발전하였다가 영사기의 발명으로 영화 필름이 사용되면서 애니메이션이 대중화되었다. 최근에는 컴퓨터 소프트웨어의 발전으로 여러 그림 파일들을 연속적으로 실행하거나 컴퓨터 생성 이미지CGI: Computer-generated Imagery 기법들을 이용한 산업으로 발전하고 있다.

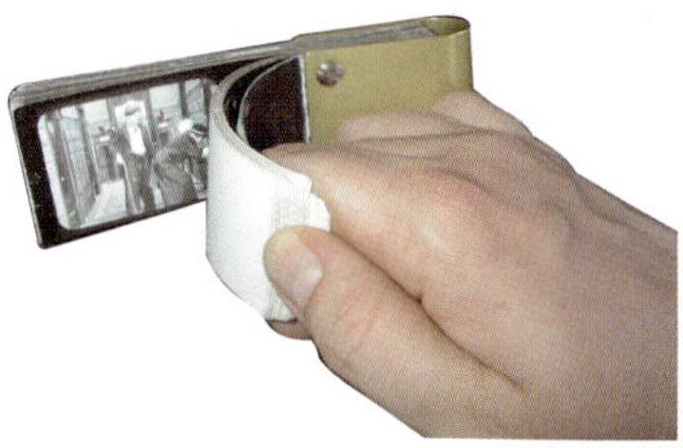

플립 북(flip book, 1868)[14]

페나키스토스코프(phenakistoscope, 1893)[15]

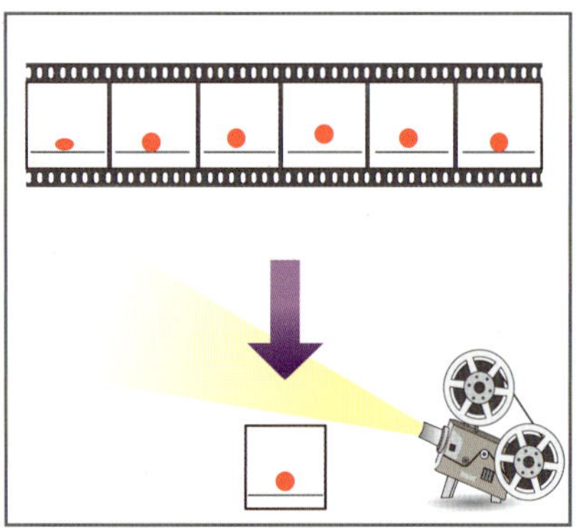

영화 필름

CGI 영화(A Joy Story: Joy and Heron)[16]

R에서는 animation 패키지, imager 패키지, magick 패키지 등을 이용하면 애니메이션 효과를 간단히 만들 수 있다.

패키지

패키지	설명
animation	애니메이션을 GIF, HTML 문서 등과 같은 다양한 포맷으로 저장하는 기능 제공
imager	이미지와 비디오 처리를 위한 패키지
magick	이미지 처리 패키지

6.2 카운트 다운

프로젝트

10부터 0까지 1초 간격으로 숫자가 감소하는 애니메이션을 만들어 보자. 노란색 영역에 출력되는 숫자의 크기는 다음과 같이 숫자의 크기에 반비례하도록 한다.

숫자	출력 크기
10	1
9	2
.....	.....
1	10
0	11

다음은 숫자가 출력되는 예를 나타낸 것이다.

문제 해결 방법

애니메이션 시간을 1초로 설정한다. 반복문for을 이용하여 10부터 0까지 숫자를 감소시키면서 출력한다. 각 숫자는 그래픽 프레임의 영역에 출력하고 애니메이션 설정 시간만큼 대기하는 과정을 반복한다.

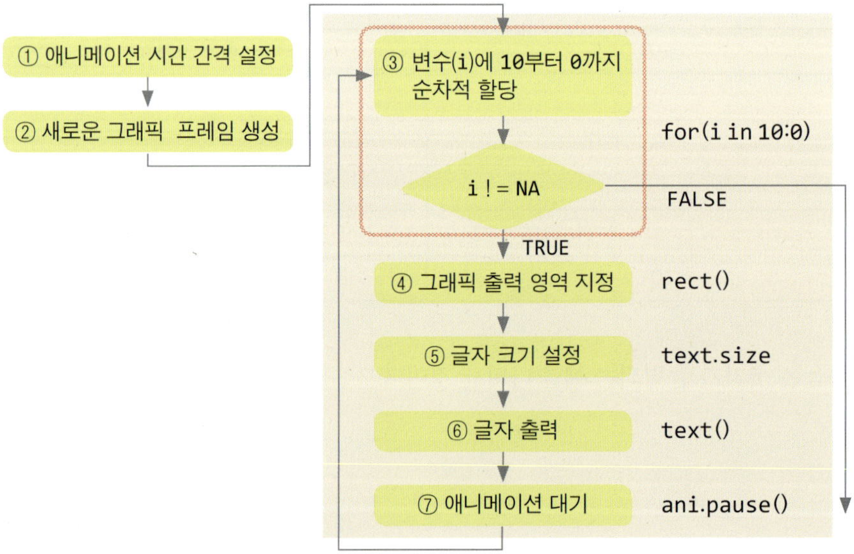

패키지를 설치하고, 애니메이션을 실행해보자.

카운트 다운

```
install.packages("animation")    애니메이션 패키지 설치 및 로딩
library(animation)

ani.options(interval = 1)    ① 1초 간격의 애니메이션 시간 설정
plot.new()    ② 그래픽 프레임 생성

for (i in 10:0) {    ③ 10~0까지 반복 실행
     rect(0, 0, 1, 1, col="yellow")    ④ 그래픽 프레임 영역 설정

     text_size = 11-i    ⑤ 숫자 크기 설정(i가 감소하면서 점점 커짐)
     text(0.5, 0.5, i, cex=text_size, col=rgb(0,0,1,1))

     ani.pause()    ⑦ 애니메이션 설정 시간(1초)만큼 대기
}
```

⑥ 숫자(i) 출력(0.5, 0.5 위치)
cex는 출력문자의 크기, col은 글자색을 의미함. rgb() 함수에는 차례대로 red, green, blue, 그리고 투명도(0은 완전 투명, 1은 완전 불투명)의 인수를 설정

출력 결과

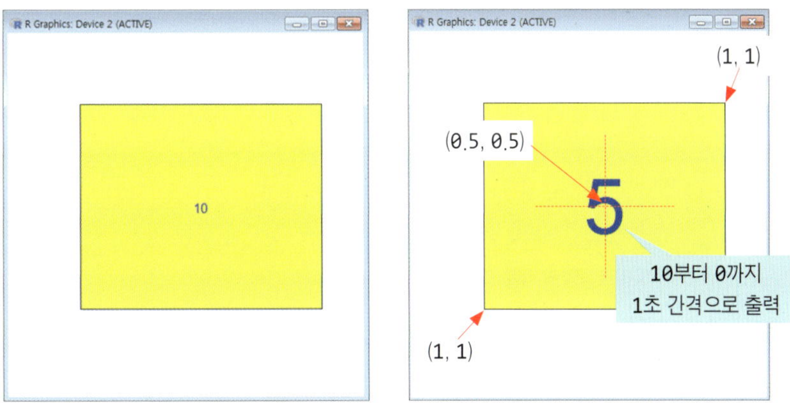

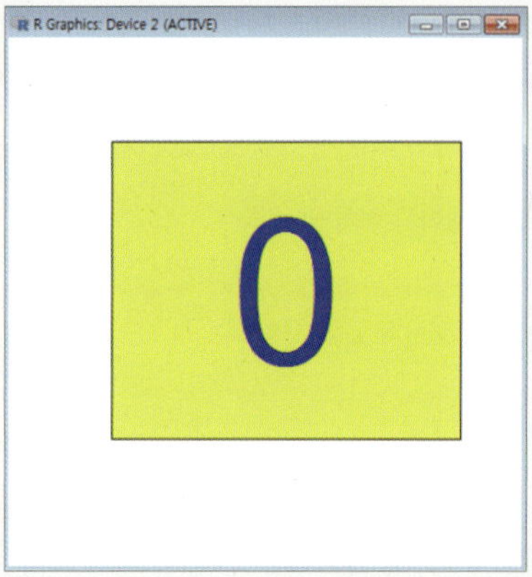

숫자는 1초 간격으로 10부터 0까지 1씩 감소하며, 크기는 1부터 11의 크기로 1씩 증가

함수

ani.options()

패키지	animation (추가 패키지)
기능	애니매이션 옵션을 설정하거나 조회함
사용법	ani.options(…)
반환 값	옵션으로 설정된 매개변수 내용의 리스트

매개변수	설명
interval	애니매이션 시간 간격(초). 양수 값으로 디폴트는 1
nmax	애니매이션 프레임을 만들기 위한 최대 반복 수
ani.width	이미지 프레임의 가로 크기(픽셀)
ani.height	이미지 프레임의 세로 크기(픽셀)

함수

ani.pause()

패키지	animation (추가 패키지)
기능	주어진 시간 동안 대기하고 현재 화면을 지움. 디폴트는 ani.options('interval')
사용법	ani.pause(interval = ani.options("interval"))
반환 값	

매개변수	설명
interval	애니메이션 시간 간격(초). 양수 값으로 디폴트는 1

잠깐! 반복문의 이해

특정 기능을 반복적으로 수행하기 위해 for, while, repeat 등이 사용될 수 있다. 1부터 10 사이의 정수 총합을 출력하는 예제를 통해 각 반복문을 비교해 보자.

■ for

[문법]

```
for (val in 벡터값) {
    명령문
}
```

[예제]

```
sum <- 0
for (i in 1:10) {
    sum <- sum + i
}
print(sum)
```

i를 1부터 10까지 할당하면서 {…} 블록 반복 실행

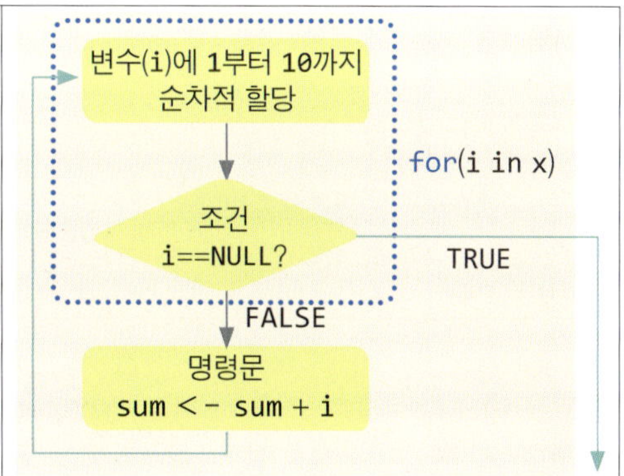

■ while

```
[문법]
while (조건) {
    명령문
}

[예제]
sum <- 0
i <- 1
while (i < 10) {
    sum <- sum + i
    i <- i + 1
}
print(sum)
```

i가 10보다 작으면 {….} 블록 반복 실행

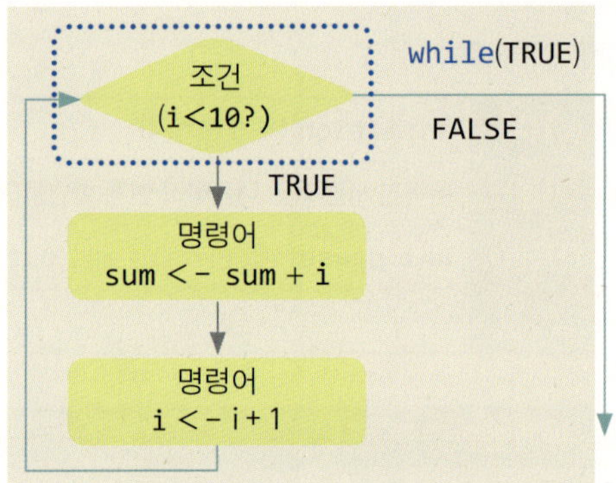

■ repeat

```
[문법]
repeat {
    명령문
}

[예제]
sum <- 0
i <- 1
repeat {
    sum <- sum + i
    i <- i + 1
    if (i > 10)
        break
}
print(sum)
```

{.....} 블록의 반복 실행

반복 블록 벗어남

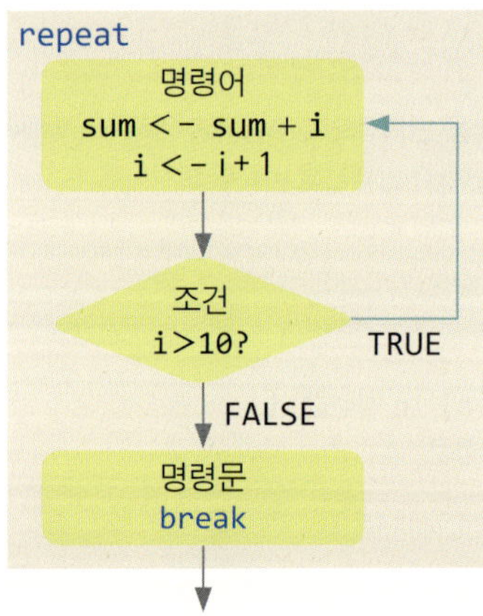

☞ 반복 도중에 반복문을 벗어나기 위해서는 break문을 이용한다. 반복문 내에서 next를 만나면 그 이후의 명령은 실행하지 않는다. 1부터 10 사이의 홀수 총합을 출력하는 예제를 for문에 적용하면 다음과 같다.

```
[문법]
for (val in 연속적인 아이템) {
    조건
      next
    명령문
}

[예제]
sum <- 0
for (i in 1:10) {
    if (i %% 2 == 0)
      next
    sum <- sum + i
}
print(sum)
```

for문으로 돌아 감

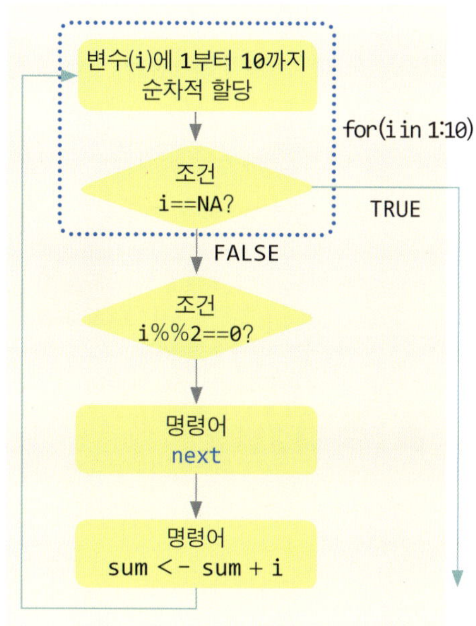

6.3 랜덤 막대그래프

프로젝트

1초 간격으로 0~1 사이의 5개 난수를 만들어 막대 그래프로 출력하는 과정을 반복해보자. 다음은 시간에 따라 막대 그래프가 변하는 현상을 보여주고 있다.

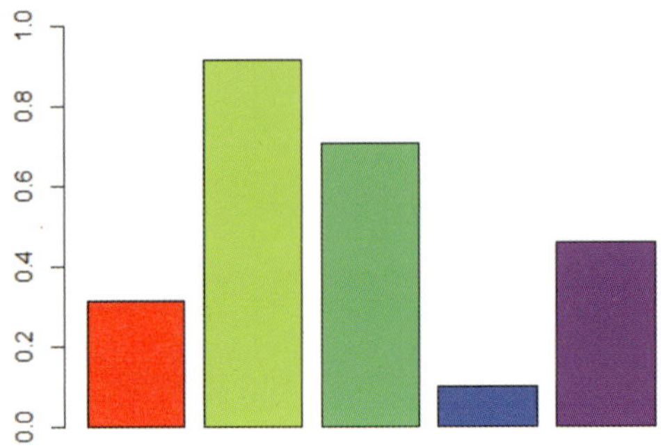

문제 해결 방법

애니메이션 시간 간격을 1초로 설정한 뒤, 무한 반복문에서 0~1 사이의 5개 난수를 만들어 그래프로 출력하고 애니메이션 설정 시간만큼 대기한다.

☞ 무한 반복의 while(TRUE) {…} 문이 실행되는 동안 인위적으로 종료하기 위해서는 'Esc' 키를 누르면 된다.

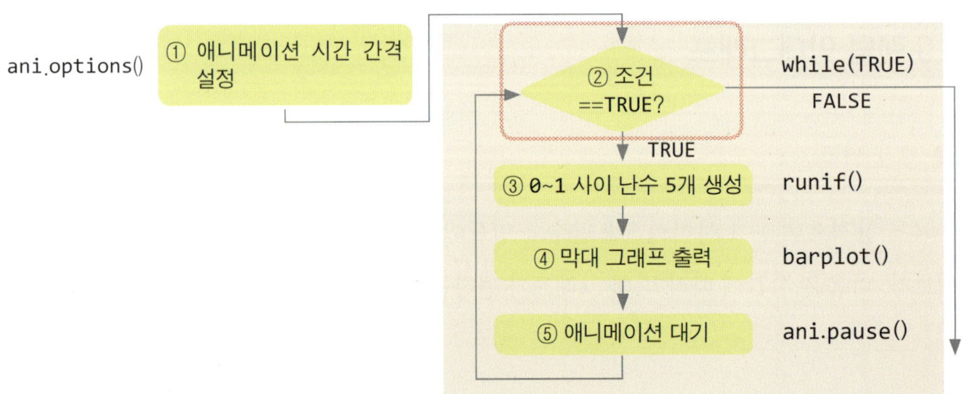

절차에 따라 애니메이션을 실행해보자.

1초 간격으로 그래프 그리기

```
#install.packages("animation")
library(animation)

ani.options(interval = 1)

while(TRUE) {
      y <- runif(5, 0, 1),

      barplot(y, ylim = c(0, 1), col=rainbow(5)))

      ani.pause()
}
```

① 1초 간격의 애니메이션 시간 설정

② 무한 반복 (☞ 'Esc' 키를 부르면 반복 종료)

③ 0~1 사이의 5개 난수 추출

④ 바 차트 출력
☞ 5개 무지개색의 팔레트 이용

⑤ 애니메이션 설정 시간(1초)만큼 대기

출력 결과

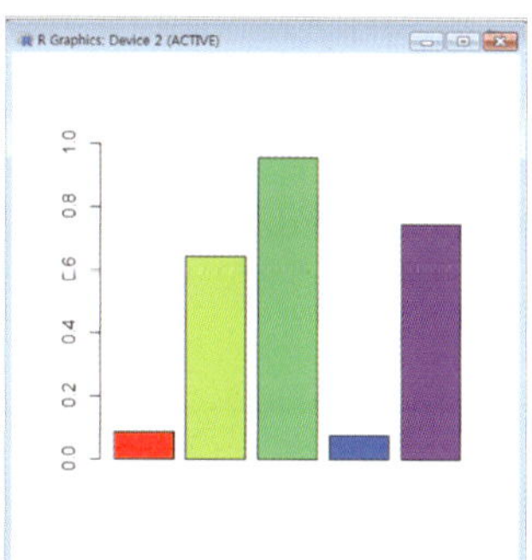

첫 화면

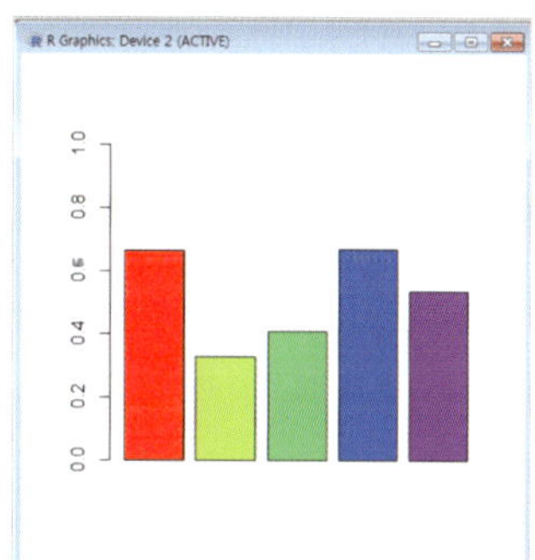

1초 후 화면

잠깐! 난수 추출

난수는 무작위(특정 패턴과 규칙성이 없고, 예측 불가능)로 만들어지는 수열로서, 이상적인 난수는 수의 분포가 확률적으로 한쪽으로 치우치지 않고 추출될 다음 수를 예측 불가능할 때이다.
runif(n, min=a, max=b)는 a~b 사이의 수들(x)의 확률분포가 균등분포를 이룰 때 n개의 수를 추출하는 함수이다. 가로 너비에 대한 면적은 확률로서, 전체 면적은 1이 된다.

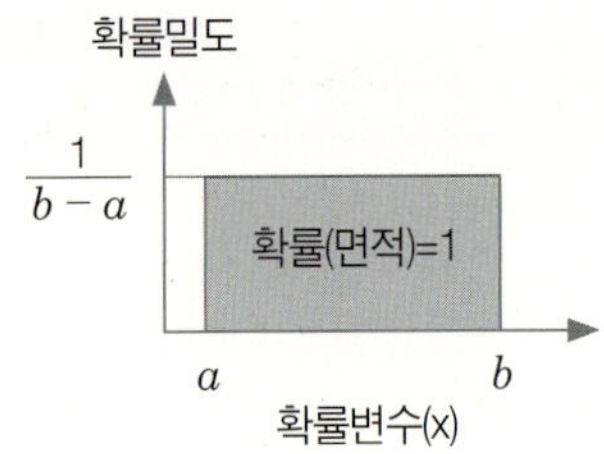

함수

runif()

패키지	stats (기본 패키지)
기능	균등분포에서 표본 추출
사용법	`runif(n, min=0, max=1)`
반환 값	숫자 벡터

매개변수	설명
n	추출한 표본의 수
min	분포의 하한선
max	분포의 상한선

6.4 동전 던지기 확률의 변화 차트

프로젝트

동전을 2개 동시에 던질 때, 앞면이 나올 확률은 어떻게 될까? 네 가지 확률표본에 대한 확률모형은 다음과 같다.

확률 표본	동전		앞면의 수	수학적 확률
	동전1	동전2		
1	앞	앞	2	1/4
2	앞	뒤	1	2/4
3	뒤	앞	1	
4	뒤	뒤	0	1/4

동전 던지기 실험을 통해, 앞면의 수가 나올 확률이 수학적 확률과 같아지는지 확인해보자. 다음은 500번 반복 중에 250번 째 진행된 결과를 출력한 것이다. 동전을 던지는 반복 수가 증가할수록 각 확률은 어떻게 변하는지 살펴보자.

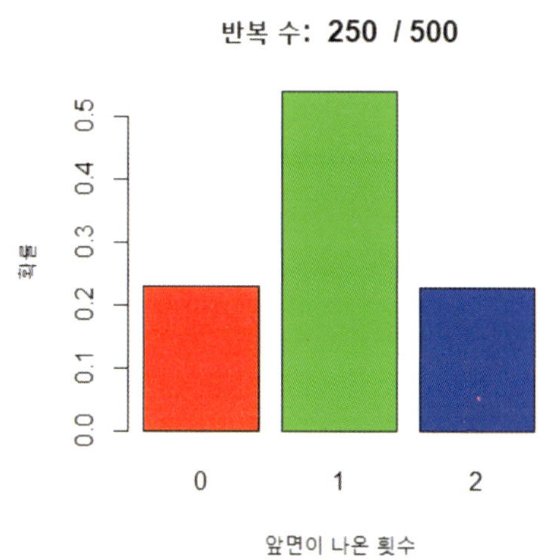

문제 해결 방법

애니메이션 시간을 0.2초로 설정한 뒤, 500번 반복으로 각각 2개의 동전을 동시에 던질 때 앞면이 나온 수(0, 1, 2)의 빈도의 누적 값을 확률로 변환하여 막대그래프로 출력하면 된다.

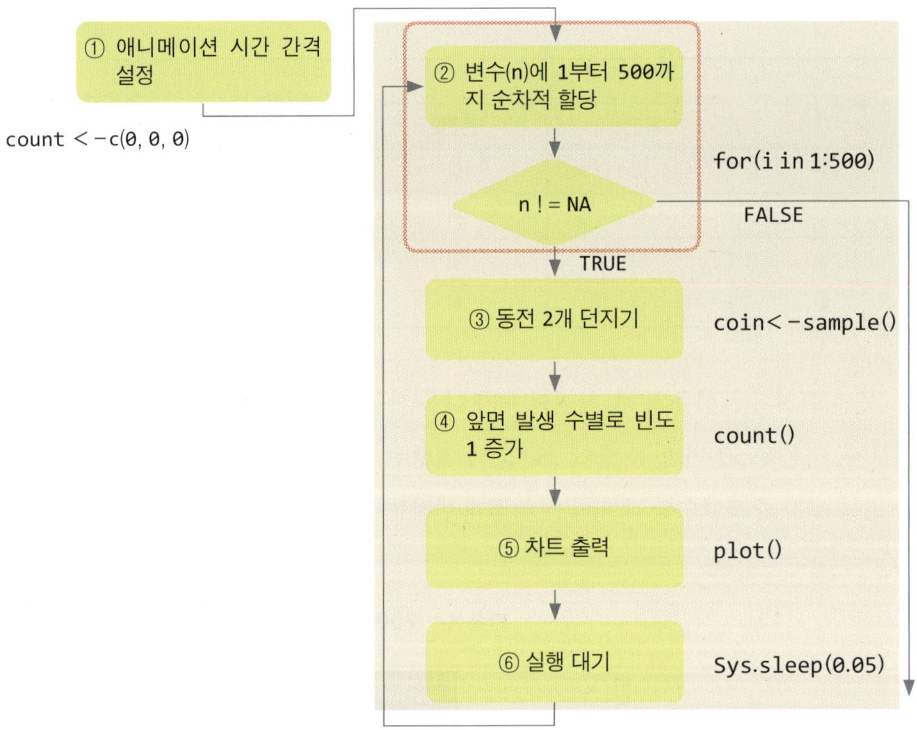

animation 패키지 대신 base 패키지에 있는 Sys.sleep() 함수로 실행대기 시간을 주어 애니메이션 효과를 줄 수 있다.

2개 동전 전지기

```
plot.new()

count <- c(0, 0, 0)
for (n in 1:500) {
  coin <- sample(c(0, 1), 2, replace=T)

  index <- sum(coin) + 1
  count[index] <- count[index] + 1

  probability <- count / n

  title <- paste("반복 수: ", n, " / 500")

  barplot(probability,
          names.arg = c(0, 1, 2),
          xlab="앞면이 나온 횟수",
          ylab="확률",
          col=rainbow(3),
          main = title)

  Sys.sleep(0.05)
}
```

- plot.new(): 새 화면 출력
- ① 앞면 발생 수별로 빈도 초기화
  - 1번째 위치: 모두 0(합이 0)인 빈도
  - 2번째 위치: 하나가 1(합이 1)인 빈도
  - 3번째 위치: 모두 1(합이 2)인 빈도
- for (n in 1:500): 500회 반복
- sample(): 0(뒷면), 1(앞면) 동전을 2회 복원 추출로 던짐 (동전 2개 동시에 던지는 효과)
- index: 앞면이 나온 수별로 빈도를 저장할 위치 ☞ 두 동전의 합(0, 1, 또는 2) + 1
- count[index]: 앞면이 나온 수별로 빈도를 1 증가
- probability: 앞면이 나온 수별 확률
- title: 차트 제목에 사용할 내용
- barplot(): 확률에 대한 바 차트
- Sys.sleep(0.05): 0.05초 실행 대기 (애니메이션 효과) ☞ 기본 패키지인 base 패키지의 함수

출력 결과

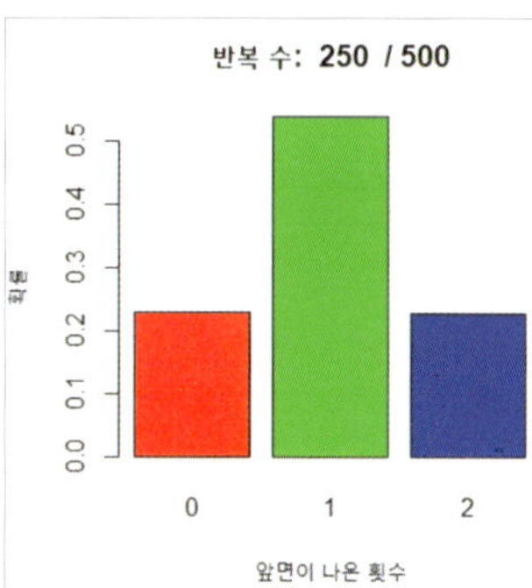

100번 반복 결과

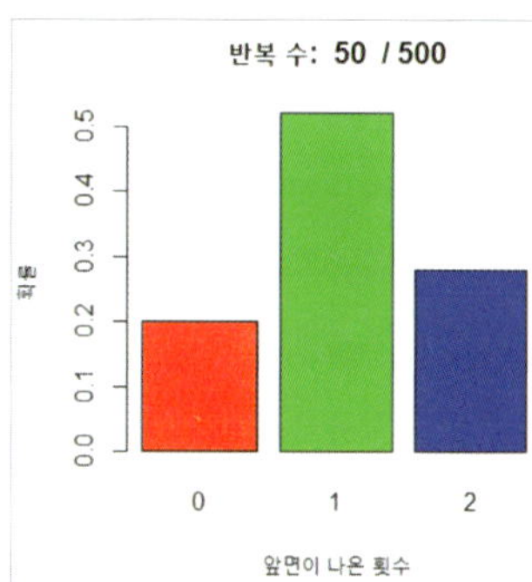

500번 반복 결과

함수

paste()

패키지	base (기본 패키지)
기능	문자로 변환 후에 벡터로 반환
사용법	`paste(..., sep=" ")`
반환 값	문자 벡터

매개변수	설명
...	문자열 벡터로 변환될 하나 이상의 R 객체
sep	벡터 원소 간 구분자. 디폴트는 " "

함수

sample()

패키지	base (기본 패키지)
기능	표본 추출
사용법	`sample(x, size, replace=FALSE)`
반환 값	문자 벡터

매개변수	설명
x	표본 추출 대상이 되는 벡터
size	추출할 표본의 수
replace	복원 추출(TRUE) 또는 비복원 추출(FALSE) ☞ 디폴트는 비복원 추출

6.5 룰렛 돌리기

프로젝트

친구들과 휴일에 영화를 보려고 한다. 룰렛을 돌려 상영되는 영화 중에 하나를 선택하도록 하자.

알라딘

라이온 킹

토이 스토리

(소스:Wikipedia)

문제 해결 방법

다음과 같이 룰렛 게임 애니메이션을 만들어 영화를 선택해보자. 룰렛은 파워포인트에서 간단히 만들수 있다. 룰렛을 그린 후에, 이미지 전체를 선택하고 마우스 오른쪽 버튼을 클릭하면 나타나는 팝업 메뉴에서 "그림으로 저장" 메뉴를 선택하고 "c:/data" 폴더에 "roulette.png"로 저장한다.

한편, 룰렛 이미지 회전을 위해 imager 패키지를 유용하게 사용할 수 있다. 실행 과정은 다음과 같다.

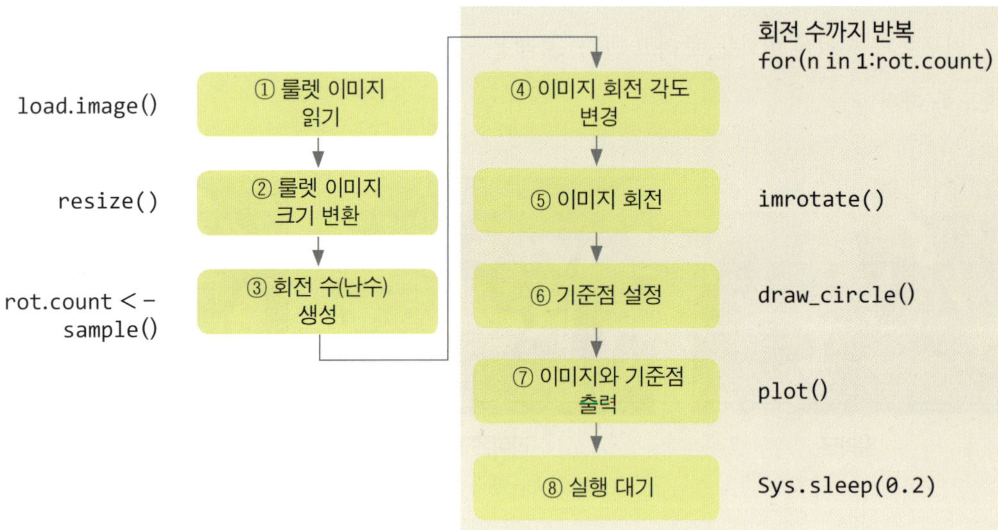

먼저, 룰렛 이미지를 출력한다.

룰렛 이미지 출력

```
install.packages("imager")      # 패키지 설치 및 로딩
library(imager)

img_path <- "C://data/roulette.png"      # 이미지 경로
img <- load.image(img_path)      # ① 이미지 읽기
plot(img)      # 이미지 출력
```

출력 결과

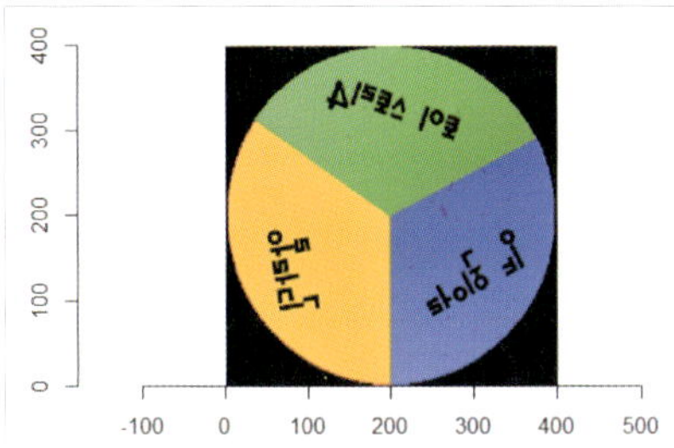

함수

load.image()

패키지	imager (추가 패키지)
기능	이미지 파일 읽음
사용법	`load.image(file)`
반환 값	이미지 객체

매개변수	설명
file	이미지 경로 또는 URL

함수

plot()

패키지	imager (추가 패키지)
기능	이미지 출력
사용법	`plot(x, …)`
반환 값	

매개변수	설명
x	이미지

룰렛 이미지를 적당한 크기로 변환한다.

룰렛 이미지 크기 변환

```
img <- resize(img, size_x = 400L, size_y = 400L)
plot(img, xlim=c(0, 400), ylim=c(0, 400))
```

② 이미지 가로, 세로 크기 변환

이미지 출력

출력 결과

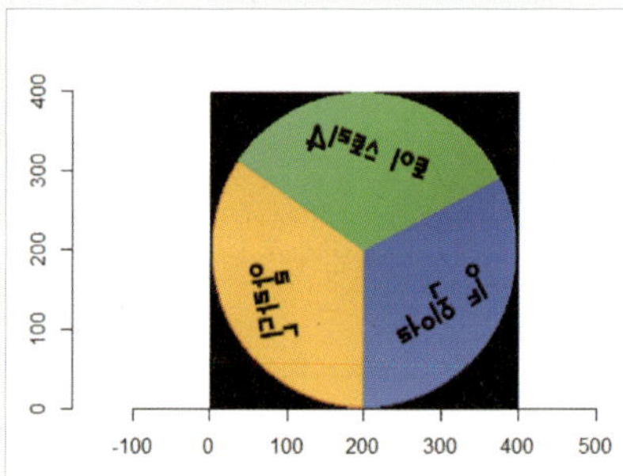


```
plot(img, xlim=c(0, 400), ylim=c(0, 400), axes=FALSE)
```

이미지 출력(가로, 세로 축 제거)

출력 결과

이미지 출력을 반복할 때마다 이미지를 회전한다(예: 오른쪽으로 36도씩 회전).

R 룰렛 회전

```
rot.count <- sample(11:20, 1)
rot.count
```

③ 회전 수(난수) 생성
☞ 11~20 사이의 정수 1개 추출

출력 결과

```
[1] 12
```

회전 각도 초기화

```
angle <- 0
for(i in 1:rot.count) {
    angle <- angle + 36
    title <- paste("룰렛 회전:", i, "/", rot.count)

    imrotate(img,
             angle,
             cx=200, cy=200) %>%
    draw_circle(x=200, y=30,
                radius=30,
                col=c(1,0,0,0), opacity = 0.5) %>%
    plot(axes=FALSE, main=title)
    Sys.sleep(0.2)
}
```

1부터 회전 수까지 반복

④ 회전 각도 설정
1회 반복마다 36도 증가

차트 제목 설정

⑤ 이미지 회전 설정(cx, cy 위치에서 angle 만큼 회전)
☞ '%>%'는 연결 연산자(chain operator)로 결과를 다음 단계로 넘김

⑥ 기준점 설정(x, y 위치에 반경 30인 원 그리기
배경색(col): 적색(c(r,g,b,투명도)
투명도(opacity): 원의 투명도

⑦ 이미지와 기준점 출력(X,Y축 제거)

⑧ 0.2초 실행 대기

출력 결과

애니메이션 실행 중인 상태

애니메이션 종료 상태

함수

imrotate()

패키지	imager (추가 패키지)
기능	이미지 출력
사용법	`imrotate(im, angle, cx, cy)`
반환 값	

매개변수	설명
im	이미지
angle	이미지 회전 각도
cx	이미지 회전 중심 X 위치
cy	이미지 회전 중심 Y 위치

함수

draw_circle()

패키지	imager (추가 패키지)
기능	이미지 위에 원 출력
사용법	`draw_circle(im, x, y, radius, color="white", opacity=1, filled=TRUE)`
반환 값	이미지

매개변수	설명
im	이미지
x	x 위치 이미지 회전 각도
y	y 위치
radius	원의 크기(반지름)

매개변수	설명
color	원의 색
opacity	원 색의 투명도(0: 완전 투명, 1: 완전 불투명)
filled	원 내부 색 여부(디폴트는 TRUE)

6.6 라이언 킹

프로젝트

라이온 킹의 어린 심바가 아프리카 정글에서 뛰어 노는 장면을 생각해보자. 넓은 들판을 왼쪽에서 오른쪽으로 뛰어 가는 애니메이션을 만들어 본다.

문제 해결 방법

먼저, 배경 이미지와 심바가 달리는 모션의 이미지들을 준비하고, 배경 앞 왼쪽에서 오른쪽 방향으로 달리는 두 가지 이미지를 일정 시간 간격으로 번갈아 출력한다.

배경 이미지 (lion_bg.png)

달리는 장면1(lion_1.png)

달리는 장면2(lion_2.png)

심바의 위치 이동

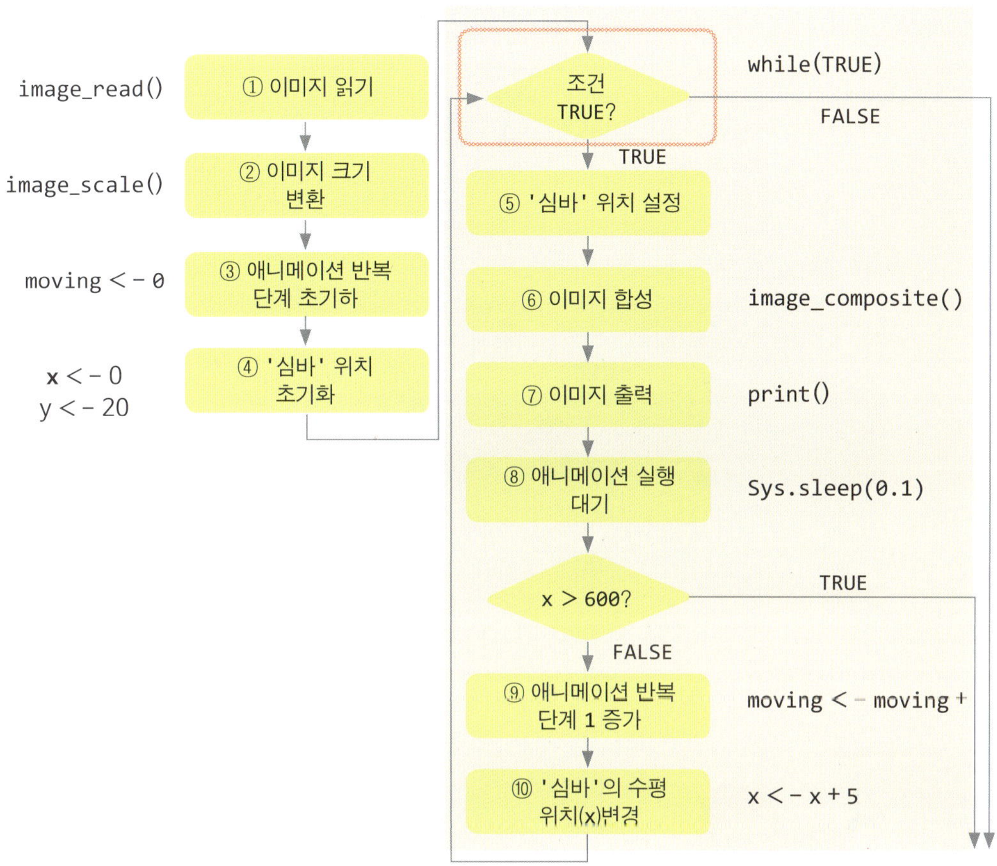

먼저 애니메이션에 사용할 이미지들을 읽고, 적당한 크기로 변경해보자.

이미지 읽기와 크기 변경

```
install.packages("magick")   # 패키지 설치 및 로딩
library(magick)

lion_bg <- image_read("C://data/lion_bg.png")
lion_1 <- image_read("C://data/lion_1.png")
lion_2 <- image_read("C://data/lion_2.png")
```

① 이미지 읽기
☞ 이미지가 저장된 폴더와 이미지명

```
lion_bg <- image_scale(lion_bg,"600x300!")
lion_1 <- image_scale(lion_1,"100x50!")
lion_2 <- image_scale(lion_2,"100x50!")
```

② 이미지 크기 변경
☞ 가로X세로(픽셀 단위)

```
print(lion_bg)
```

출력 결과

```
print(lion_1)
```

출력 결과

```
print(lion_2)
```

출력 결과

함수

image_read()

패키지	magick (추가 패키지)
기능	이미지 읽기
사용법	`image_read(im)`
반환 값	이미지

매개변수	설명
im	이미지 경로

함수

image_scale()

패키지	magick (추가 패키지)
기능	이미지 크기 변경
사용법	`image_scale(im, scale)`
반환 값	이미지

매개변수	설명
im	이미지
scale	가로, 세로 픽셀

함수

print()

패키지	magick (추가 패키지)
기능	이미지 출력
사용법	print(im)
반환 값	

매개변수	설명
im	이미지

배경과 전경에 사용할 이미지를 합성해본다.

이미지 합성 테스트

```
img <- image_composite(lion_bg, lion_1, offset = "+100+200")
print(img)
```

이미지 합성
☞ offset: 첫 번째 이미지(lion_bg)에 대한 두 번째 이미지(lion_1)의 상대적 위치

출력 결과

함수

image_composite()

패키지	magick (추가 패키지)
기능	이미지를 합성
사용법	image_composite(image, composite_image, offset="+0+0")
반환 값	이미지

매개변수	설명
image	이미지
composite_image	합성할 이미지
offset	composite_image를 image 위에 위치할 좌표

이미지를 왼쪽에서 오른쪽으로 이동하여 움직이는 효과를 준다.

R 이미지 이동

```
moving <- 0                    ③ 애니메이션 반복 단계 초기화

x <- -100                      ④ '심바'의 초기 위치
y <- 150
while(TRUE) {                  무한 반복

  if (x < 0)
    position <- paste(x, "+", y, sep="")      ⑤'심바' 위치 설정
  else
    position <- paste("+", x, "+", y, sep="")

  if (moving %% 2 == 0) {                     ⑥ 이미지 합성
    img <- image_composite(lion_bg, lion_1,    ☞ 애니메이션 반복 단계에 따른
                          offset = position)   '심바' 이미지 합성 변경
```

```
    } else {
      img <- image_composite(lion_bg, lion_2,
                              offset = position)
    }

    print(img)          ⑦ 이미지 출력

    Sys.sleep(0.3)      ⑧ 애니메이션 실행 대기

    if (x > 600)        ⑨ 애니메이션 종료 여부
      break

    moving <- moving + 1    ⑩ 반복 단계의 1 증가

    x <- x + 20         ⑪ '심바'의 수평 위치 이동
}
```

출력 결과 (왼쪽에서 오른쪽으로 이동)

실습 과제 1 수열 출력: 1～100 사이의 3의 배수 합

[1] 프로젝트

1부터 100까지 0.5초 간격으로 1씩 증가하는 동안, 3의 배수의 합을 화면에 출력해 보자.

[2] 문제 해결 방법

[3] 실행

R 스크립트

출력 결과

실습 과제 2 당구공 굴리기

[1] 프로젝트

당구공이 굴러 가도록 해보자. 먼저, 당구대와 당구공 이미지를 만들고, 각각 가로×세로 크기를 300×400, 40×40으로 변환한다. 다음 그림을 참고하여 당구공이 굴러 가도록 R 스크립트의 x, y의 위치 변환 부분의 시작과 끝 부분을 완성하여 출력해 보자. 단, 초기 위치는 (0, 0)이며, 한번 이동은 x, y 방향으로 10씩 움직인다.

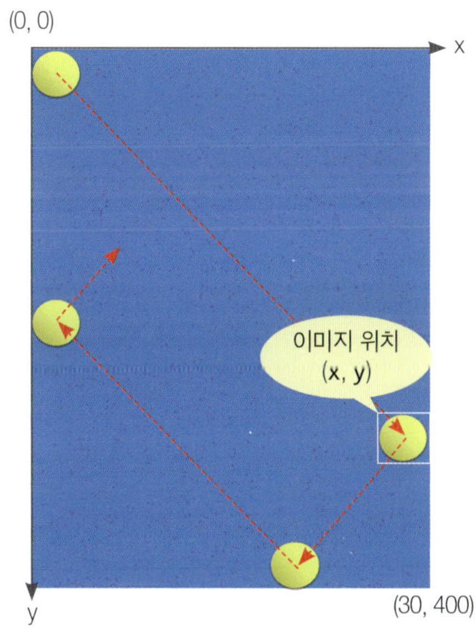

애니메이션 이미지

당구대(table.png)

당구공(ball.png)

[2] 문제 해결 방법

[3] 실행

R 스크립트

```
install.packages("magick")
library(magick)

# 당구공 이미지 읽기
ball <- image_read("C://data/ball.png")
# 당구대 이미지 읽기
table <- image_read("C://data/table.png")
# 당구공 이미지 가로X세로 변환
ball <- image_scale(ball, "40X40!")
# 당구대 이미지 가로X세로 변환
table <- image_scale(table, "300X400!")
```

```
# 당구공의 X, Y 위치 초기화
x <- 0
y <- 0

while(TRUE) {
    # X, Y의 위치
    position <- paste("+", x, "+", y, sep="")
    # table 이미지에 ball 이미지를 offset 위치로 겹침
    img <- image_composite(table, ball,
                           offset = position)
    # img 이미지 출력
    print(img)
    # 0.1초 대기
    Sys.sleep(0.1)

    # X, Y의 위치 변환: 시작



    # X, Y의 위치 변환: 끝
}
```

실행 화면

학습 목표

구글맵의 출력과 활용

학습 내용

- 구글맵 출력
- 지도 위의 정보 출력
- 지도 위의 도형 출력

Chapter 7
지도 활용하기

구글 맵은 위성 사진, 지도, 360도 거리 전망, 실시간 교통정보, 두 지점 간의 최적 경로 등의 다양한 서비스를 제공한다. 구글 맵을 이용하여 주요 명소의 위치를 출력하거나, 지리정보를 이용하여 지진 발생 지역을 지도에 표시해 보면서, 지도를 활용하는 능력을 키워보자.

7.1 구글맵 개요
7.2 구글 지도 API 키 신청
7.3 구글맵 출력
7.4 단양팔경을 지도 위에
7.5 지진 발생 지역의 분포
실습 과제: 미세먼지 분포

7.1 구글맵과 개요

지도는 다양한 비즈니스와 결합되어 유용하게 사용되고 있다. 다음 그림은 카카오맵의 길찾기 서비스를 보여주는 예이다.

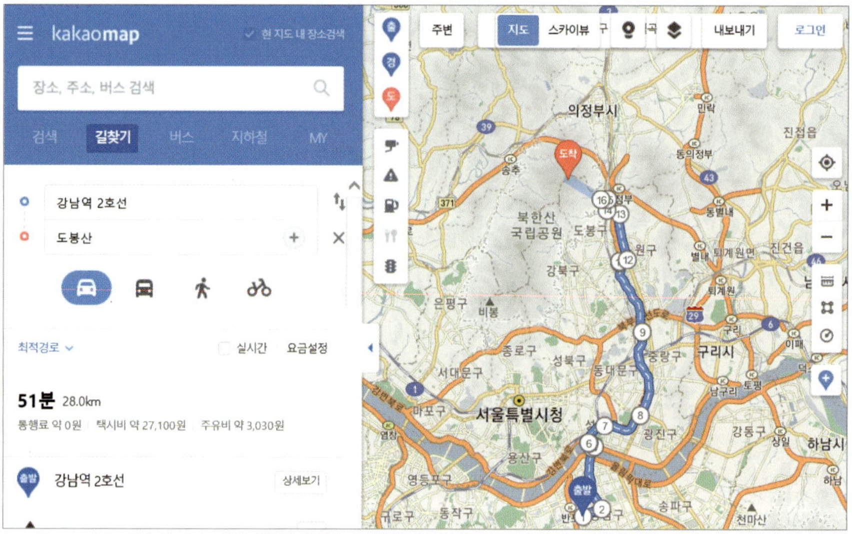

구글맵은 구글Google이 개발한 데스크탑 웹매핑 서비스로서, 구글맵 API를 통해 위성사진, 지도, Street View (360도 거리 전망), Google Traffic (실시간 교통 정보), 두 지점 간의 최적 경로 등의 다양한 서비스를 제공한다. R도 웹이나 앱 어플리케이션과 같이 구글맵 API를 이용해 위도와 경도를 기반으로 지도에 다양한 형태의 정보를 출력할 수 있다. 한편, 데이터 시각화 전문회사인 Stamen의 Stamen Maps, 네이버www.naver.com와 다음www.daum.net에서 제공하는 지도를 이용할 수도 있다.

API Application Programming Interface란 특정 기능 서비스를 위한 인터페이스로서, 구글맵 API를 사용하려면 구글 클라우드 플랫폼에서 API키를 발급 받아야 한다(7.2절 참조).

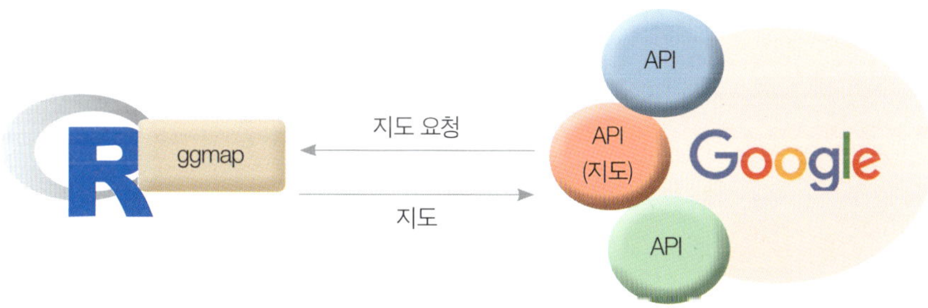

이번 장에서는 구글맵을 활용하는 방법을 살펴보기로 한다. R에서는 ggmap, RggogleMaps, googleVis 등의 패키지를 제공하고 있다. ggmap 패키지, 지도에 그래프 정보를 추가할 수 있는 ggplot2 패키지, 그리고 엑셀 데이터를 읽는 openxlsx 패키지를 사용해보자.

✪ 패키지

패키지	설명
ggmap	구글 맵 또는 Stamen 맵을 정적으로 보여주는 기능들의 집합체
ggplot2	그래픽 출력을 위한 기능을 제공함. 데이터 프레임의 다수 데이터에 대한 풍부한 그래픽 시각화가 가능함
openxlsx	Excel 파일 입출력 처리

7.2 구글맵 API키 신청

구글맵과 네이버맵을 사용하려면 구글 클라우드 플랫폼과 네이터 클라우드 플랫폼에서 API 키를 발급 받아야 한다. 다음은 구글맵 API키를 발급받는 절차이다. 처음 등록하면 1년간은 무료 사용가능하다. 정적인 지도 출력을 위한 "Maps Static API"와 주소를 좌표로 변환하는 "Geocoding API"를 사용하기 위한 과정을 살펴보자.

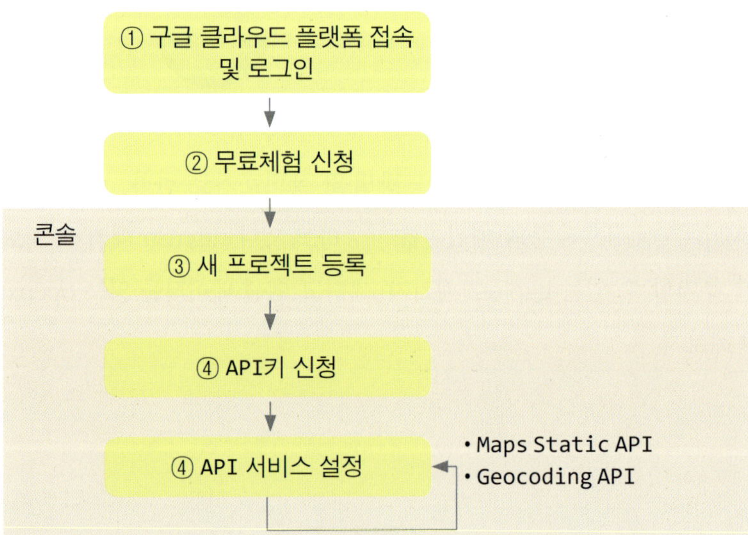

① 구글 클라우드 플랫폼(https://cloud.google.com/)에 접속하여 로그인한다.

② 무료 체험을 신청한다.

국가명을 입력하고 약관을 확인한다 (등록하면 처음 1년간 무료로 사용 가능하다).

고객정보와 결제수단을 등록하고, "무료 체험 사용하기" 버튼을 클릭한다.

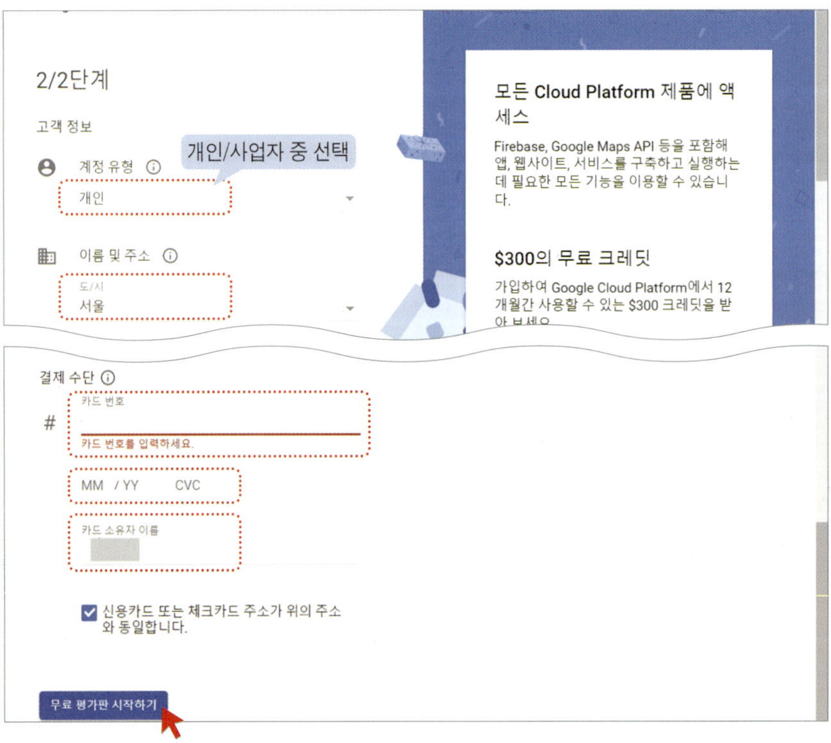

신청결과가 나타난다.

③ 콘솔로 이동한다.

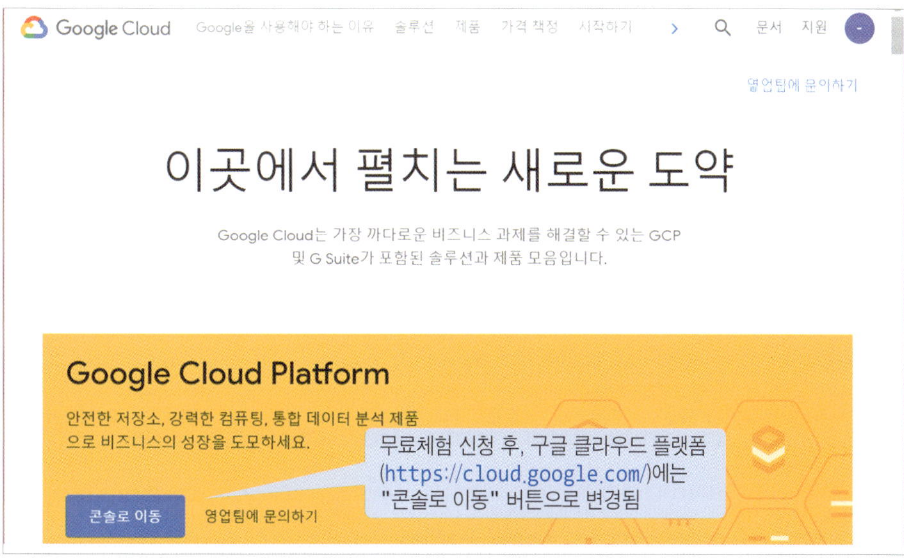

④ 상단에 있는 "My First Project"를 클릭한다.

"새 프로젝트"를 클릭한다.

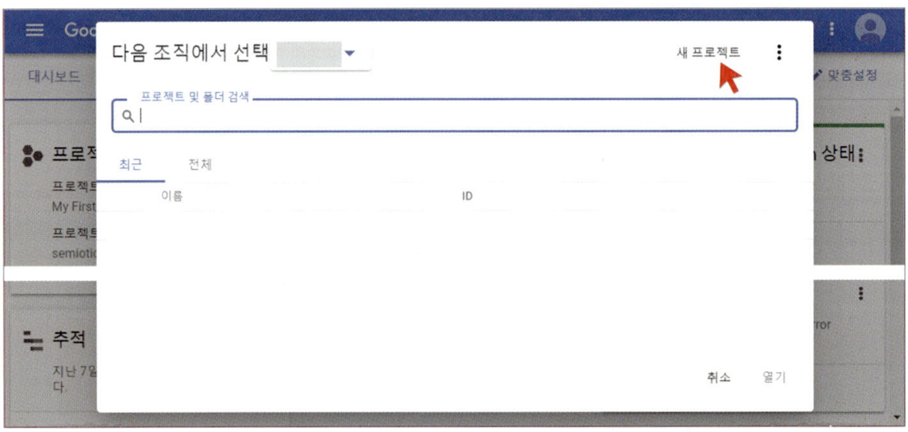

프로젝트 이름(예: My Project 01)을 입력하고, "만들기" 버튼을 클릭한다.

"프로젝트 (프로젝트명) 만들기"를 클릭한다.

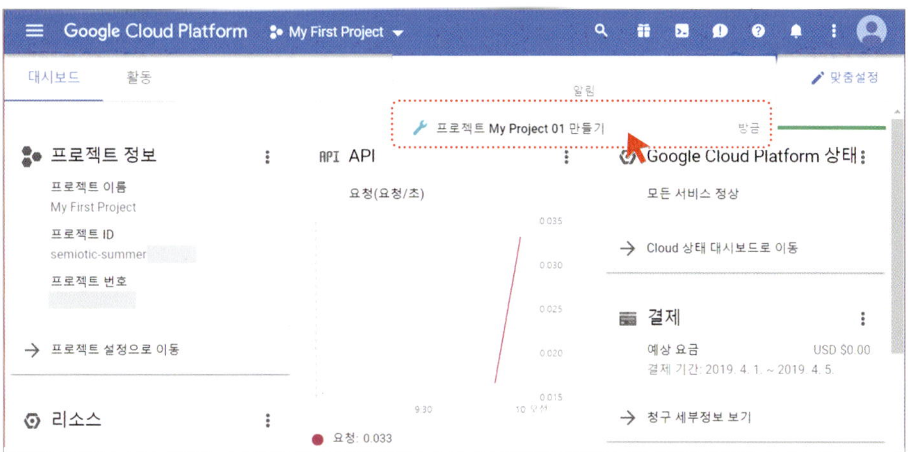

⑤ API키 신청

좌측 메뉴의 "API 및 서비스 → 사용자 인증정보"를 선택한다.

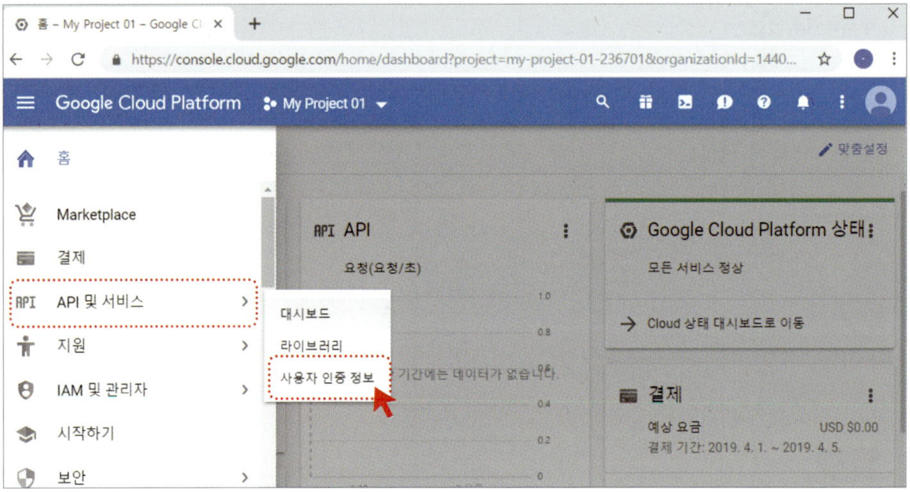

"사용자 인증정보 만들기" 버튼을 클릭한다.

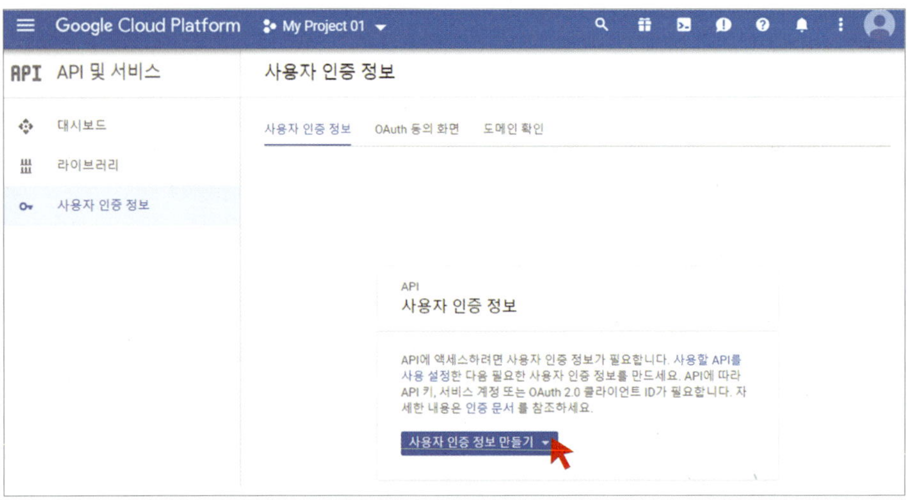

팝업메뉴에서 "API"를 선택한다.

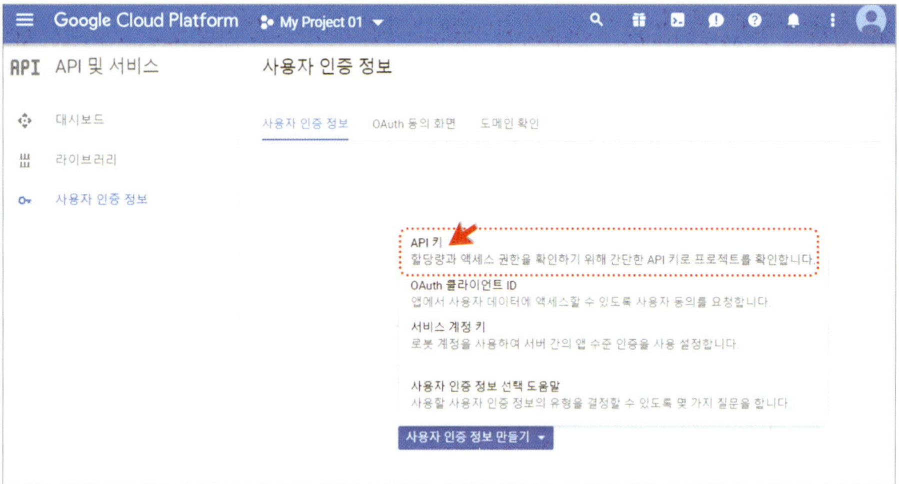

생성된 API키를 확인하고, "닫기" 버튼을 클릭한다.

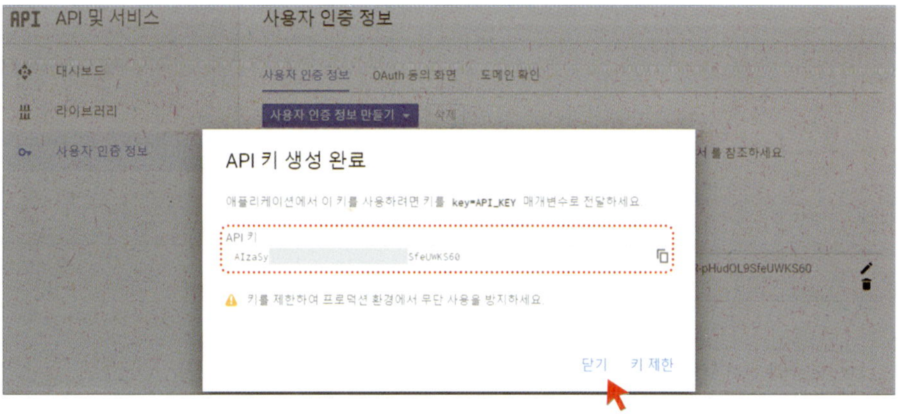

API 키 목록에서 API 키 정보를 확인할 수 있다.

☞ API키는 복사하여 R에서 구글지도를 요청할 때 사용할 수 있도록 준비한다.

⑥ API키에 대한 API 서비스 설정

좌측 메뉴에서 "Google 지도 → API"를 선택한다.

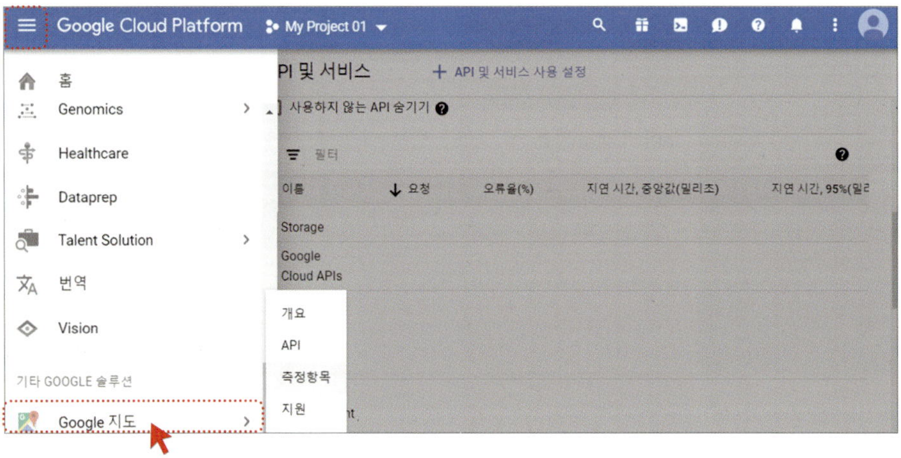

"Maps Static API"와 "Geocoding API"를 하나씩 선택한다. 먼저 "Maps Static API"를 선택해보자.

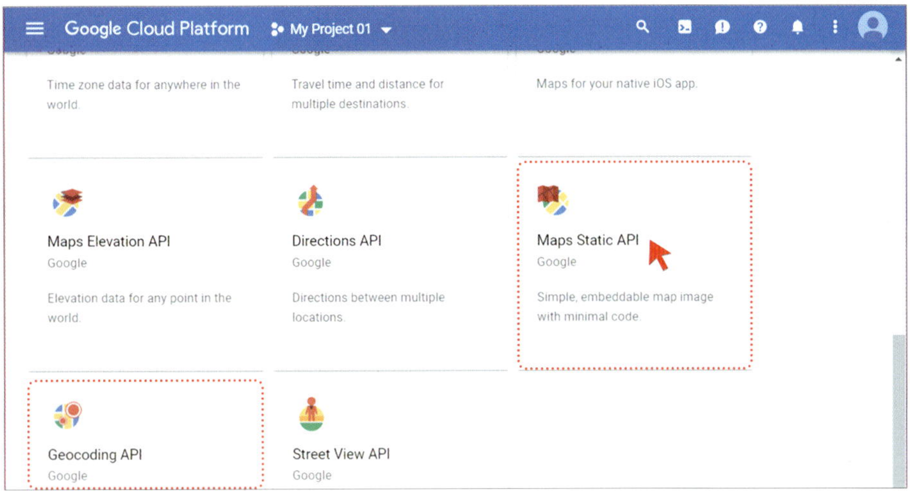

"사용 설정" 버튼을 클릭한다.

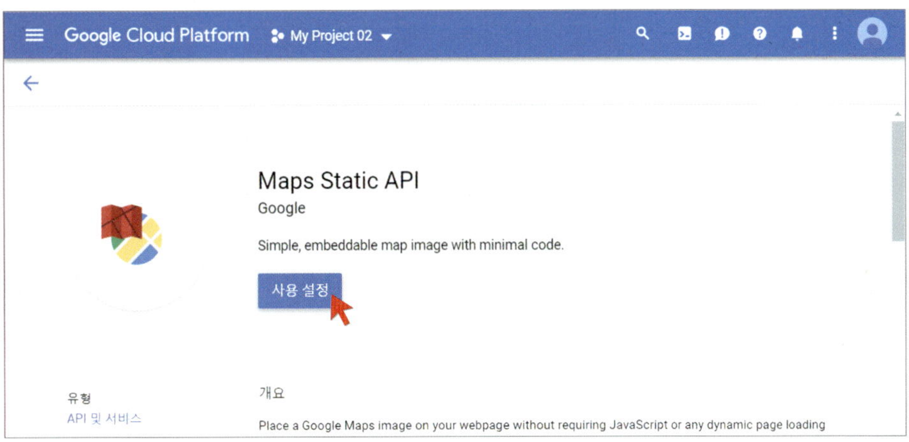

"Maps Static API"가 사용 가능하도록 설정된 상태를 확인할 수 있다.

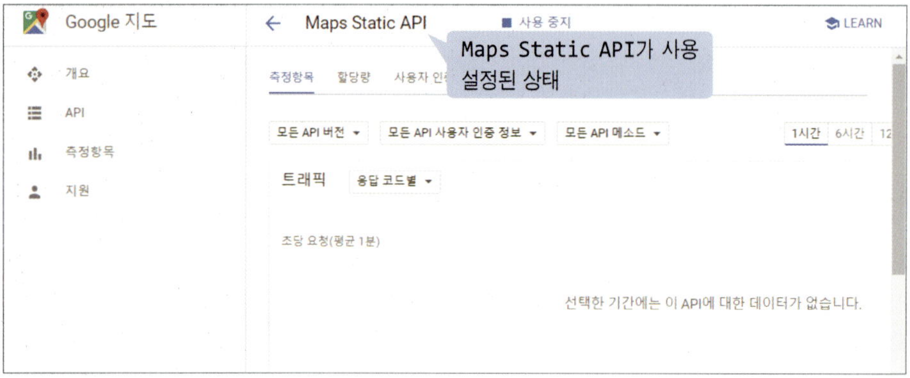

다음 서비스를 추가적으로 설정하기 위해, 좌측 메뉴에서 "Google 지도 → API"를 선택한다.

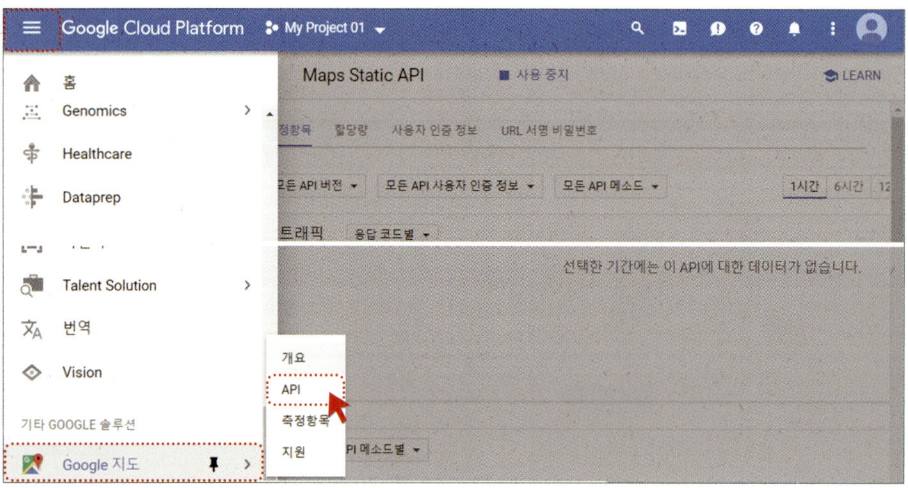

"Geocoding API"를 선택한다.

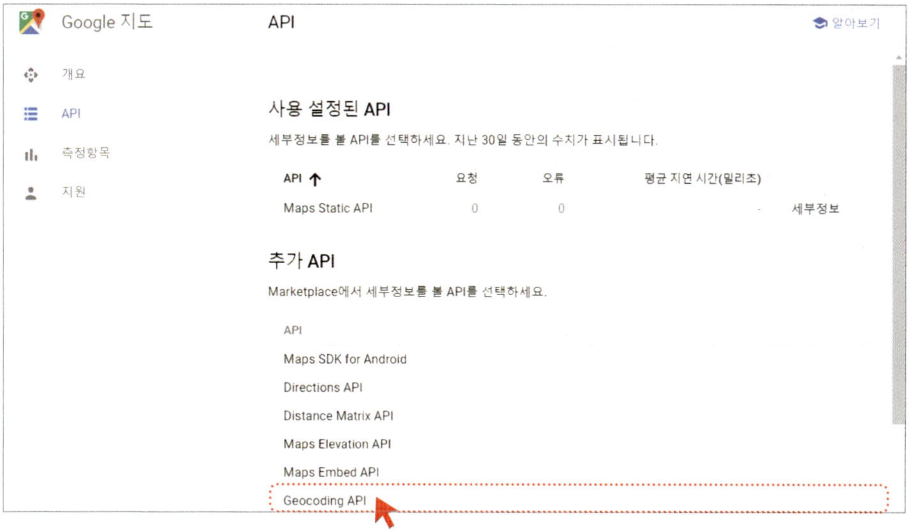

"사용 설정" 버튼을 클릭한다.

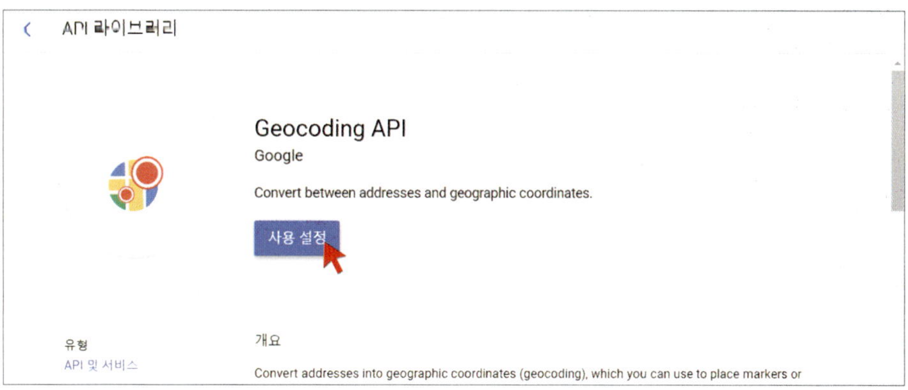

"Geocoding API"가 사용 가능하도록 설정된 상태를 확인할 수 있다. 설정된 서비스 목록을 보기 위해 왼쪽의 "API" 메뉴를 선택한다.

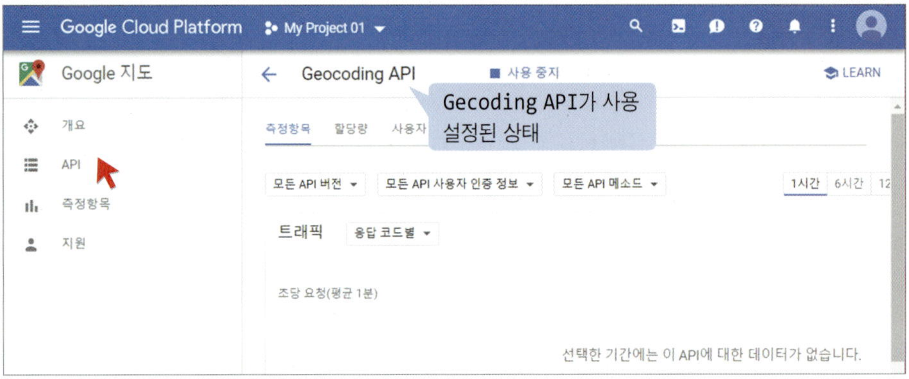

생성된 API키에 설정된 두 가지 서비스가 나타난다.

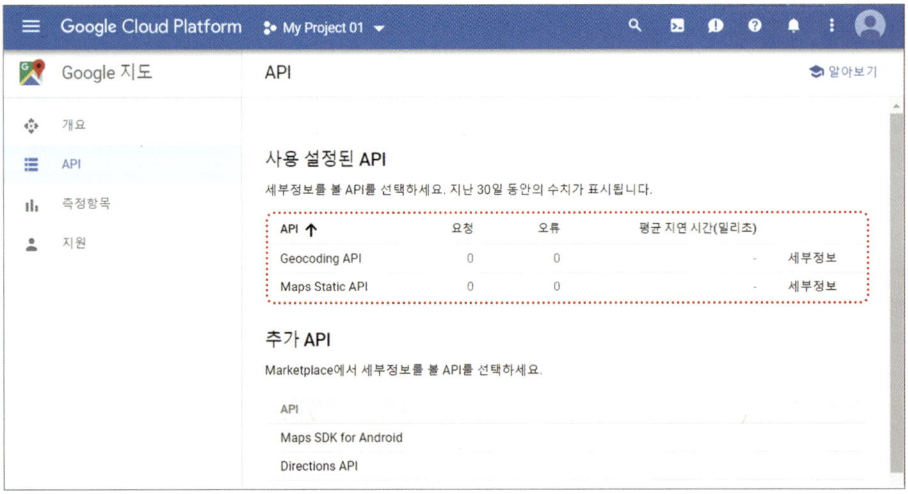

잠깐! 네이버 지도 API

구글 클라우드 플랫폼의 API 사용 방법과 유사하게 네이버 클라우드 플랫폼(https://www.ncloud.com)에서 API를 신청하여 사용할 수 있다.

7.3 구글맵 출력

프로젝트

서울 세종문화회관의 경도와 위도를 중심으로 지도를 출력해보자. 경도와 위도는 각각 126.975684, 37.572752이다.

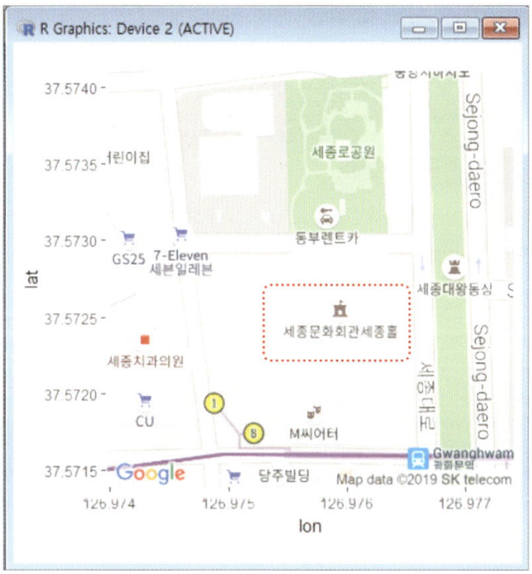

문제 해결 방법

먼저, 발급 받은 구글맵 API키를 설정한다. 지도에 나타낼 위치의 위도와 경도에 대한 구글맵 정보를 받고 지도로 출력한다.

① 구글 지도 API키 설정 — register_google()
↓
② 구글 지도정보 생성 — get_googlemap()
↓
③ 지도 출력 — ggmap()

(1) 위도와 경도에 해당하는 지도 출력

구글맵 API키를 설정하고 세종문화회관을 지도로 출력한다.

서울 세종문화회관 중심의 지도 출력

```
install.packages("ggmap")   # 패키지 설치 및 로딩
library(ggmap)
register_google(key = "AIzaSyBk..........................Xgb5NS7o")   # ① 구글 지도 API키 설정

map <- get_googlemap(center=c(126.975684, 37.572752))   # ② 경도와 위도를 중심(세종문화회관)으로 하는 지도정보 생성

ggmap(map)   # ③ 지도 출력
```

출력 결과

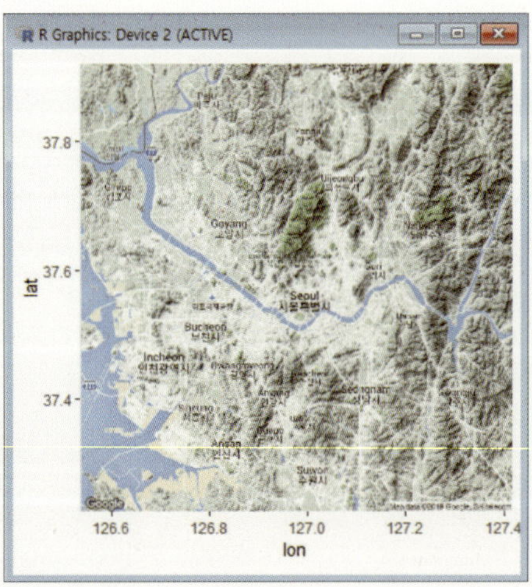

함수

get_googlemap()

패키지	ggmap (추가 패키지)
기능	구글 맵 출력을 위한 정보 생성
사용법	**get_googlemap**(center = c(lon = -95.3632715, lat = 29.7632836), zoom = 10, size = c(640, 640), maptype = c("terrain", "satellite", "roadmap", "hybrid"), color = c("color", "bw"), ……)
반환 값	구글맵 객체

매개변수	설명
center	지도의 중심 좌표
zoom	지도 크기로서, 3(대륙)~21(빌딩)의 정수. 디폴트 크기는 10(도시)
size	지도가 출력되는 가로와 세로의 픽셀 크기. 최대 크기와 디폴트는 640X640
maptype	출력되는 지도 유형으로 "terrain(지형정보 기반 지도)", "satellite(위성 지도)", "roadmap(도로명 표시)", "hybrid(위성과 도로명)"가 가능 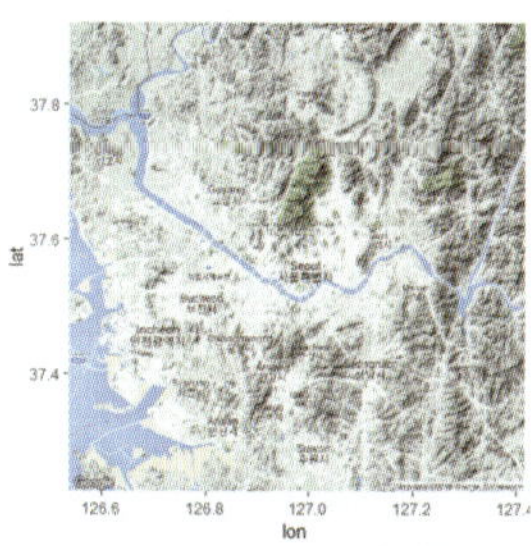 terrain 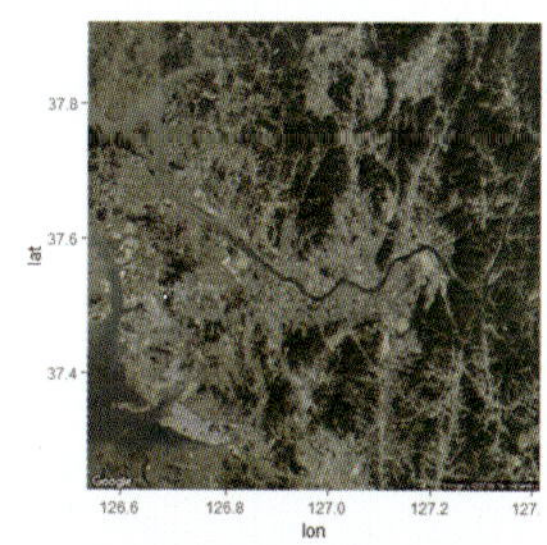 satellite 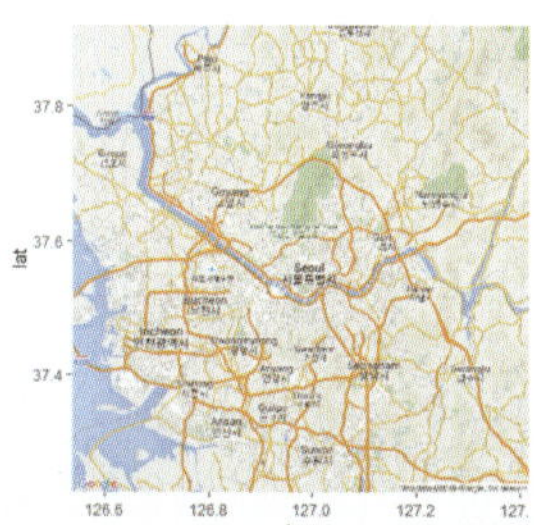 roadmap 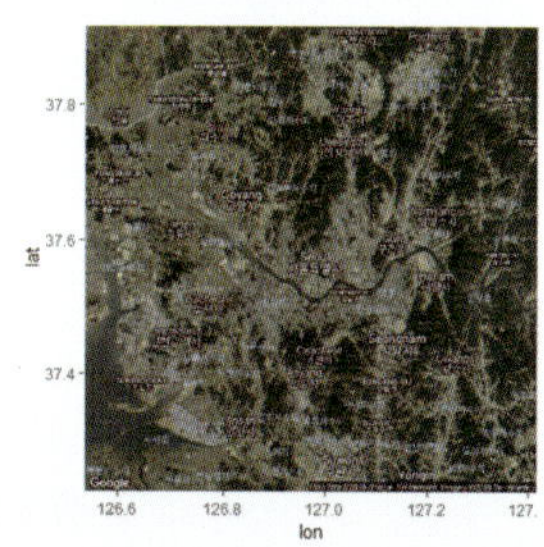 hybrid

함수

ggmap()

패키지	ggmap (추가 패키지)
기능	지도 출력
사용법	**ggmap**(ggmap, extent = "panel", ...)
반환 값	ggplot 객체

매개변수	설명
ggmap	구글맵 객체 (get_googlemap()에 의해 생성된 객체)
extent	출력 창에서 지도가 차지하는 영역의 형태. 'normal', 'device', 'panel' 세 가지 형태로 설정 가능. 'panel' 타입은 디폴트 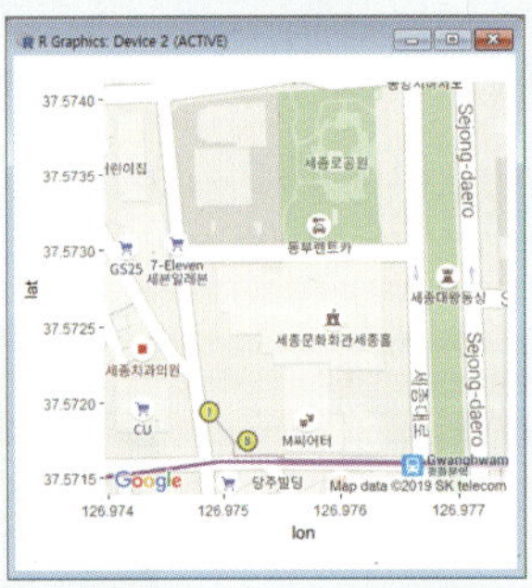 extent = "panel" (디폴트) 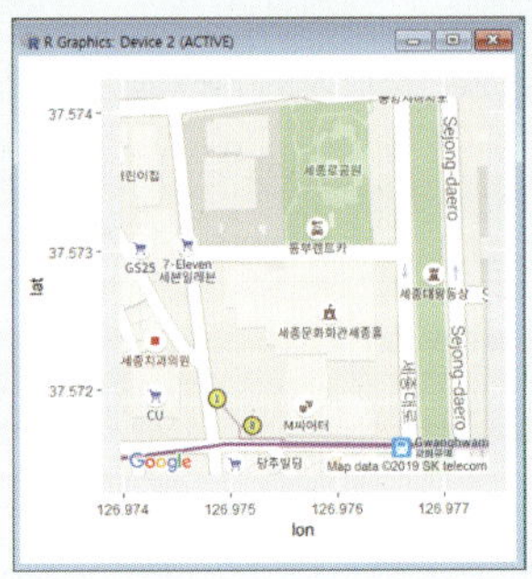 extent = "normal" 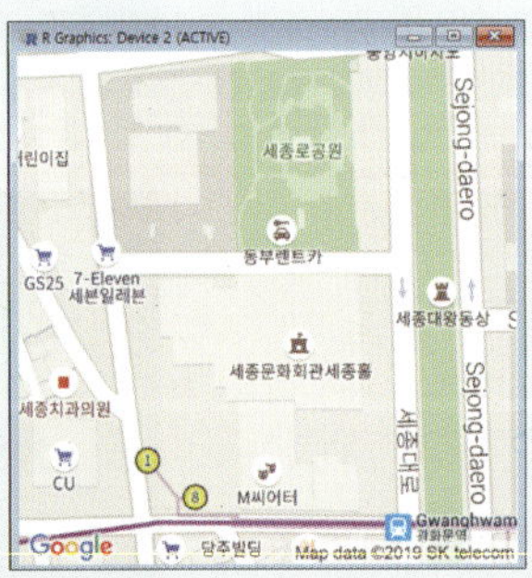 extent = "device"

함수

register_google()

패키지	ggmap (추가 패키지)
기능	ggmap에 API 키 공지
사용법	**register_google**(key)
반환 값	

매개변수	설명
key	API 키

(2) 지도 유형

지도 유형은 "terrain(지형정보 기반 지도)", "satellite(위성지도)", "roadmap(도로명 표시)", "hybrid(위성과 도로명)"가 있다. maptype으로 설정하면 된다.

지도 유형 변경

```
map <- get_googlemap(center=c(126.975684, 37.572752),
                     maptype="roadmap")

ggmap(map)
```

지도 유형을 "roadmap"으로 하는 지도정보 생성

출력 결과

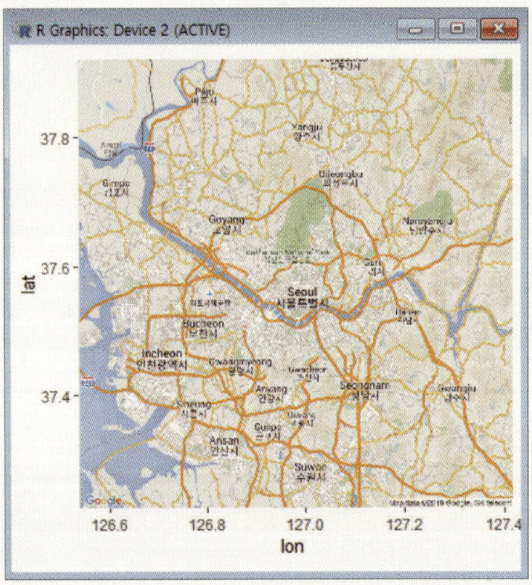

(3) 지도 확대 및 축소

zoom으로 지도를 확대하거나 축소할 수 있다. zoom은 3(대륙)~21(빌딩)의 정수 범위로 설정하며, 디폴트 크기는 10(도시)이다.

지도 확대 및 축소

```
map <- get_googlemap(center=c(126.975684, 37.572752),
                     maptype="roadmap",
                     zoom=17)
ggmap(map)
```

지도 크기를 17로 하는 지도정보 생성

출력 결과

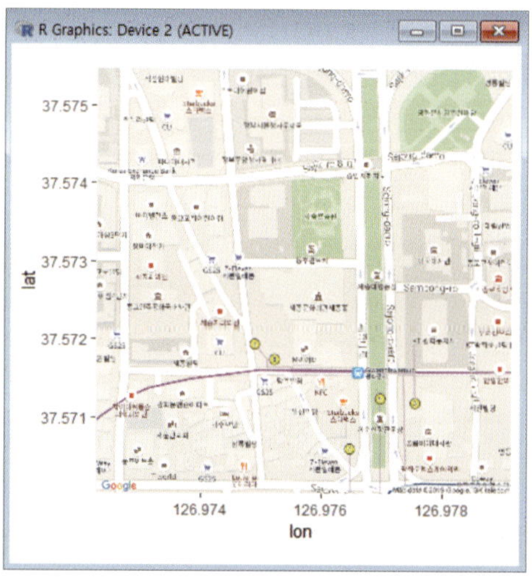

(4) 지도 해상도

같은 화면 크기에 지도의 해상도를 조절하여 지명 등의 작은 글씨에 대한 가독성을 높일 수도 있다.

지도 해상도

```
map <- get_googlemap(center=c(126.975684, 37.572752),
                     maptype="roadmap",
                     zoom=17,
                     size=c(320, 320))
ggmap(map)
```

화면 해상도의 디폴트는 최대 크기인 640X640. size를 작게 하면, 같은 화면 크기에 낮은 해상도로 출력되기 때문에 지도가 크게 보임

출력 결과

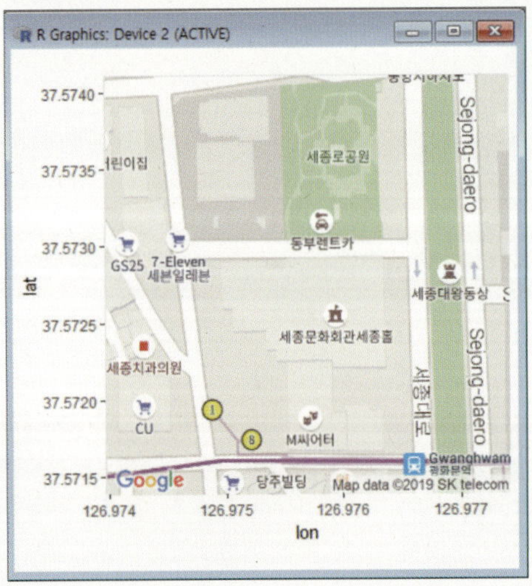

(5) 지도 여백

지도 여백에 대한 유형을 변경하도록 해보자.

R 지도 여백

```
map <- get_googlemap(center=c(126.975684, 37.572752),
                     maptype="roadmap",
                     zoom=17,
                     size=c(320, 320))

ggmap(map, extent="device")
```

지도 여백 설정(여백이 없는 상태)

출력 결과

(6) 주소를 이용한 지도 출력

지명에 대한 위도와 경도를 사전에 준비한다는 것은 번거로운 일이 된다. 지역명에 대한 좌표코드geocode를 찾는 API를 이용하면 지도를 편리하게 활용할 수 있다.

주소 이용 지도 출력

```
gc<- geocode(enc2utf8("호미곶"))
gc
```

지역명에 대한 경도, 위도 생성
☞ 한글 지역명인 경우에는 utf-8 형식으로 변환해야 함

경도와 위도 출력

출력 결과

```
# A tibble: 1 x 2
    lon   lat
  <dbl> <dbl>
1  130.  36.1
```

```
lonlat <- c(gc$lon, gc$lat)
lonlat
```

지도 중심 위치로 사용할 벡터 생성

출력 결과

```
[1] 129.55550  36.08082
```

```
map <- get_googlemap(center=lonlat)
ggmap(map)
```

출력 결과

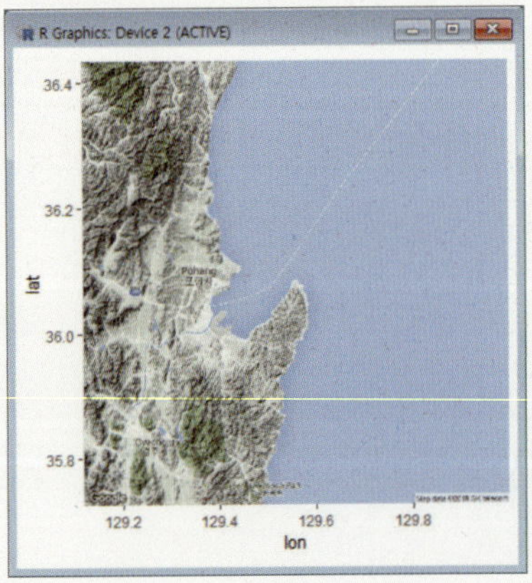

함수

geocode()

패키지	ggmap (추가 패키지)
기능	지역에 대한 위도와 경도 좌표를 제공
사용법	**geocode**(location,.....)
반환 값	위도와 경도

매개변수	설명
location	지역 명 또는 주소에 대한 벡터

(7) 마커 출력

특정 위치를 표시하는 마커marker를 추가해보자.

R 마커 출력

```
gc <- geocode(enc2utf8("호미곶"))
lonlat <- c(gc$lon, gc$lat)
map <- get_googlemap(center=lonlat, marker=gc)
ggmap(map)
```

지도 중심과 마커 위치가 같은 상태

출력 결과

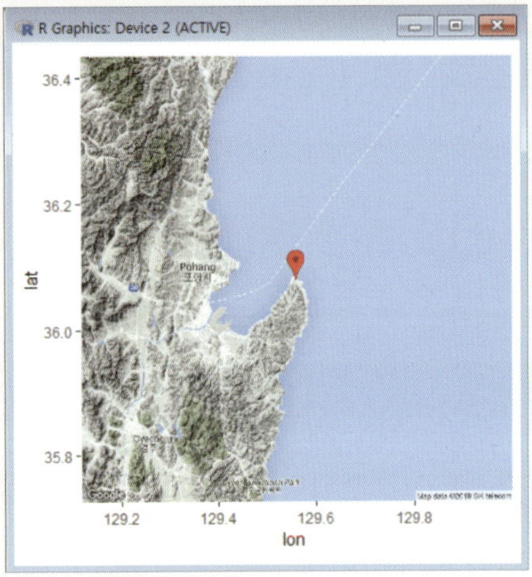

7.4 단양팔경을 지도 위에

프로젝트

단양팔경의 위치에 마커와 이름을 표시하는 관광안내 지도를 만들어보자.

[단양팔경]
단양 도담삼봉

[단양팔경]
단양 석문

[단양팔경]
단양 구담봉

[단양팔경]
중선암

[단양팔경]
옥순봉

[단양팔경]
단양 사인암

[단양팔경]
하선암

[단양팔경]
상선암

자료원: 단양군청(www.danyang.go.kr)

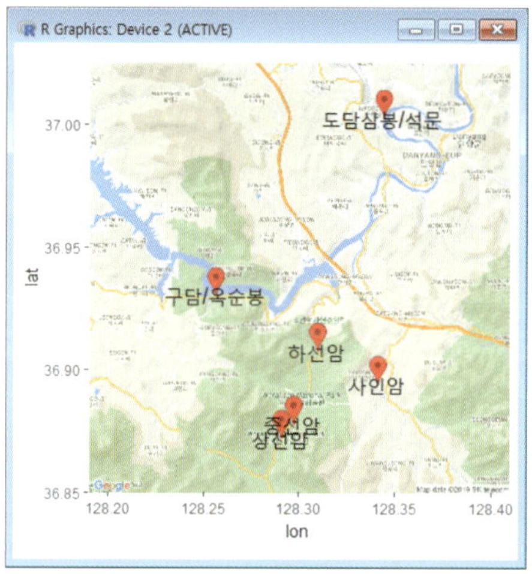

문제 해결 방법

지도에 나타낼 지역들에 대한 지역 명을 할당하고 각 주소지를 할당한다. 지역들에 대한 위도와 경도의 좌표로 확인하고, 지역 명과 좌표들에 대해 데이터 프레임을 만든다. 좌표들의 중심을 계산하고, 마커가 있는 지도정보를 만든 후에 지도를 출력한다.

• 단양팔경 주소 •

지명	주소
도담삼봉/석문	충청북도 단양군 매포읍 삼봉로 644-33
구담봉/옥순봉	충청북도 단양군 단성면 월악로 3827
사인암	충청북도 단양군 대강면 사인암2길 42
하선암	충청북도 단양군 단성면 선암계곡로 1337
중선암	충청북도 단양군 단성면 선암계곡로 868-2
상선암	충청북도 단양군 단성면 선암계곡로 790

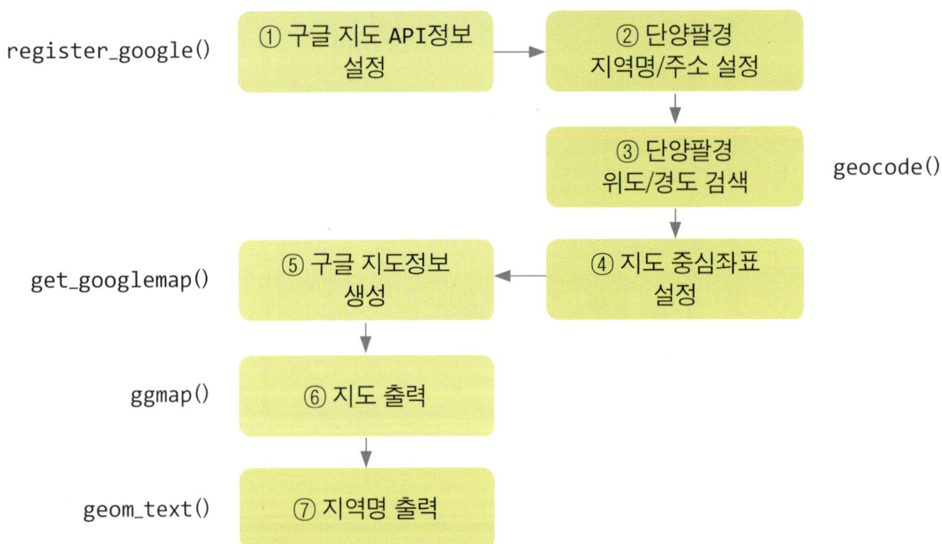

단양팔경 위치의 마커 출력

```
#install.packages("ggmap")
install.packages("ggplot2")
#library(ggmap)
library(ggplot2)
register_google(key = "AIzaSyBkv………tXgb5NS7o")

names <- c("도담삼봉/석문", "구담/옥순봉", "사인암", "하선암", "중선암", "상선암")
```

패키지 설치 및 로딩
☞ 지도 위에 문자 출력을 위해 ggplot2 패키지를 추가로 설치

① 구글 지도 API키 설정

② 지역명

```
addr <- c("충청북도 단양군 매포읍 삼봉로 644-33",
          "충청북도 단양군 단성면 월악로 3827",
          "충청북도 단양군 대강면 사인암2길 42",
          "충청북도 단양군 단성면 선암계곡로 1337",
          "충청북도 단양군 단성면 선암계곡로 868-2",
          "충청북도 단양군 단성면 선암계곡로 790")

gc <- geocode(enc2utf8(addr))   ③ 주소지의 위도 경도
gc
```

출력 결과

```
# A tibble: 6 x 2
    lon   lat
  <dbl> <dbl>
1  128.  37.0
2  128.  36.9
3  128.  36.9
4  128.  36.9
5  128.  36.9
6  128.  36.9
```

단양팔경 이름, 경도, 위도에 대한 항목명을 각각 name, lon, lat로 하는 데이터 프레임 만들기 (ggplot2 패키지 활용 시 필요)

```
df <- data.frame(name=names, lon=gc$lon, lat=gc$lat)
df
```

출력 결과

```
           name      lon      lat
1 도담삼봉/석문 128.3433 37.00300
2   구담/옥순봉 128.2560 36.93046
3        사인암 128.3404 36.89439
4        하선암 128.3094 36.90788
5        중선암 128.2969 36.87783
6        상선암 128.2907 36.87222
```

```
cen <- c((max(df$lon)+min(df$lon))/2,
         (max(df$lat)+min(df$lat))/2)   ④ 지도 중심좌표 설정
cen
```

출력 결과

```
[1] 128.29964  36.93761
```

```
map <- get_googlemap(center=cen,
                     maptype="roadmap",
                     zoom=12,
                     marker=gc)
ggmap(map)
```

⑤ 지도정보 생성

⑥지도 출력

출력 결과

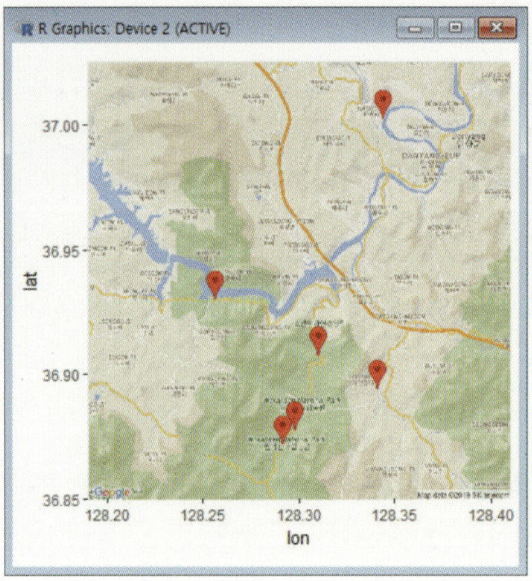

지도에 지역명을 표시하기 위해서는 지도 출력 시에 변환되는 값(예: gmap)에 지역명을 추가한다.

단양 팔경 이름 출력

```
gmap <- ggmap(map)
```

⑥ 지도 출력 (결과를 반환 받음)

```
gmap + geom_text(data=df,
                 aes(x=lon, y=lat),
                 size=5,
                 label=df$name)
```

⑦ 지도(gmap) 위에 지역명 출력
data: 데이트 프레임(df)
aes(): 위치 설정(df에 있는 위치)
size: 출력 문자 크기
label: 출력 문자(df에 있는 지역명)

출력 결과

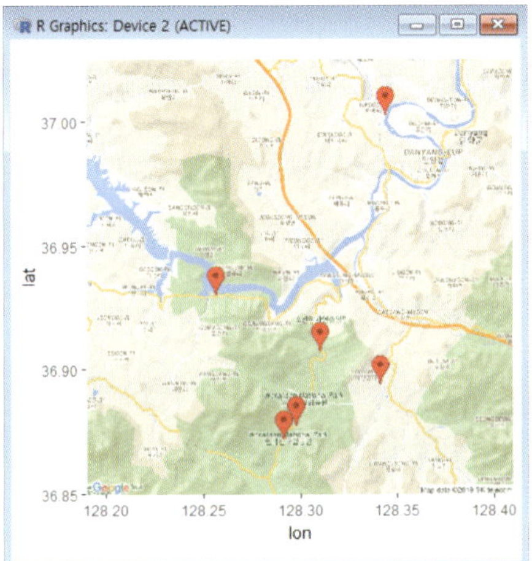

함수

geom_text()

패키지	ggplot2 (추가 패키지)
기능	문자 표기
사용법	**geom_text**(data=NULL, aes, size, label, ...)
반환 값	layer

매개변수	설명
data	레이어(구글맵 객체)에 표시될 데이터
aes	위치 좌표
size	문자 크기
label	출력될 문자

7.5 지진 발생 지역 분포

프로젝트

한 해 동안 발생한 우리나라 지진발생 데이터를 이용해서 지도로 표시하고 분포를 파악해보자.

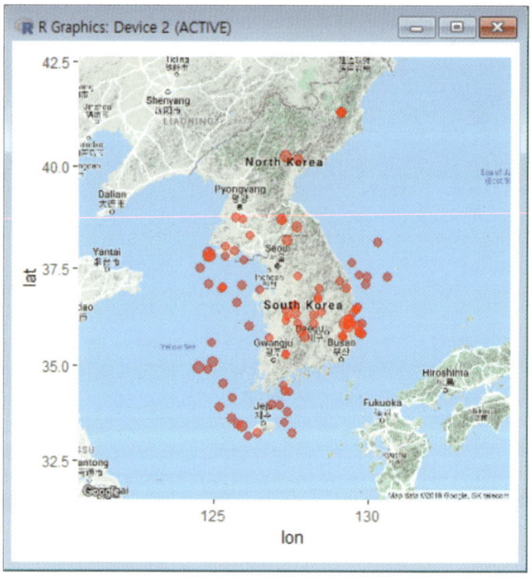

문제 해결 방법

기상청에서 국내 지진 정보를 다운로드 받고(Excel 자료), 파일을 열어 R에서 읽어들일 영역을 확인한다. 지진 데이터를 읽어서 각 지역의 지진 규모에 따라 크기에 비례하는 원을 출력한다.

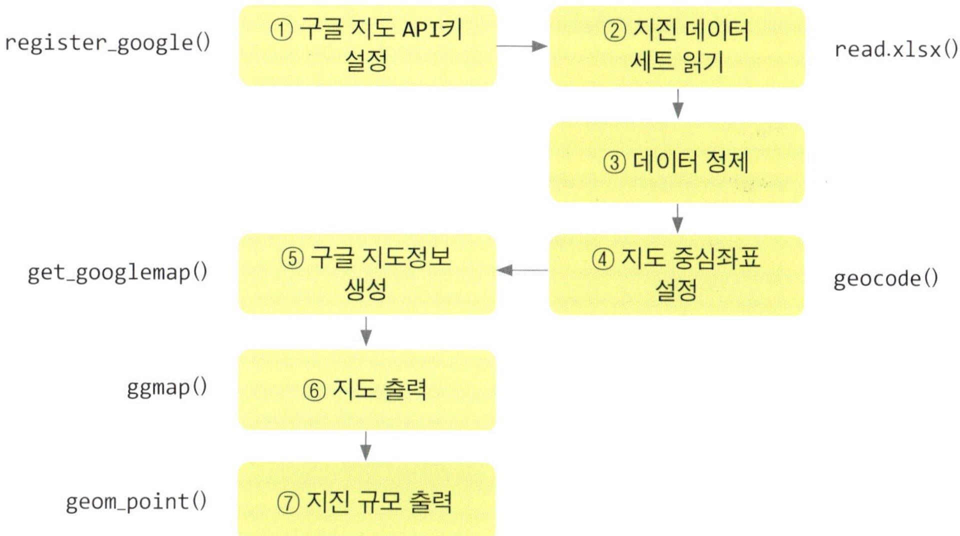

(1) 지진 데이터 다운로드

① 기상청(http://www.weather.go.kr)에 접속하여 "지진 · 화산" 메뉴를 클릭한다.

② 서브 메뉴에 있는 "국내지진목록"을 클릭한다.

③ 발생기간(예: 2018.01.01 ~ 2018.12.31)을 입력하고 "검색하기" 버튼을 클릭한다.

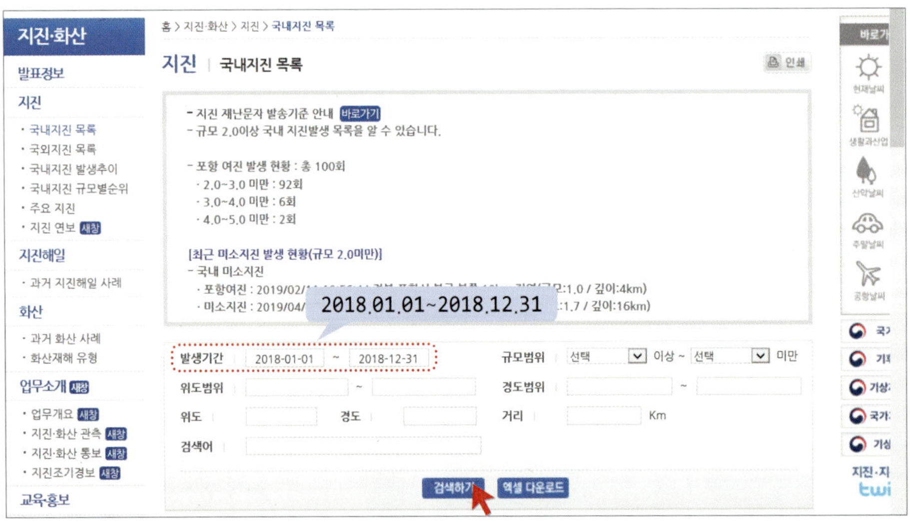

④ 하단부에 나타나는 검색결과를 확인하고, "엑셀 다운로드" 버튼을 클릭한다.

⑤ 다운로드 받은 Excel 파일을 열고 R에서 읽을 영역을 확인한다.

첫 번째 행은 제목, 항목명은 2~3행으로 되어 있기 때문에, 데이터 포맷이 일정한 4행부터 읽으면 된다. 한편, openxlsx 패키지는 xls 확장자의 Excel 파일을 읽을 수 없기 때문에 xlsx 파일로 확장자를 변경하여 다시 저장한다.

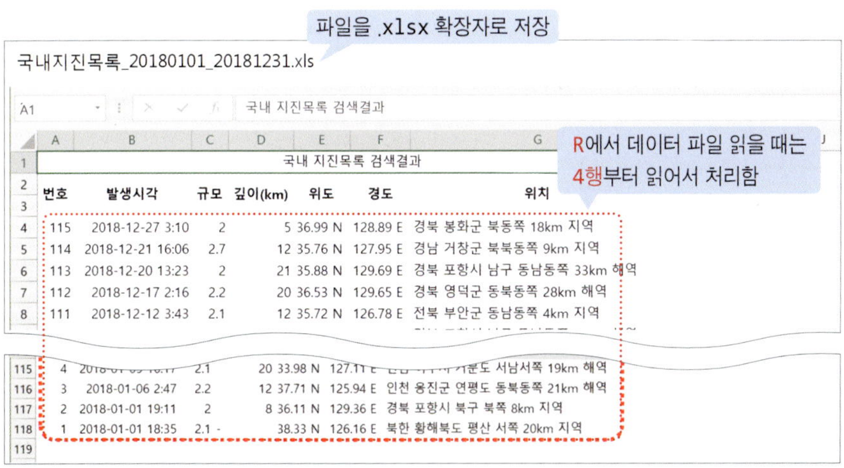

(2) 지진 발생 위치의 지도 표시

R 지진 지역 출력

```
#install.packages("ggmap")
#install.packages("ggplot2")
install.packages("openxlsx")
#library(ggmap)
#library(ggplot2)
library(openxlsx)
```

패키지 설치 및 로딩
☞ 외부 엑셀 파일을 읽기 위해 openxlsx 패키지를 추가로 설치

```
register_google(key = "AIzaSyBkv………tXgb5NS7o")
```

① 구글 지도 API키 설정

```
df <- read.xlsx(file.choose(), sheet = 1, startRow = 4)
```

② 외부 엑셀 데이터 세트 읽기
☞ 첫 째 시트의 4행부터 읽음

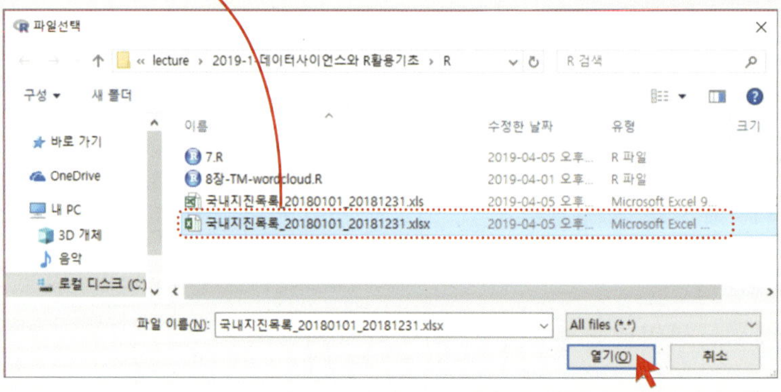


```
head(df)
```

출력 결과

```
  X115        X43461.1325  X2 X5 X36.99.N X128.89.E
1  114  43455.67097222222 2.7 12  35.76 N  127.95 E
2  113 43454.557916666665   2 21  35.88 N  129.69 E
3  112  43451.09475694445 2.2 20  36.53 N  129.65 E
4  111  43446.15490740741 2.1 12  35.72 N  126.78 E
5  110  43443.58770833333 2.2 19  35.86 N  129.69 E
6  109 43442.178252314814 2.4 17  36.31 N  128.25 E
         경북.봉화군.북동쪽.18km.지역
1         경남 거창군 북북동쪽 9km 지역
2 경북 포항시 남구 동남동쪽 33km 해역
3        경북 영덕군 동북동쪽 28km 해역
4         전북 부안군 동남동쪽 4km 지역
5 경북 포항시 남구 동남동쪽 34km 해역
6        경북 구미시 북북서쪽 23km 지역
```

위도에는 "N", 경도에는 "E"가 포함되어 있기 때문에 지도 출력을 위해서는 제거 대상임

```
tail(df)
```

출력 결과

```
    X115        X43461.1325  X2 X5 X36.99.N X128.89.E
109    6 43124.059224537035 2.4 16  34.32 N  127.32 E
110    5   43110.77984953704   2 20  36.26 N  127.34 E
111    4       43109.6790625 2.1 20  33.98 N  127.11 E
112    3   43106.11615740741 2.2 12  37.71 N  125.94 E
113    2   43101.79991898148   2  8  36.11 N  129.36 E
114    1   43101.77431712963 2.1  -  38.33 N  126.16 E
               경북.봉화군.북동쪽.18km.지역
109      전남 여수시 거문도 북쪽 32km 해역
110             대전 서구 남남서쪽 12km 지역
111 전남 여수시 거문도 서남서쪽 19km 해역
112 인천 옹진군 연평도 동북동쪽 21km 해역
113           경북 포항시 북구 북쪽 8km 지역
114      북한 황해북도 평산 서쪽 20km 지역
```

```
df[,5] <-gsub(" N", "", df[,5])
df[,6] <-gsub(" E", "", df[,6])
```

③ 데이터 정제
엑셀 시트 원본에 있는
위도 숫자 뒤의 "N" 제거,
경도 숫자 뒤에 있는 "E" 제거

```
df2 <-data.frame(lon=df[,6], lat=df[,5], mag=df[,3])
str(df2)
```

6열, 5열, 3열 데이터로
df2라는 데이터 프레임 작성

출력 결과

```
'data.frame':   114 obs. of  3 variables:
 $ lon: Factor w/ 81 levels "124.53","124.5
 $ lat: Factor w/ 87 levels "33.15","33.21"
 $ mag: Factor w/ 14 levels "2","2.1","2.2"
```

```
df2[,1] <-as.numeric(as.character(df2[,1]))
df2[,2] <-as.numeric(as.character(df2[,2]))
df2[,3] <-as.numeric(as.character(df2[,3]))
str(df2)
```

Factor로 되어 있는 데이터 유형을
계산이 가능한 숫자형으로 변환

출력 결과

```
'data.frame':   114 obs. of  3 variables:
 $ lon: num  128 130 130 127 130 ...
 $ lat: num  35.8 35.9 36.5 35.7 35.9 ...
 $ mag: num  2.7 2 2.2 2.1 2.2 2.4 2.5 2.
```

```
cen <- c((max(df2$lon)+min(df2$lon))/2,        ④ 지도 중심 좌표 설정
         (max(df2$lat)+min(df2$lat))/2)
cen
```

출력 결과

```
[1] 127.58  37.25
```

```
map <- get_googlemap(center=cen, zoom=6)   ⑤ 지도정보 생성
gmap <- ggmap(map)   ⑥ 지도 출력
gmap + geom_point(data=df2,
         aes(x=lon, y=lat),
         color="red",
         size=df2$mag,
         alpha=0.5)
```

⑦ 지도 위에 도형(점) 표시
data: 데이트 프레임(df2)
aes(): 위치 설정(df2에 있는 위치)
size: 출력 도형 크기(df에 있는 지진 규모)
alpha: 도형 색의 투명도(0~1, 숫자가 작을수록 투명도 증가)

출력 결과

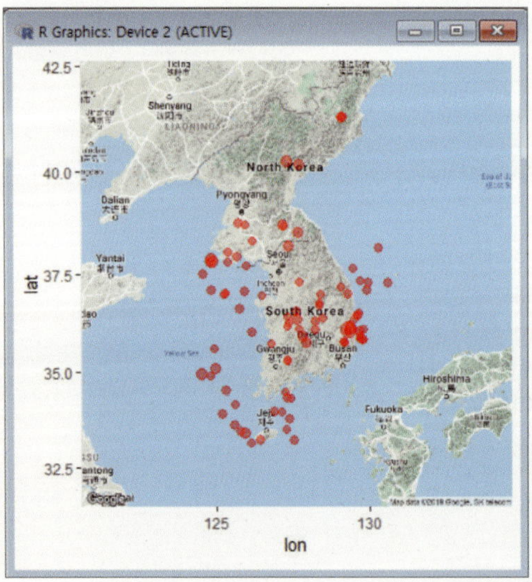

함수

geom_point()

패키지	ggplot2 (추가 패키지)
기능	점들을 만듦
사용법	**geom_point**(data=NULL, aes, alpha, …..)
반환 값	

매개변수	설명
data	레이어(구글맵 객체)에 표시될 데이터
aes	위치 좌표와 점의 크기
alpha	점의 색에 대한 투명도. 0(완전 투명)과 1(불투명) 사이의 값

함수

read.xlsx()

패키지	openxlsx (추가 패키지)
기능	엑셀 파일의 시트 읽기
사용법	**register_google**(xlsxFile, sheet=1, startRow=1)
반환 값	데이터 프레임

매개변수	설명
xlsxFile	엑셀 파일
sheet	엑셀 파일의 시트 색인 번호 또는 시트 이름(디폴트는 첫 번째 시트_
startRow	데이터를 읽을 시작 행(디폴트는 1행)

실습과제 미세 먼지 분포

[1] 프로젝트

한국환경공단(https://www.airkorea.or.kr)에서 제공하는 최근 주요 지역의 미세먼지(PM10) 또는 초미세먼지(PM2.5)의 농도를 지도 위에 출력해보자.

미세먼지 농도

지역명	초미세먼지 농도 (μg/m3)	위치	
		위도	경도

<table>
<tr><th rowspan="2">지역명</th><th rowspan="2">초미세먼지 농도
(μg/m3)</th><th colspan="2">위치</th></tr>
<tr><th>위도</th><th>경도</th></tr>
<tr><td></td><td></td><td></td><td></td></tr>
<tr><td></td><td></td><td></td><td></td></tr>
<tr><td></td><td></td><td></td><td></td></tr>
<tr><td></td><td></td><td></td><td></td></tr>
<tr><td></td><td></td><td></td><td></td></tr>
<tr><td></td><td></td><td></td><td></td></tr>
</table>

[2] 문제 해결 방법

[3] 실행

R 스크립트

실행 화면

학습 목표

웹스크래핑을 이용한 정보의 활용

학습 내용

- DOM 구조
- 단일 페이지의 웹스크래핑
- 다수 페이지의 웹스크래핑

Chapter

8

웹스크래핑

웹문서의 구조를 파악하고 웹문서에 있는 문자를 추출하는 과정을 통해
웹스크래핑의 기본 원리를 이해해 보자.

8.1 웹스크래핑 개요
8.2 문자 추출을 위한 DOM 구조의 이해
8.3 공공데이터포탈 목록 추출(단일 페이지)
8.4 공공데이터포탈 목록 추출(다수 페이지)
실습 과제: 유튜브의 동영상 목록 추출

8.1 웹스크래핑 개요

웹크롤링web crawling은 주로 포털 등에서 자동으로 웹 사이트의 링크 정보를 수집하여 저장하는 기술이며, 웹 스크래핑web scraping은 웹 사이트로부터 웹문서를 다운로드 받아 필요한 정보를 추출하는 기술을 말한다. **웹 스크래핑**을 이용하면 온라인 마켓의 상품 가격 정보를 수집하거나, 뉴스 기사, 블로그, 카페의 게시물, 부동산 매물정보, 회사의 프로필과 금융 데이터 등을 수집할 수 있다. **웹스크래핑** 얻은 자료는 텍스트 마이닝text mining에도 이용되고 있다.

텍스트 마이닝은 비정형 텍스트 데이터에서 정보를 찾아내는 기술이다. 단어 분류 또는 문법적 구조 분석 등의 자연어 처리 기술에 기반하고 있으며, 문서의 분류, 서로 관련성 있는 문서들의 군집화, 정보의 추출, 문서 요약 등에 활용되고 있다. 있다. 한편, 워드 클라우드word cloud는 문서의 단어들을 분류하여 그 빈도를 한눈에 보기 쉽게 보여주는데, 텍스트 마이닝 분석 결과를 보여주는 한 예로 사용될 수 있다(10장 참조).

rest 패키지를 이용하면, 웹문서를 읽고 임의 위치의 데이터를 추출할 수 있다.

✪ 패키지

패키지	설명
rvest	HTML 웹문서 읽기 및 문자열 추출

8.2 문자 추출을 위한 DOM 구조의 이해

웹 문서들은 서로 다양한 문서 구조로 출력된다. 따라서, R에서 웹 문서로부터 스크래핑을 하기 위해서는 웹문서 구조와 추출하고자 하는 문자들이 있는 영역의 문서구조를 먼저 확인하여야 한다. DOM(Document Object Model)은 구조화된 문서의 표현 형식으로, 프로그래밍 언어가 특정 부분에 쉽게 접근할 수 있도록 한다. 공공데이터포탈에는 오픈 API 목록을 보여주는 웹문서가 있다. DOM 구조를 살펴보고, 제목과 설명 부분의 문자열을 추출하는 과정을 살펴보기로 한다(오픈 API를 사용하는 구체적인 방법은 9장에서 살펴본다).

① 먼저, 공공데이터포털(www.data.go.kr)에서 "데이터셋"의 "오픈 API" 메뉴를 클릭한다.

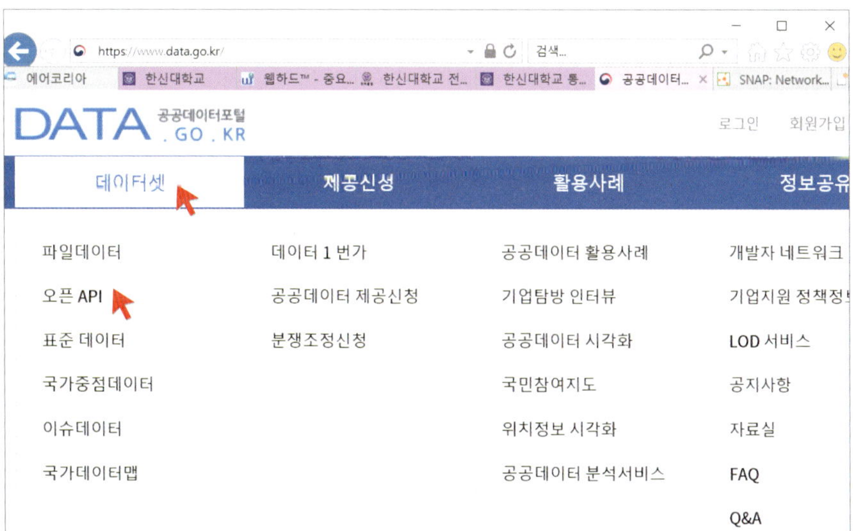

오픈 API는 여러 웹페이지에 걸쳐 나타난다. 첫 페이지를 보면, 각 목록 아이템은 제목, 조회 수, 설명 등 여러 내용들로 구성되어 있다. 8.3절에서 R 스크립트로 접속하기 위해 URL을 복사하면 된다(https://www.data.go.kr/search/index.do?index=OPENAPI&query=&currentPage=1&countPerPage=10&sortType=VIEW_COUNT).

② 특정 문자 부분에 대한 문서의 표현 형식을 DOM 구조로 보기 위해, API 제목에 대해 마우스 오른쪽 버튼을 클릭하고 팝업 메뉴의 "요소 검사"를 클릭한다.

③ 요소검사로 나타나는 소스를 보면, document 내의 <html> 문서는 <head>와 <body>로 구분되고, <body>에는 여러 계층구조로 되어 있다. API 목록은 <div id="openapi-list-wrapper"> 태그로 표현되어 있으며, 그 안의 목록 아이템들로 여러 <div class="data-item"> 태그들로 구성되어 있다. 정보 추출 대상이 되는 오픈 API 제목과 설명은 각각 <div class="data-title">, <div class="data-desc">로 구성되어 있다. 특히, 제목은 클릭 시에 다른 페이지로 이동하기 위해 <a> 태그로 감싸져 있는 것을 볼 수 있다.

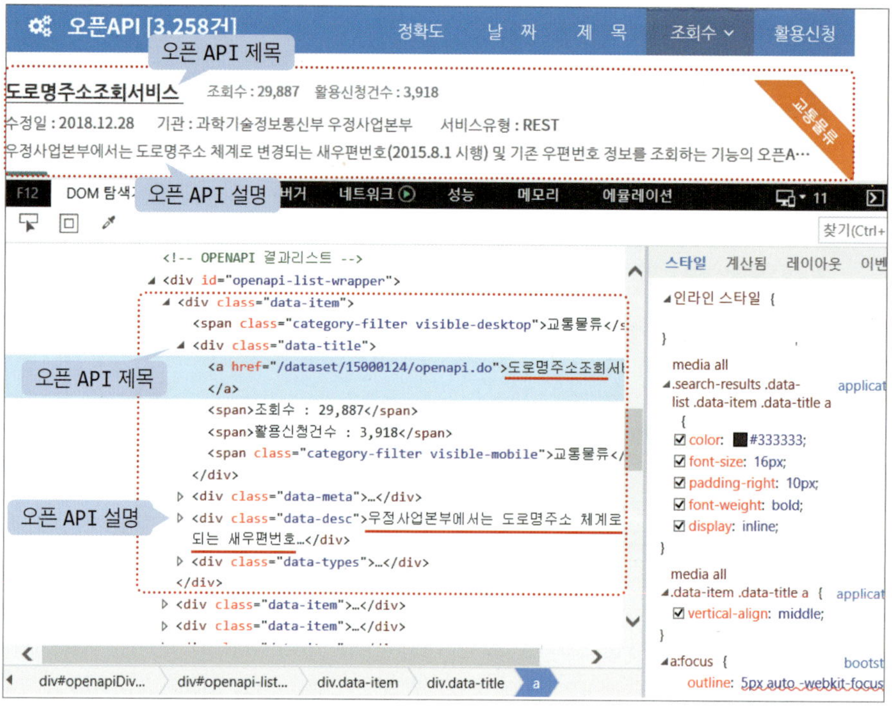

HTML 문서에서 주요 노드(태그)를 중심으로 트리 구조로 표현한 DOM 트리 구조는 다음과 같다. 먼저 목록의 〈div〉 태그를 읽고, 목록 아이템의 〈div〉를 읽는다(①). '제목'은 ② → ③ 경로를 따라 〈a〉 태그의 데이터를 추출하면 된다. 한편, '설명'은 ④ → ⑤ 경로를 따라 데이터를 추출하면 된다(구체적인 추출 방법은 8.3절에서 살펴본다).

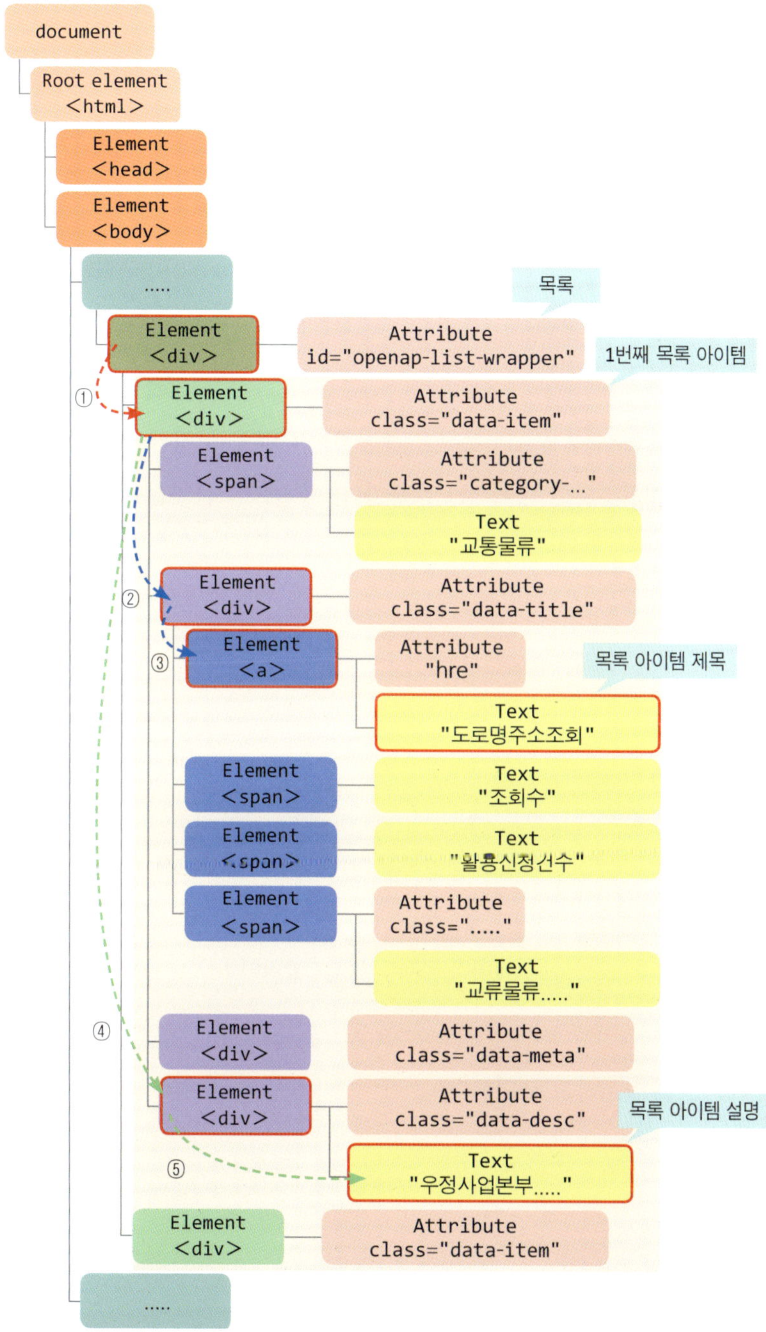

공공데이터포탈의 오픈 API 목록의 DOM 트리 구조

8.3 공공데이터포탈의 목록 추출(단일 페이지)

프로젝트

8.2절에서 살펴본 공공데이터포탈의 오픈 API 목록에서 첫 페이지에 있는 '제목'과 '설명'을 추출해보자.

문제 해결 방법

공공데이터포탈에서 오픈 API 목록을 제공하는 URL을 설정하고, 웹문서을 읽은 후에 '제목'과 '설명' 부분의 데이터를 추출한다. 불필요한 문자들이 있으면 데이터 정제 과정을 거친다.

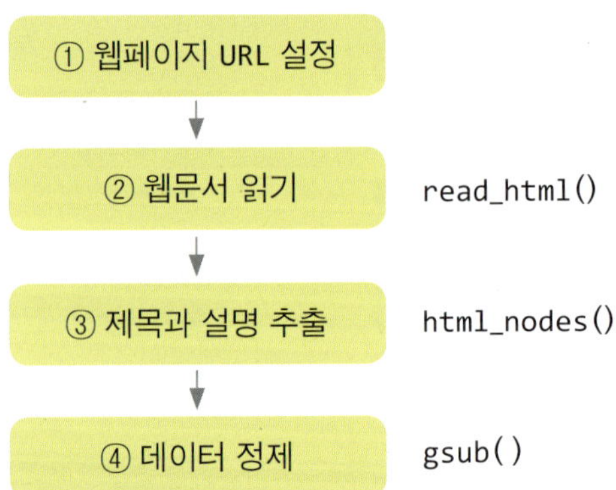

rvest 패키지를 설치하고 로딩한다.

패키지 설치

```
install.packages("rvest")    # 패키지 설치 및 로딩
library(rvest)
```

공공데이터포탈의 오픈 API 목록을 제공하는 웹페이지에서 URL을 설정하고, 웹문서를 읽는다.

웹문서 읽기

```
url <- "https://www.data.go.kr/search/index.do?index=OPENAPI&query=&currentPage=1&countPerPage=10&sortType=VIEW_COUNT"   ① URL 설정 (한 줄로 작성)

html <- read_html(url)   ② 웹문서 읽기
html
```

출력 결과

```
{xml_document}
<html lang="ko">
[1] <head>\n<meta http-equiv="Content-Type" content="text/html ...
[2] <body id="sub-main">\r\n\t\t<div id="sub-main-mask" style= ...
```

함수

read_html()

패키지	rvest (추가 패키지)
기능	웹문서 읽기
사용법	**read_html**(url, encoding)
반환 값	XML문서 (디폴트)

매개변수	설명
url	웹문서 링크 주소
encoding	문서의 인코딩 방식 지정 ☞ utf-8, euc-kr, cp949 등이 있음(ANSI로 저장 시, cp949로 인코딩됨)

특정 영역의 데이터를 추출하는 방법은 다양하다. 웹문서에서 id는 다른 태그와 구분하기 위해 유일한 단어로 표현한다. 먼저, id가 "openapi-list-wrapper"인 태그를 읽는다. '제목'은 class가 "data-title"인 태그를 읽고, 〈a〉 태그를 읽으면 된다. '설명'은 class가 "data-desc"인 태그를 읽으면 된다. 웹문서에는 웹브라우저가 이해하여 보기 좋게 출력하기 위해 정제해야 할 문자들이 포함되어 있다. "\r", "\n"과 같은 제어 문자나 공백(" ") 등이 있는데, 삭제 대상이 된다.

R 영화리뷰 페이지 읽기

```
title <- html_nodes(html, "#openapi-list-wrapper") %>%
         html_nodes(".data-title a") %>%
         html_text()
title
```

③ 제목 추출
id에는 '#',
class에는 '.'
으로 구분한다

출력 결과

제어 문자 공백 문자

```
[1] "\r\n
  도로명주소조회서비스\r\n
        "
[2] "\r\n
  기상청 날씨예보 정보\r\n
        "
[9] "\r\n
  수산물 수출입정보\r\n
      "
[10] "\r\n
  국토교통부_건축물대장\r\n
```

```
desc <- html_nodes(html, "#openapi-list-wrapper") %>%
        html_nodes(".data-desc") %>%
        html_text()
desc
```

설명 추출

출력 결과

제어 문자 공백 문자

```
 [1] "\r\n                                                                    우정사
업본부에서는 도로명주소 체계로 변경되는 새우편번호(2015.8.1 시행) 및 기존 우
편번호 정보를 조회하는 기능의 오픈API 서비스를 제공합니다.\r\n
                                                              "

 [2] "\r\n                                                                    기상청
에서 생산하는 초단기예보, 동네예보, 중기예보 등을 제공합니다.\r\n
                                                   "

 [9] "\r\n                                                                    수산물
 수출입정보는 국내에 수출 및 수입되는 수산물에 대한 월별 품목별 통계정보로 관세
청에서 보유한 데이터를 집계하여 제공하는 데이터로 품목별,국가별 수출입정보를 제
공하는 목록입니..\r\n
 "
[10] "\r\n                                                                    건축물
대장에서 관리하고 있는 총괄표제부, 표제부, 층별개요, 부속지번, 전유공용면적,오
수정화시설, 주택가격, 전유부, 지역지구구역 등 속성정보(대용량 원시DB)\r\n
                                                              "
```

함수

html_nodes()

패키지	rvest (추가 패키지)
기능	HTML 문서에서 노드 추출
사용법	Html_nodes(x, css, xpath)
반환 값	노드 세트

매개변수	설명
x	노드들로 구성된 문서
css	CSS selector, 검색할 노드의 class 명 또는 ID 이름
xpath	노드 경로

함수

html_text()

패키지	rvest (추가 패키지)
기능	HTML 문서에서 노드 내의 데이터 추출
사용법	**Html_text**(x)
반환 값	문자 벡터

매개변수	설명
x	노드들로 구성된 문서

데이터 정제는 base 패키지에 있는 gsub(), trimws() 함수를 이용하는 방법이 있다.

R 데이터 정제

```
ttitle <- gsub("₩r₩n", "", title)
title <- trimws(title, "both")
title
```

④ 데이터 정제 title에 있는 "\r\n"은 " "으로 대체

title 내의 문장 시작과 끝 부분에 있는 공백을 삭제

출력 결과

```
 [1] "도로명주소조회서비스"
 [2] "기상청 날씨예보 정보"
 [3] "상가(상권)정보"
 [4] "국내 관광정보 서비스"
 [5] "서울교통공사_승하차인원 통계현황"
 [6] "지번주소조회 서비스"
 [7] "국토교통부_버스위치정보"
 [8] "한국환경공단_대기오염정보"
 [9] "수산물 수출입정보"
[10] "국토교통부_건축물대장"
```

```
desc<- gsub("₩r₩n", "", desc)
desc <- trimws(desc, "both")
desc
```

desc의 데이터 정제

출력 결과

```
[1] "우정사업본부에서는 도로명주소 체계로 변경되는 새우편번호(2015.8.1 시행)
및 기존 우편번호 정보를 조회하는 기능의 오픈API 서비스를 제공합니다."

[2] "기상청에서 생산하는 초단기예보, 동네예보, 중기예보 등을 제공합니다."
```

```
[3] "소상공인 상권정보 상가업소 데이터"
종모 내역 등을 조회할 수 .."
[9] "수산물 수출입정보는 국내에 수출 및 수입되는 수산물에 대한 월별 품목별 통
계정보로 관세청에서 보유한 데이터를 집계하여 제공하는 데이터로 품목별,국가별 수
출입정보를 제공하는 목록입니.."
```

```
api <- data.frame(title, desc)
api
```

추출한 '제목'과 '설명' 데이터로 데이터 프레임을 만듦

출력 결과

```
                         title
1                 도로명주소조회서비스
2                 기상청 날씨예보 정보
3                      상가(상권)정보
4                 국내 관광정보 서비스
5   서울교통공사_승하차인원 통계현황
6                   지번주소조회 서비스
7               국토교통부_버스위치정보
8           한국환경공단_대기오염정보
9                    수산물 수출입정보
10               국토교통부_건축물대장


                                                    desc
1                                          우정사업본부에서는 도로명주
소 체계로 변경되는 새우편번호(2015.8.1 시행) 및 기존 우편번호 정보를 조회하는
 기능의 오픈API 서비스를 제공합니다.
2
                                                  기상청에서 생산하는
```

함수

gsub()

패키지	base (기본 패키지)
기능	HTML 문서에서 노드 추출
사용법	**gsub**()
반환 값	노드 세트

매개변수	설명
x	노드들로 구성된 문서
css	CSS selector, 검색할 노드의 class 명 또는 ID 이름
xpath	노드 경로

함수

trimws()

패키지	base (기본 패키지)
기능	HTML 문서에서 노드 추출
사용법	**trimws**()
반환 값	노드 세트

매개변수	설명
x	노드들로 구성된 문서
css	CSS selector, 검색할 노드의 class 명 또는 ID 이름
xpath	노드 경로

8.4 공공데이터포탈의 목록 추출(다수 페이지)

프로젝트

이제 공공데이터포탈의 오픈 API 목록에서 1~10 페이지에 있는 '제목'과 '설명'을 추출해보자.

문제 해결 방법

공공데이터포탈에서 오픈 API 목록을 제공하는 URL을 설정하고, 1~10 페이지의 웹문서를 차례대로 읽으면서 '제목'과 '설명' 부분의 데이터를 추출한다. 불필요한 문자들이 있으면 데이터 정제 과정을 거친다.

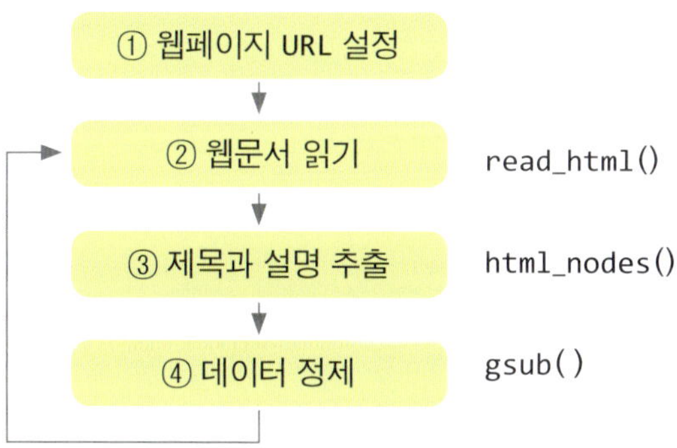

rvest 패키지를 로딩한다.

패키지 로딩

```
#install.packages("rvest")   ← 패키지 설치 및 로딩
library(rvest)
```

공공데이터포탈의 오픈 API 목록을 제공하는 첫 페이지의 URL을 설정한다. 단, 페이지 값은 1~10까지 반복할 때 설정하도록 한다. 반복 시마다 웹문서를 읽고, 제목과 설명을 추출해서 저장한다.

오픈 API 목록 추출

```
url.api <- "https://www.data.go.kr/search/index.do?index=OPENAPI&query=&countPerPage=10&sortType=VIEW_COUNT&currentPage="
titles <- NULL
descs <- NULL

for(page in 1:10) {
    url <- paste(url.api, page, sep="")
    html <- read_html(url)

    title <- html_nodes(html, "#openapi-list-wrapper") %>%
             html_nodes(".data-title a") %>%
             html_text()

    desc <- html_nodes(html, "#openapi-list-wrapper") %>%
            html_nodes(".data-desc") %>%
            html_text()

    title <- gsub("₩r₩n", "", title)
    title <- trimws(title, "both")

    desc <- gsub("₩r₩n", "", desc)
    desc <- trimws(desc, "both")

    titles <- c(titles, title)
    descs <- c(descs, desc)
}

titles
```

URL 설정 currentPage의 값은 비워 둠

여러 페이지에 걸친 제목과 설명을 저장할 벡터 초기화

1~10 페이지에 걸친 웹스크래핑 반복

URL에 페이지 설정

URL의 웹페이지 읽기

제목 추출

설명 추출

제목 데이터 정제

설명 데이터 정제

웹페이지의 제목 데이터를 저장

웹페이지의 설명 데이터를 저장

여러 페이지에 걸친 제목 출력

출력 결과

```
  [1] "도로명주소조회서비스"
  [2] "동네예보정보조회서비스"
  [3] "상가(상권)정보"
  [4] "국내 관광정보 서비스"
  [5] "서울교통공사_승하차인원 통계현황"
 ...
 [95] "항공기 운항정보"
 [96] "부산시 시내버스 운행정보 서비스"
 [97] "상세정보조회서비스(SOAP)"
 [98] "국악자료정보"
 [99] "고속도로 교통지표 현황"
[100] "농업농촌종합정보(인테러뱅)"
```

```
descs
```

여러 페이지에 걸친 설명 출력

출력 결과

```
  [1] "우정사업본부에서는 도로명주소 체계로 변경되는 새우편번호(2015.8.1 시
행) 및 기존 우편번호 정보를 조회하는 기능의 오픈API 서비스를 제공합니다."

  [2] "실황, 초단기예보,동네예보 정보를 조회하는 서비스입니다."


  [3] "소상공인 상권정보 상가업소 데이터"

 [98] "국악자료"


 [99] "고속도로 TCS(요금소), VDS(차량검지기) 등에서 산출한 주요 지표에 대한
 데이터 제공"

[100] "농촌진흥청에서 제공하는 국내외 산업 동향과 사회·경제적 의미를 담아 농
 기술의 가치에 관한 대국민 소통에 주력하는 인테러뱅 서비스"
```

```
api <- data.frame(title=titles, desc=descs)
head(api)
```

출력 결과

```
                            title
1                 도로명주소조회서비스
2                 기상청 날씨예보 정보
3                       상가(상권)정보
4                 국내 관광정보 서비스
5 서울교통공사_승하차인원 통계현황
6                  지번주소조회 서비스


  desc
1 우정사업본부에서는 도로명주소 체계로 변경되는 새우편번호(2015.8.1 시행)
 기존 우편번호 정보를 조회하는 기능의 오픈API 서비스를 제공합니다.
2
        기상청에서 생산하는 초단기예보, 동네예보, 중기예보 등을 제공합니다.
3
                                             소상공인 상권정보 상가업소
```

실습과제 유튜브의 동영상 목록 추출

[1] 프로젝트

유튜브(www.youtube.com)에서 "알라딘 OST"로 검색한 첫 페이지의 동영상 목록은 다음과 같다. 목록에 관한 DOM 구조를 그려보고, 목록 아이템에서 제목을 추출해보자.

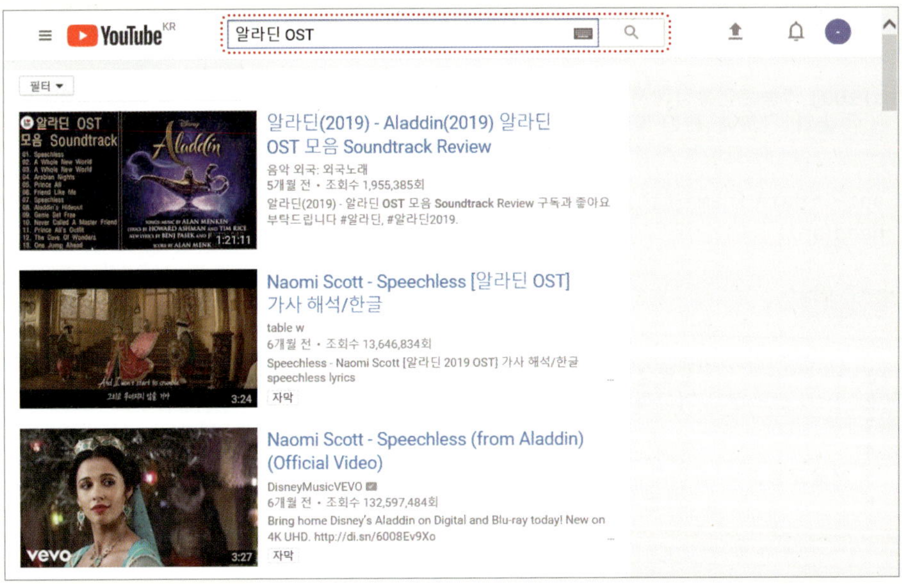

[2] 문제 해결 방법

[3] 실행

R 스크립트

출력 결과

학습 목표

공공데이터 활용 능력 함양

학습 내용

- 오픈 API키 신청 방법
- 오픈 API 활용법
- 오픈 API 데이터의 시각화

Chapter

9

공공데이터 활용

실생활, 비즈니스, 연구 등에 필요한 다양한 정보를 무료로 제공하는 공공데이터포털 사이트의 활용을 통해 R 코딩 능력을 키워본다. 구체적으로 노선버스의 실시간 위치를 파악하기 위해, 공공 데이터 포털 오픈 API의 인증키 신청과 그 활용 방법을 살펴본다.

9.1 공공데이터 포탈 개요
9.2 오픈 API 인증키 신청: 미세먼지 정보
9.3 미세먼지 농도의 시간대별 변화: 막대 그래프
9.4 지역별 미세먼지 농도 비교: 지도
실습 과제 1: 특정 지역의 시간대별 미세먼지 농도의 변화
실습 과제 2: 특정 시간대의 지역별 초미세먼지 농도 비교

9.1 공공데이터 포탈 개요

공공데이터는 공공기관이 만들어내는 모든 자료나 정보로 국민 모두의 소통과 협력을 이끌어내는 공적인 정보이다. 공공기관이 생성 또는 취득하여 관리하고 있는 공공데이터를 한 곳에서 제공하는 통합 창구로 공공데이터포털 사이트www.data.or.kr가 있다. 포털에서는 국민이 쉽고 편리하게 공공데이터를 이용할 수 있도록 파일 데이터, 오픈 API, 시각화 등 다양한 방식으로 제공하고 있다. 파일 데이터는 데이터 파일을 다운로드 받아 사용할 수 있다. 오픈 API는 빈번한 날씨나 교통 정보 등 실시간 데이터를 표준화하여 외부 소프트웨어 개발자나 사용자들과 공유하는 프로그램으로 다양한 애플리케이션이나 플랫폼을 개발할 수 있는 기반이 된다. 한편, 웹사이트에서 제공하는 데이터 시각화와 활용사례를 참고하면 개발에 많은 도움이 될 수 있다.

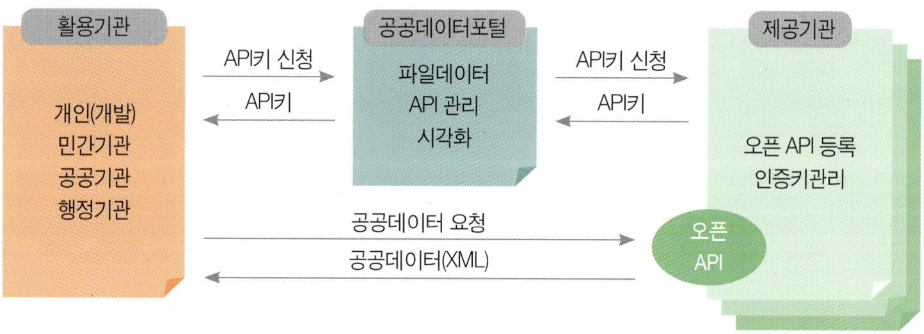

공공데이터포탈이 API를 통해 제공하는 XML 파일을 활용하기 위해서 R의 XML 패키지를 활용하고, 고급 그래프 출력을 위해 ggplot2 패키지를 사용한다. 또한, 구글 맵과 연동하여 출력하기 위해 ggmap 패키지를 활용한다. 또한, ggplot2 패키지는 지도 위에 문자 정보를 출력할 수 있도록 한다.

✪ 패키지

패키지	설명
ggplot2	그래프 출력을 위한 고급 시각화 패키지
ggmap	지도 출력 (7장 참조)
XML	로컬 또는 웹에 연결된 XML, HTML 문서 읽음 ☞ 8장에서 사용한 rvest 패키지로도 공공 데이터 활용 가능하지만, XML 패키지는 임의 노드의 다수 서브 노드들을 데이터 프레임으로 변환하는 쉬운 기능 제공함

9.2 오픈 API 인증키 신청: 미세먼지 정보

최근 미세먼지에 대한 우려가 높아지고 있다. 공공 데이터 포탈에서 제공하는 실시간 미세먼지 정보를 지도에 출력해서 분포를 파악해 보자.

☞ 미세먼지(PM: particulate matter)는 아황산가스, 질소 산화물, 납, 오존, 일산화 탄소 등을 포함하는 눈에 보이지 않을 정도로 작은 대기오염 물질이다. 미세먼지의 크기는 입자의 지름이 10㎛ 이하로 PM10으로 표기한다. 한편, 입자의 지름이 2.5㎛ 이하인 경우는 초미세먼지로 PM2.5로 표기한다.

실시간 지역별 미세먼지 정보를 출력하기 위해서는 미세먼지 서비스를 위한 오픈 API키를 신청해서 발급받은 후, 미세먼지 정보를 추출해서 그래프 또는 지도에 출력하면 된다.

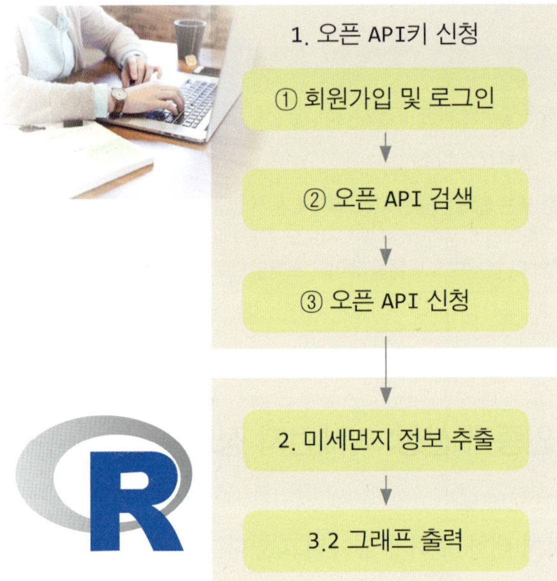

먼저, 오픈 API키를 신청하는 방법을 단계적으로 살펴보자.

① 회원가입 및 로그인

공공 데이터 포탈(www.data.go.kr)에 회원가입하고 로그인한다.

② 오픈 API 검색

"오픈 API" 메뉴를 클릭한다.

검색어로 "미세먼지"를 입력한다.

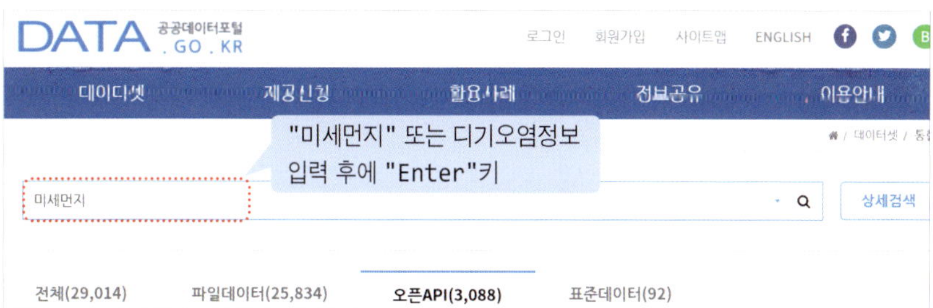

검색결과에서 “한국환경공단_대기오염정보”를 선택한다.

③ 오픈 API 신청

“활용신청” 버튼을 클릭한다.

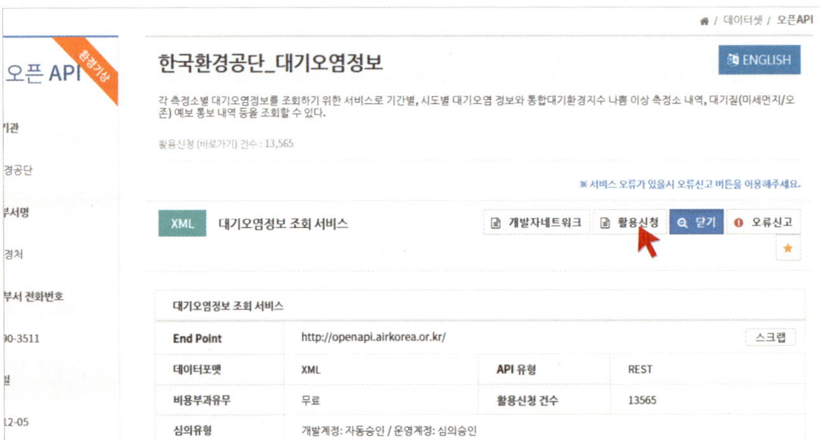

"활용목적"을 선택하고, "상세 기능"을 모두 선택한다.

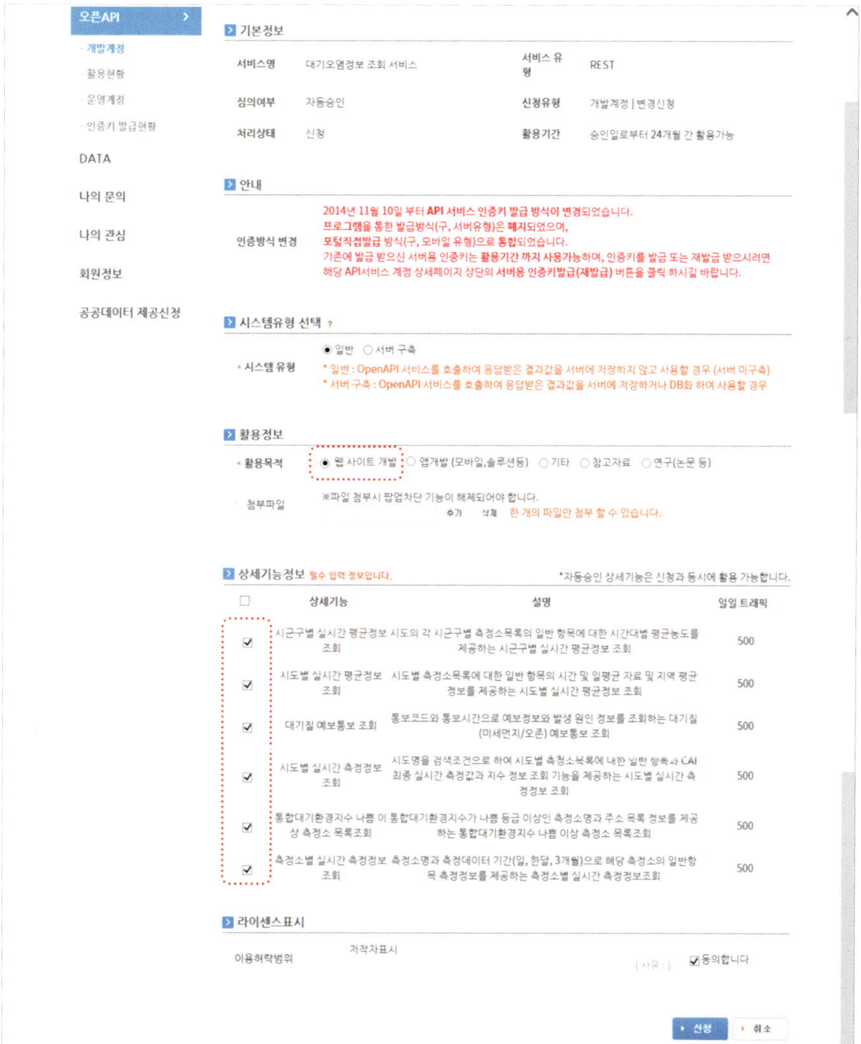

개발계정 신청이 완료된 결과를 확인한다.

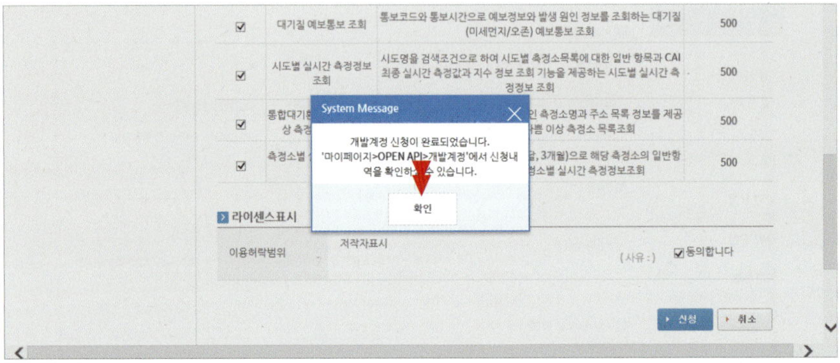

마이페이지로 가서, "대기오염정보 조회 서비스"를 선택한다.

오픈 API키를 확인한다. 사용 예정인 "시도별 실시간 평균조회 정보" 기능이 제공하는 데이터를 미리 보기 위해 오른쪽에 있는 "실행" 버튼을 클릭한다.

개발계정 상세보기

운영계정 신청 | 연장 신청 | 변경 신청 | 중지 신청 | 일반 인증키 재발급 | 목록

기본정보

서비스명	대기오염정보 조회 서비스 상세설명				
서비스 유형	REST	일일트래픽	0	평균응답속도(초)	0
심의여부	자동승인	신청유형	개발계정 | 변경신청	처리상태	승인

서비스정보

일반 인증키 (UTF-8)	DEp3%2BU6FI4re6qF%2BIZJYOpPDwJF5pbv%2FzPJvACjVeXpumGywegcxEdPvxmwT%2E 9MtgWrSu27WHgFsOwRT%2Bde5DQ%3D%3D 복사
End Point	http://openapi.airkorea.or.kr/
데이터포맷	XML
참고문서	airkorea_openapi_guide-v1_6_1.docx

대기오염정보 조회 서비스를 사용하기 위한 API키

상세기능정보 개발가이드

NO	상세기능	설명	활용제한 여부	일일 트래픽	심의결과	미리보기 다운로드
1	측정소별 실시간 측정정보 조회	측정소명과 측정데이터 기간(일, 한달, 3개월)으로 해당 측정소의 일반항목 측정정보를 제공하는 측정소별 실시간 측정정보조회	-	500	승인	실행
2	통합대기환경지수 나쁨 이상 측정소 목록조회	통합대기환경지수가 나쁨 등급 이상인 측정소명과 주소 목록 정보를 제공하는 통합대기환경지수 나쁨 이상 측정소 목록조회	-	500	승인	실행
3	시도별 실시간 측정정보 조회	시도명을 검색조건으로 하여 시도별 측정소목록에 대한 일반 항목과 CAI 최종 실시간 측정값과 지수 정보 조회 기능을 제공하는 시도별 실시간 측정 정보 조회	-	500	승인	실행
5	시도별 실시간 평균정보 조회	시도별 측정소목록에 대한 일반 항목의 시간 및 일평균 자료 및 지역 평균 정보를 제공하는 시도별 실시간 평균 정보 조회	-	500	승인	실행

요청변수에 샘플 데이터를 입력하고 "미리보기" 버튼을 클릭한다.

웹문서는 출력되는 XML문서에는 시간대별 지역별 미세먼지 평균 농도가 포함되어 있는 〈item〉 태그가 반복해서 나타난다. 상단에는 API키를 포함하는 URL을 확인할 수 있다.

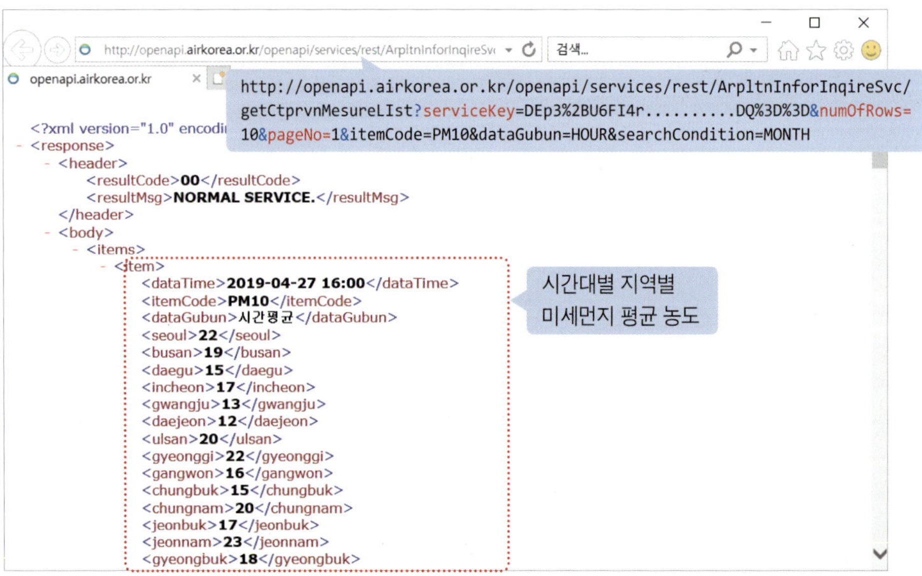

다음으로 실시간 미세정보 정보를 추출해서 그래프로 출력하도록 해보자.

9.3 미세먼지 농도의 시간대별 변화: 막대 그래프

프로젝트

특정 지역의 시간대별 미세먼지 농도를 막대 그래프로 그려보고, 농도의 변화를 살펴보자. 다음은 서울의 농도 변화를 나타낸 예이다.

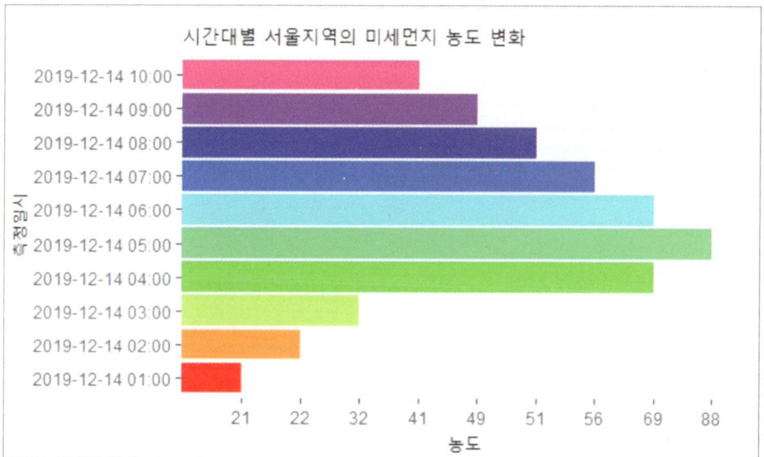

문제 해결 방법

공공데이터포털로부터 대기오염정보조회 서비스의 하나인 '실시간 시도별 평균정보 조회' API를 호출하여 XML 문서를 다운로드 받고 서울지역의 시간대별 미세먼지 농도를 추출하여 바 차트로 출력한다.

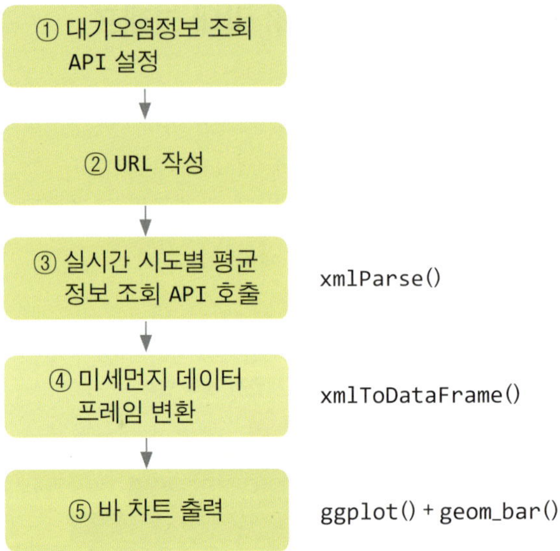

먼저, 공공데이터포털로부터 API의 URL과 키를 이용하여 실시간 미세먼지 데이터를 읽는다.

R 미세먼지 XML 문서 출력

```
install.packages("XML")
install.packages("ggplot2")
library(XML)
library(ggplot2)

api              <-
    "http://openapi.airkorea.or.kr/openapi/services/rest/
    ArpltnInforInqireSvc/getCtprvnMesureLIst"
api_key          <- "DEp3%2BU6FI………….de5DQ%3D%3D"
numOfRows        <- 10
pageNo           <- 1
itemCode         <- "PM10"
dataGubun        <- "HOUR"
searchCondition  <- "MONTH"

url <- paste(api,
             "?serviceKey=",   api_key,
             "&numOfRows=",    numOfRows,
```

패키지 설치 및 로딩

① API 설정

API(한 줄로 작성)

API 키 (공공 데이터 포털에서 승인 받은 키)

한 페이지에 표현할 데이터 행의 수

출력할 페이지 번호

아이템 코드: 미세먼지

미세먼지의 시간 단위 평균

요청 데이터 기간: 한 달간

② URL 작성
API에 매개변수=매개변수값을 전달할 때에는 첫 번째 매개변수 앞에는 '?', 두 번째부터는 '&'로 구분

```
               "&pageNo=",    pageNo,
               "&itemCode=",   itemCode,
               "&dataGubun=",   dataGubun,
               "&searchCondition=", searchCondition,
               sep="")
url
```

출력 결과

```
[1] "http://openapi.airkorea.or.kr/openapi/services/rest/ArpltnInforInqireSvc/
getCtprvnMesureLIst?serviceKey=DEp3%2BU6FI4re6qF%2BIZJYOpPDwJF5pbv%2FzPJvACjVe
XpumGywegcxEdPvxmwT%2B9MtgWrSu27WHgFsOwRT%2Bde5DQ%3D%3D&numOfRows=10&pageNo=1&
itemCode=PM10&dataGubun=HOUR&searchCondition=MONTH"
```

```
xmlFile <- xmlParse(url)    # ③ API 호출 (XML 문서로 다운로드 받음)
xmlRoot(xmlFile)            # 다운로드 받은 XML 문서 확인
```

출력 결과

```
<response>
  <header>
    <resultCode>00</resultCode>
    <resultMsg>NORMAL SERVICE.</resultMsg>
  </header>
  <body>                                        지역별 미세먼지 농도 1
    <items>
      <item>
        <dataTime>2019-12-14 10:00</dataTime>
        <itemCode>PM10</itemCode>
        <dataGubun>시간평균</dataGubun>
        <seoul>41</seoul>                       서울 지역 미세먼지 농도
        <busan>51</busan>
        <daegu>62</daegu>
        <incheon>29</incheon>                   지역 미세먼지 농도 10
        ...
        <gyeongbuk>63</gyeongbuk>
        <gyeongnam>60</gyeongnam>
        <jeju>97</jeju>
        <sejong>40</sejong>
      </item>
      ...
    </items>
    <numOfRows>10</numOfRows>
    <pageNo>1</pageNo>
    <totalCount>24</totalCount>
  </body>
</response>
```

함수

xmlParse()

패키지	XML (추가 패키지)
기능	XML 또는 HTML 파일에 대해 R에서 인식하는 구조로 변환
사용법	`xmlParse(file, .....)`
반환 값	XML 문서 객체

매개변수	설명
file	XML 문서를 포함하는 파일 이름

함수

xmlRoot()

패키지	XML (추가 패키지)
기능	XML 문서 객체의 루트 노드에 접근
사용법	`xmlRoot(x, .....)`
반환 값	XML 노드 클래스의 객체

매개변수	설명
x	XML 문서 객체

시간대별로 지역별 미세먼지 데이터를 데이터 프레임으로 변환한다.

XML 문서를 데이터 프레임으로 변환

```
df <- xmlToDataFrame(getNodeSet(xmlFile, "//items/item"))
df
```

④ items 노드 내에 여러 item 노드들을 데이터 프레임으로 변환

출력 결과

```
            dataTime itemCode dataGubun seoul busan daegu incheon
1  2019-12-14 10:00     PM10  시간평균    41    51    62      29
2  2019-12-14 09:00     PM10  시간평균    49    44    66      33
3  2019-12-14 08:00     PM10  시간평균    51
4  2019-12-14 07:00     PM10  시간평균    56
5  2019-12-14 06:00     PM10  시간평균    69
6  2019-12-14 05:00     PM10  시간평균    88    32    39      67
7  2019-12-14 04:00     PM10  시간평균    69    35    40      81
8  2019-12-14 03:00     PM10  시간평균    32    34    39      69
9  2019-12-14 02:00     PM10  시간평균    22    35    40      49
10 2019-12-14 01:00     PM10  시간평균    21    36    43      28
   gwangju daejeon ulsan gyeonggi gangwon chungbuk chungnam
1       46      44    42       46      51       59       37
2       42      57    33       51      42       60       39
3       34      62    32       52      38       63       49
4       34      41    27       57      37       45       61
5       38      28    26       71      33       35       73
6       38      19    28       80      26       28       72
7       34      25    28       68      21       34       60
8       37      32    31       41      24       36       44
9       40      35    34       27      27       39       34
10      37      34    34       27      29       40       26
   jeonbuk jeonnam gyeongbuk gyeongnam jeju sejong
1       51      45        63        60   97     40
2       55      48        50        54   60     41
3       58      40        40        45   26     48
4       50      33        37        37   20     49
5       45      23        37        32   21     35
6       32      22        34        32   19     32
7       26      24        35        34   20     37
8       26      28        36        36   20     42
9       30      28        36        38   22     43
10      31      30        38        40   20     41
```

시간대별 서울 지역 미세먼지 농도

함수

xmlToDataFrame()

패키지	XML (추가 패키지)
기능	XML 문서로부터 데이터 추출
사용법	`xmlToDataFrame(doc, .....)`
반환 값	데이터 프레임

매개변수	설명
doc	XML 노드 세트

서울지역의 시간대별 미세먼지 농도를 그래프로 출력한다.

R 미세먼지 농도의 그래프

⑤ 바 차트 출력

```
ggplot(data=df, aes(x=dataTime, y=seoul)) +
    geom_bar(stat="identity", fill="green")
```

그래프 기본 틀

그래프 모양
- stat="identity"는 막대 높이를 데이터에 맞추어 출력
- fill은 막대의 색

출력 결과

서울지역의 미세먼지 농도를 의미함

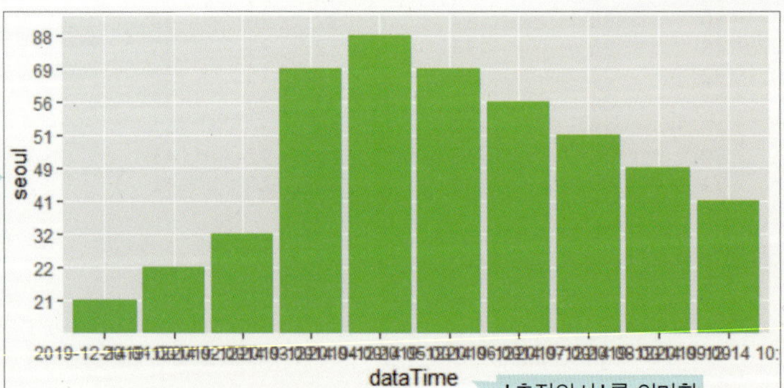

'측정일시'를 의미함

함수

geom_bar()

패키지	ggplot2 (추가 패키지)
기능	막대 그래프로 출력
사용법	geom_bar(stat="bin", fill)
반환 값	

매개변수	설명
stat	데이터의 그룹별 분류(bin) 또는 데이터의 숫자 크기로 출력(identity)
fill	막대그래프의 색

그래프 축의 라벨과 제목을 이해하기 쉽게 수정한다. 특히, x축의 라벨은 90도로 회전하여 겹치지 않게 한다.

라벨 수정

```
ggplot(data=df, aes(x=dataTime, y=seoul)) +
  geom_bar(stat="identity", fill="green") +
  theme(axis.text.x=element_text(angle=90)) +
  labs(title="시간대별 서울지역의 미세먼지 농도 변화", x = "측정일시", y = "농도")
```

x축 눈금 라벨 회전각도

제목과 축 라벨

출력 결과

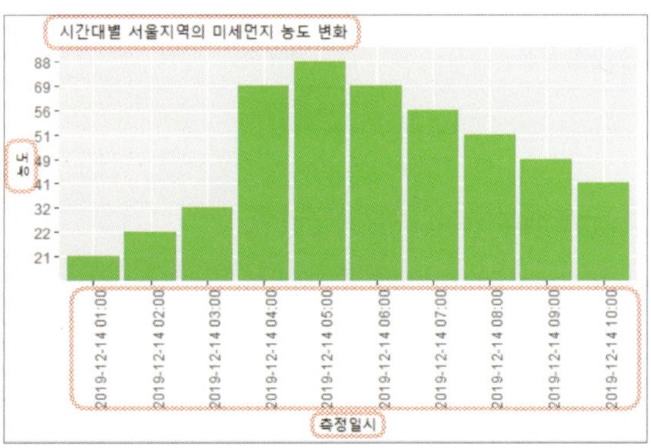

함수

labs()

패키지	ggplot2 (추가 패키지)
기능	x축 라벨과 제목 변경
사용법	`labs(title, x, y)`
반환 값	

매개변수	설명
ttitle	그래프 제목
x	x축 라벨
y	y축 라벨

함수

theme()

패키지	ggplot2 (추가 패키지)
기능	그래프 테마 설정
사용법	`theme(axis.text.x)`
반환 값	

매개변수	설명
axis.text.x	x축 눈금 라벨 설정

그래프의 막대 별로 색을 구분해보자.

막대 색

```
ggplot(data=df, aes(x=dataTime, y=seoul, fill=dataTime)) +
 geom_bar(stat="identity") +
 theme(axis.text.x=element_text(angle=90)) +
 labs(title="시간대별 서울지역의 미세먼지 농도 변화", x = "측정일시", y = "농도") +
 scale_fill_manual(values = rainbow(10))
```
막대 색 지정 (범례 출력)

출력 결과

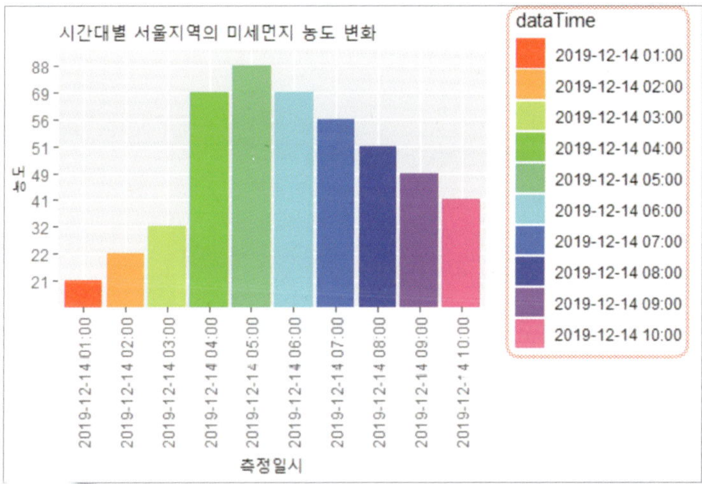

함수

scale_fill_manual()

패키지	ggplot2 (추가 패키지)
기능	사용자 관점의 색 출력
사용법	scale_fill_manual(values)
반환 값	

매개변수	설명
values	사용자 관점의 색

이 경우, 범례는 별 의미가 없기 때문에 삭제하면 다음과 같다.

범례 삭제

```
ggplot(data=df, aes(x=dataTime, y=seoul, fill=dataTime)) +
  geom_bar(stat="identity") +
  theme(axis.text.x=element_text(angle=90),
        legend.position="none") +    범례 삭제
  labs(title="시간대별 서울지역의 미세먼지 농도 변화", x = "측정일시", y = "농도") +
  scale_fill_manual(values = rainbow(10))
```

출력 결과

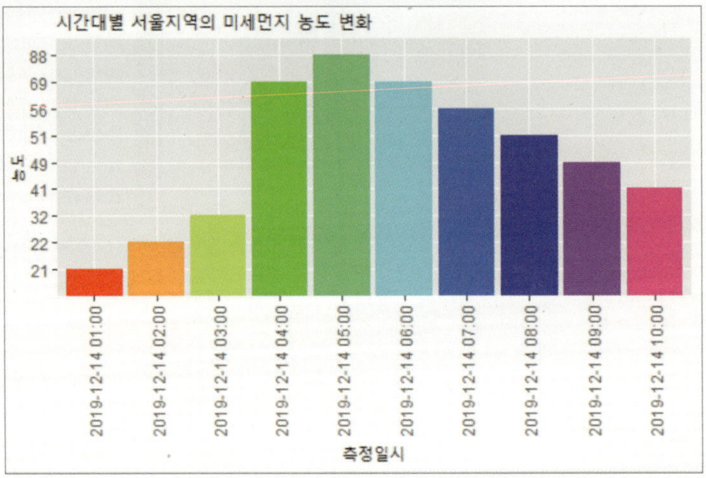

x축의 눈금 수가 많을 때는 막대 그래프를 가로로 출력하면 더 유용하게 활용할 수 있다.

가로 막대 출력

```
ggplot(data=df, aes(x=dataTime, y=seoul, fill=dataTime)) +
 geom_bar(stat="identity") +
 theme(legend.position="none") +
 labs(title="시간대별 서울지역의 미세먼지 농도 변화", x = "측정일시", y = "농도") +
 scale_fill_manual(values = rainbow(10)) +
 coord_flip()   가로 출력
```

출력 결과

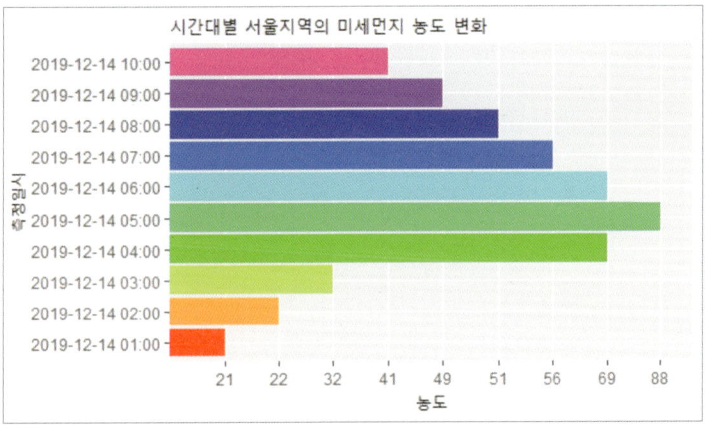

함수

coord_flip()

패키지	ggplot2 (추가 패키지)
기능	그래프의 수평과 수직 축을 서로 바꿈
사용법	coord_flip()
반환 값	

9.4 지역별 미세먼지 농도 비교: 지도

프로젝트

특정 시간대에 지역별 미세먼지 농도를 지도에 그려보고, 농도의 크기를 비교해보자. 지도에서 원의 크기는 각 지역별 농도 크기의 0.3배로 표시한 것이다.

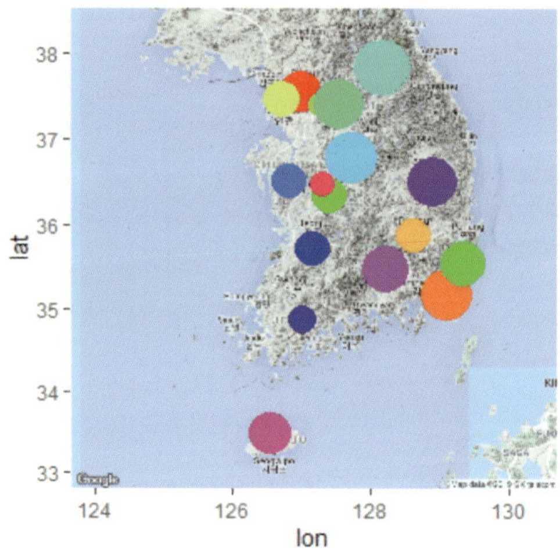

문제 해결 방법

공공데이터포털로부터 대기오염정보조회 서비스의 하나인 실시간 '시도별 평균 정보 조회' API를 호출하여 XML 문서를 다운로드 받고 서울 지역의 시간대별 미세먼지 농도를 추출하여 바 차트로 출력한다.

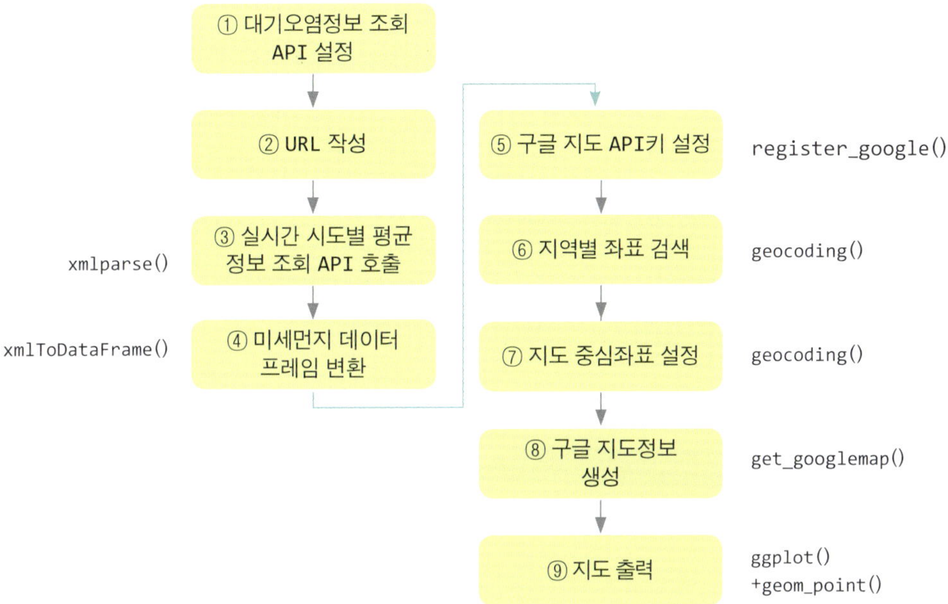

미세먼지 XML 문서 출력

```
#install.packages("XML")
#install.packages("ggplot2")
install.packages("ggmap")
#library(XML)
#library(ggplot2)
library(ggmap)

api             <- "http://openapi.airkorea.or.kr/openapi/services/rest/
    ArpltnInforInqireSvc/getCtprvnMesureLIst"
api_key         <- "DEp3%2BU6FI………de5DQ%3D%3D"
numOfRows       <- 10
pageNo          <- 1
itemCode        <- "PM10"
dataGubun       <- "HOUR"
searchCondition <- "MONTH"
```

ggmap 패키지를 추가로 설치 및 로딩

① API 설정(한 줄로 작성)
☞ 9.3절과 동일

```
url <- paste(api,
             "?serviceKey=",   api_key,
             "&numOfRows=",  numOfRows,
             "&pageNo=",     pageNo,
             "&itemCode=",   itemCode,
             "&dataGubun=",  dataGubun,
             "&searchCondition=", searchCondition,
             sep="")

xmlFile <- xmlParse(url)
```

② URL 작성
☞ 9.3절과 동일

③ API 호출 (XML 문서로 다운로드 받음)
☞ 9.3절과 동일

R 특정 시간대의 지역별 미세먼지 농도 추출

```
df <- xmlToDataFrame(getNodeSet(xmlFile, "//items/item"))
df
```

④ items 노드 내에 여러 item 노드들을 데이터 프레임으로 변환
☞ 9.3절과 동일

출력 결과

```
          dataTime itemCode dataGubun seoul busan daegu incheon gwangju
1  2019-12-14 16:00     PM10   시간평균    28    35    23      25      16
2  2019-12-14 15:00     PM10   시간평균    28    48    25      25      14
3  2019-12-14 14:00     PM10   시간평균                        27      15
4  2019-12-14 13:00     PM10   시간평균                        28      22
5  2019-12-14 12:00     PM10   시간평균                        28      25
6  2019-12-14 11:00     PM10   시간평균    38    47    43      27      29
7  2019-12-14 10:00     PM10   시간평균    41    51    62      29      46
8  2019-12-14 09:00     PM10   시간평균    49    44    66      33      42
9  2019-12-14 08:00     PM10   시간평균    51    37    52      38      34
10 2019-12-14 07:00     PM10   시간평균    56    33    43      41      34
   daejeon ulsan gyeonggi gangwon chungbuk chungnam jeonbuk jeonnam
1       23    31       34      39       35       23      24      19
2       24    31       34      41       37       25      24      21
3       30    30       36      43       41       25      25      23
4       35    47       37      42       43       26      29      27
5       41    63       38      44       51       29      36      32
6       39    51       41      49       56       35      45      39
7       44    42       46      51       59       37      51      45
8       57    33       51      42       60       39      55      48
9       62    32       52      38       63       49      58      40
10      41    27       57      37       45       61      50      33
   gyeongbuk gyeongnam jeju sejong
1         34        32   28     16
2         33        37   30     17
3         34        42   35     22
4         39        50   40     27
5         48        56   61     32
6         62        56   83     34
7         63        60   97     40
8         50        54   60     41
9         40        45   26     48
10        37        37   20     49
```

특정 시간대의
지역별 미세먼지 농도

```
pm <- df[1, 4:20]   지역별 미세먼지 농도
pm
```

출력 결과

```
  seoul busan daegu incheon gwangju daejeon ulsan gyeonggi gangwon
1    28    35    23      25      16      23    31       34      39
  chungbuk chungnam jeonbuk jeonnam gyeongbuk gyeongnam jeju sejong
1       35       23      24      19        34        32   28     16
```

지역별 미세먼지 농도의 지도 출력

```
register_google(key = "AIzaSy..........b5NS7o")   ⑤ 구글 지도 API키(7장) 설정

cities <- c("서울시", "부산시", "대구시", "인천시", "광주시",
      "대전시", "울산시", "경기도", "강원도", "충청북도",
      "충청남도", "전라북도", "전라남도", "경상북도", "경상남도",
      "제주시", "세종시")
gc <- geocode(enc2utf8(cities))
gc
```

gyeongnam, sejong은 주소 인식이 안되기 때문에 지역명을 모두 한글로 변경

⑥ 지역별 좌표 검색(위도, 경도)

출력 결과

```
# A tibble: 17 x 2
     lon   lat
   <dbl> <dbl>
 1  127.  37.6
 2  129.  35.2
 3  129.  35.9
 4  127.  37.5
 5  127.  37.4
 6  127.  36.4
 7  129.  35.5
 8  128.  37.4
 9  128.  37.8
10  128.  36.8
11  127.  36.5
12  127.  35.7
13  127.  34.9
14  129.  36.5
15  128.  35.5
16  127.  33.5
17  127.  36.5
```

```
df2 <- data.frame(지역명=cities,
        미세먼지=t(pm),
        경도=gc$lon,
        위도=gc$lat,
        stringsAsFactors = F)
df2
```

지역별 미세먼지 정보의 데이터프레임
☞ t()는 행과 열의 위치를 서로 바꾸는 전치행렬. 이 경우 설정한 항목명이 나타나지 않음

출력 결과

```
         지역명 X1      경도      위도
seoul    서울시 28 126.9780 37.56654
busan    부산시 35 129.0756 35.17955
daegu    대구시 23 128.6014 35.87144
incheon  인천시 25 126.7052 37.45626
gwangju  광주시 16 127.2561 37.41714
```

```
names(df2)[2] <- "미세먼지"
df2
```

두 번째 열 이름을 "미세먼지"로 변경

출력 결과

```
          지역명 미세먼지      경도      위도
seoul     서울시       28 126.9780 37.56654
busan     부산시       35 129.0756 35.17955
daegu     대구시       23 128.6014 35.87144
incheon   인천시       25 126.7052 37.45626
gwangju   광주시       16 127.2561 37.41714
daejeon   대전시       23 127.3845 36.35041
ulsan     울산시       31 129.3114 35.53838
gyeonggi  경기도       34 127.5183 37.41380
gangwon   강원도       39 128.1555 37.82280
chungbuk 충청북도      35 127.7000 36.80000
chungnam 충청남도      23 126.8000 36.51840
jeonbuk  전라북도      24 127.1530 35.71750
chungbuk 충청북도      35 127.7000 36.80000
chungnam 충청남도      23 126.8000 36.51840
jeonbuk  전라북도      24 127.1530 35.71750
jeonnam  전라남도      19 126.9910 34.86790
gyeongbuk 경상북도     34 128.8889 36.49190
gyeongnam 경상남도     32 128.2132 35.46060
jeju      제주시       28 126.5312 33.49962
sejong    세종시       16 127.2890 36.48010
```

```
str(df2)
```

지도에 원의 크기에 반영하기 위해
미세먼지의 데이터 유형을 숫자형으로 변환

출력 결과

```
'data.frame':   17 obs. of  4 variables:
 $ 지역명  : chr  "서울시" "부산시" "대구시" "인천시" ...
 $ 미세먼지: chr  "28" "35" "23" "25" ...
 $ 경도    : num  127 129 129 127 127 ...
 $ 위도    : num  37.6 35.2 35.9 37.5 37.4 ...
```

```
df2[,2] <- as.numeric(df2[,2])
```

지도에 원의 크기에 반영하기 위해 미세먼지의 데이터 유형을 숫자형으로 변환

```
cen <- as.numeric(geocode(enc2utf8("전라북도")))
map <- get_googlemap(center=cen, zoom=7)
```

⑦ 지도 중심 좌표 설정

⑧ 구글 지도정보 생성

```
ggmap(map) +
    geom_point(data=df2,
            aes(x=경도, y=위도),
            color=rainbow(length(df2$미세먼지)),
            size=df2$미세먼지 * 0.3,
            alpha=0.5)
```

⑨ 지도 출력

지진 규모 표시(원)
- aes: 원의 위치
- color: 원의 색
- size: 원의 크기(미세먼지 농도의 0.3배)
- alpha: 투명도(0은 완전 투명, 1은 완전 불투명)

출력 결과

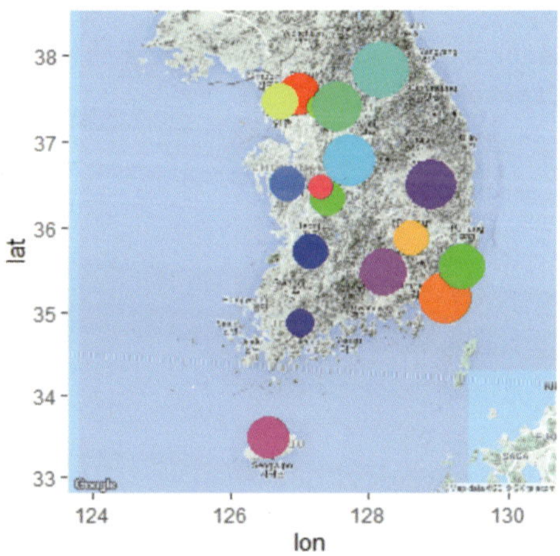

실습 과제 1 특정 지역의 시간대별 미세먼지 농도의 변화

[1] 프로젝트

서울 지역의 초미세먼지의 시간대별 변화를 막대 그래프로 그려보자.

Hint

초미세먼지(PM 2.5)는 API 설정 시에 itemCode는 PM25로 설정한다.

```
api             <- "http://openapi.airkorea.or.kr/openapi/services/
    rest/ArpltnInforInqireSvc/getCtprvnMesureLIst"
api_key         <- "DEp3%2BU6………..DQ%3D%3D"
numOfRows       <- 10
pageNo          <- 1
itemCode        <- "PM25"
dataGubun       <- "HOUR"
searchCondition <- "MONTH"
```

한 줄로 설정

[2] 문제 해결 방법

[3] 실행

R 스크립트

출력 결과

실습 과제 2 특정 시간대의 지역별 초미세먼지 농도 비교

[1] 프로젝트

실습 과제 1의 데이터를 이용해서 최근 시간대의 지역별 초미세먼지 농도를 지도에 출력해서 비교해보자.

[2] 문제 해결 방법

[3] 실행

R 스크립트

출력 결과

학습 목표

네이버 오픈 API를 이용한 뉴스와 블로그 정보의 활용 능력 함양

학습 내용

- 네이버 오픈 API키 신청 방법
- 네이버 뉴스정보 활용
- 네이버 블로그 정보 활용

Chapter 10
네이버 오픈 API 활용

네이버는 네이버 오픈 API를 통해 다양한 정보를 제공하고 있다.
특정 키워드 관련 뉴스와 블로그 검색을 위해 API 인증키 발급 절차와 활용에 관한
기본 사항을 알아보고, R 구현 능력을 키워보자.

10.1 네이버 오픈 API 개요
10.2 네이버 정보검색 API키 발급 받기
10.3 네이버 오픈 API 기본 사항
10.4 뉴스 검색: “인공지능” 키워드
실습 과제: 네이버 블로그 검색:

10.1 네이버 오픈 API 개요

네이버www.naver.com에는 뉴스, 웹, 쇼핑, 블로그, 카페, 지식iN, 전문자료, 영화, 책 등 다양한 정보를 제공하는 메뉴들이 있다. 다음은 "뉴스" 메뉴를 클릭한 예이다.

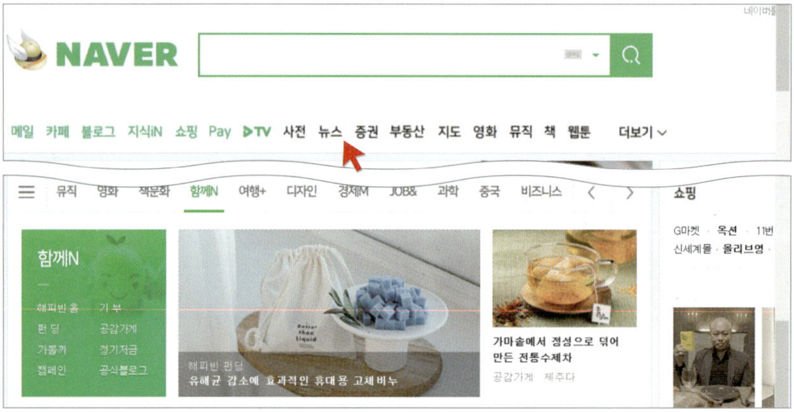

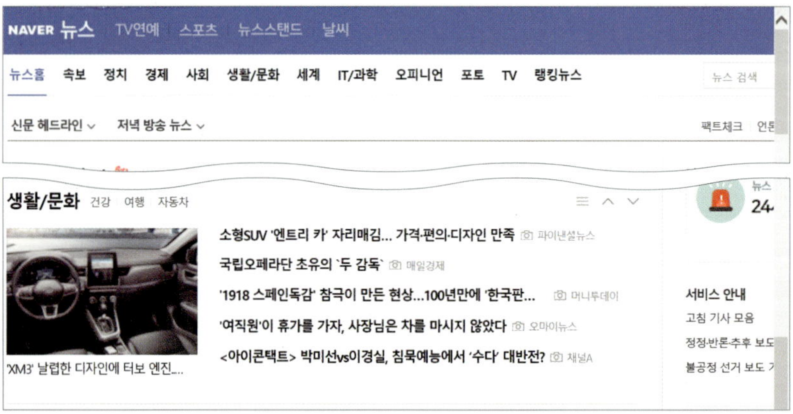

[3] 실행

R 스크립트

출력 결과

학습 목표

네트워크의 시각화와 분석 방법 이해

학습 내용

- 네트워크 유형별 시각화 방법
- 네트워크 분석 지표
- 페이스북 사용자의 네트워크 분석

Chapter

11

네트워크 분석

네트워크 분석은 사회현상 및 자연현상들을 네트워크 형태로 모델링하여 그 특성을 분석하는 것이다. 중심성과 중심화 지표들에 대한 개념을 살펴보고, 대표적인 네트워크 유형들의 비교와 페이스북 사용자 네트워크의 사회 연결망을 분석해 보자.

11.1 네트워크 분석의 개요
11.2 네트워크 분석 지표
11.3 네트워크 지표 분석
11.4 페이스북 사용자 네트워크 분석
실습 과제: 천체물리학자의 협업네트워크 분석

11.1 네트워크 분석의 개요

네트워크 분석Network Analysis은 사회 및 자연 현상들을 네트워크 형태로 모델링하여 그 특성을 분석하는 학문이다. 네트워크는 그래프graph를 바탕으로 한다. 그래프는 점vertex, node 또는 point과 점들을 이은 가지edge, arc 또는 line로 표현된다. 그래프는 1736년에 수학자인 오일러Leonhard Euler가 당시 프로이센 쾨니히스베르그(지금의 러시아 칼라닌그라드)에 있는 7개의 모든 다리를 한 번씩만 건너 제자리로 돌아올 수 있는가에 대한 '쾨니히스베르그 다리 문제'를 푸는 데서 시작되었다. 오일러는 각 꼭지점에 연결된 변의 수가 짝수가 되어야 가능함을 증명하였다[17].

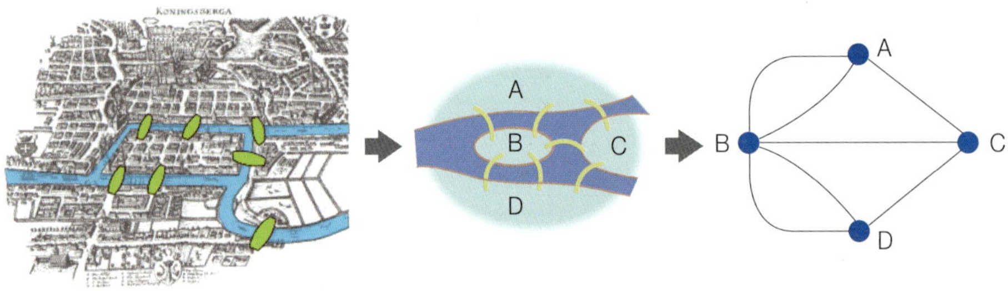

쾨니히스베르그 다리 문제와 그래프

(자료원: Wikipedia)

네트워크는 그래프의 가지에 특정한 정량적인 값들을 대응시킨 가중 그래프weighted graph에 해당한다. 네트워크로 구성되는 각 지점 간의 최소 경로를 찾는 최적화 문제는 물론, 친구 관계, 협업 관계, 인터넷 연결망 구조, 웹의 연결, 질병 전파, 분자 그래프 등으로 표현되는 다양한 사회 및 자연 현상을 파악하는데 응용되고 있다.

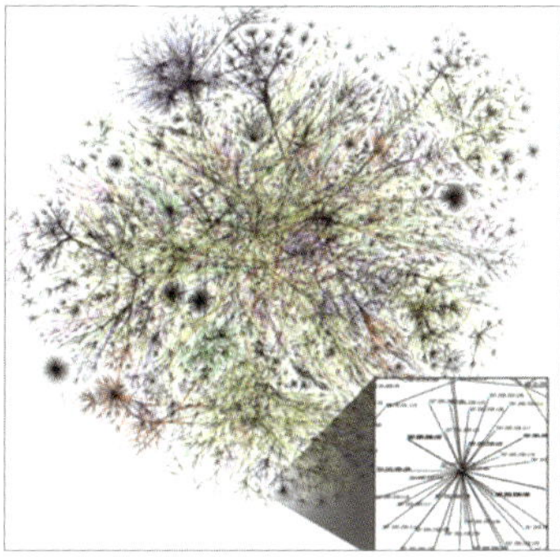

인터넷망

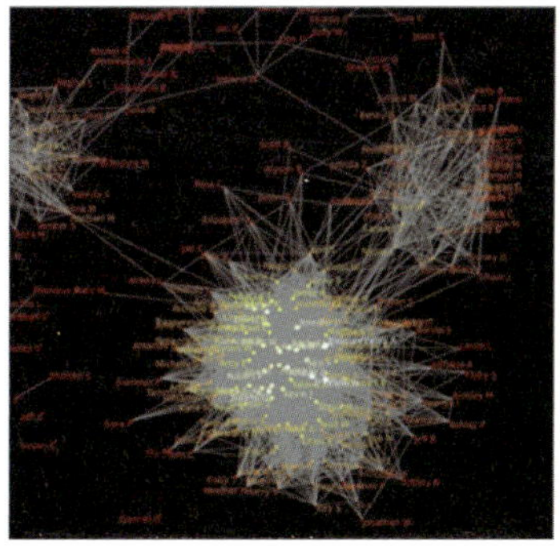

Facebook 사용자 간 친구 관계

네트워크의 예(자료원: Wikipedia)

사회연결망분석Social Network Analysis은 네트워크로 나타나는 사회구조를 조사하는 과정이다. 1967년 미국 하버드 대학의 스탠리 밀그램Stanley Milgram 은 요마하와 위치타에 있는 임의의 사람들이 보스톤에 있는 모르는 특정인에게 중간 경로를 거쳐 조사 목적이 적혀 있는 편지가 전달되는 과정을 조사하였다. 총 296통의 편지 중에 64 통의 편지가 평균 6.5 단계를 거쳐 배달되는 결과를 파악하였다. 이는 6단계 분리 이론으로 널리 알려지게 되었으며, 1998년에는 코넬 대학의 와츠Duncan J. Watts와 스트로가츠Steven Strogatz가 작은 세상small world 현상을 발표하였다[18].

네트워크를 시각화하고 분석하는 패키지에는 igraph, statnet, RSiena 등이 있다. 이 책에서는 일반적으로 많이 사용하는 igraph를 이용하기로 한다.

패키지

패키지	설명
igraph	네트워크 분석과 출력을 위한 패키지

11.2 네트워크 분석 지표

네트워크는 일반적으로 노드들이 서로 연결되어 큰 군집을 형성하는 형태를 띠고 있다. 단순한 형태로 비교해 본다면, 하나의 노드를 중심으로 연결되어 있는 스타형, 한 노드를 중심으로 세 가지 일자 형이 연결된 Y자형, 서로 좌우가 연결되어 원의 모양을 띠는 원형은 그 예이다. 간단한 예시를 위해 모두 **방향성이 없는 연결**을 생각해보기로 한다. 각 네트워크의 특성을 파악하기 위한 지표에는 연결 정도degree, 근접closeness, 중개between, 밀도density, 최단 경로geodesic path 등이 있다.

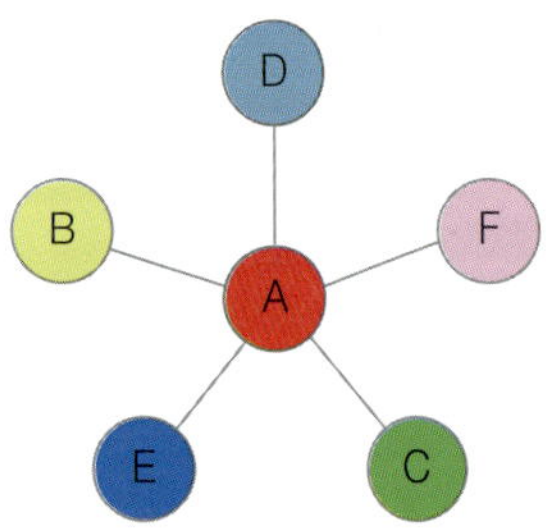

스타형(star)

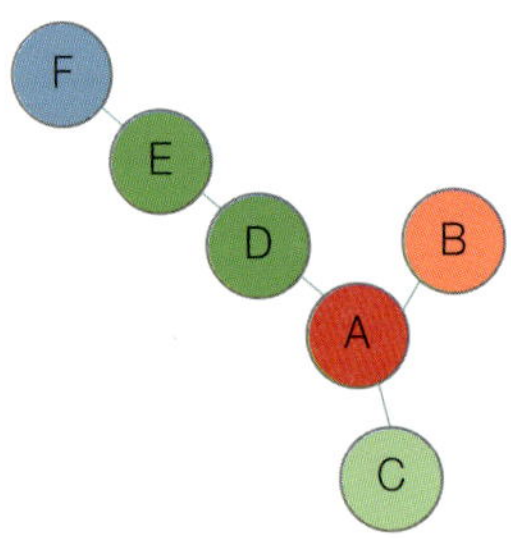

Y자형

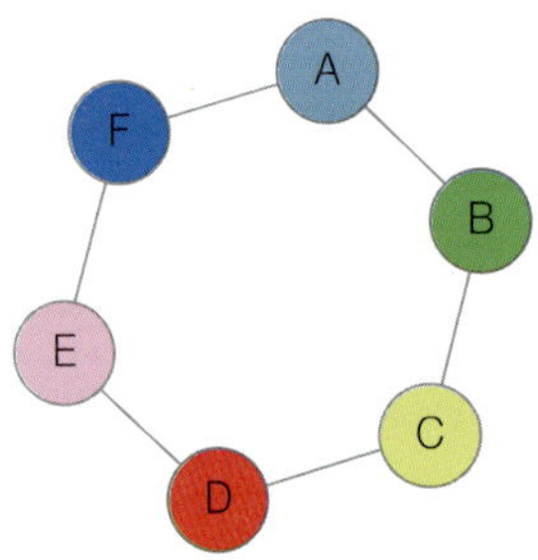

원형(circle)

(1) 연결 정도, 근접, 중개

연결정도는 각 노드가 어느 정도로 많은 관계를 맺고 있는지를 나타내고, 근접은 한 점이 다른 모든 점들에 얼마나 가까운 가를 나타내며, 중개는 연결망에서 한 노드가 다른 노드들 간 사이에 위치하는 정도를 나타낸다. 연결정도와 근접 지표가 높으며 상대적으로 주변 정보 획득이 용이하거나 권력이 클 수 있는 상황 등으로 해석할 수 있고, 중개 지표가 높으면 타인 간의 중개자로 그 역할이 커지게 된다.

각 지표는 중심성centrality과 중심화centralization 관점으로 설명한다. 중심성은 네트워크를 구성하는 각각의 노드가 전체 연결망에서 어느 정도의 크기를 갖는지를 나타낸다. 한편, 중심화는 네트워크 전체 연결망의 형태가 어떤 경향을 띠고 있는지를 나타낸다.

지표	중심성	중심화
연결정도	각 노드가 어느 정도로 많은 관계를 맺고 있는지를 나타내는 지표	연결 정도의 전체 경향
근접	한 점이 다른 모든 점들에 얼마나 가까운가를 나타내는 지표	근접 정도의 전체 경향
중개	연결망에서 한 노드가 다른 노드들 사이에 위치하는 정도를 나타내는 지표	중개 정도의 전체 경향

그래프 **G**에서 $c(i)$를 노드(i) 수준에서 측정한 중심성 지표라고 하자. 네트워크 내에서 이론적으로 가능한 최대 중심성 값인 c_{max}로 나누면 0~1의 값을 갖는 정규화된 중심성 $c'(i)$가 된다. 한편, 네트워크 전체 특성을 나타내는 중심화 $C(\mathbf{G})$는 측정한 $c(i)$중에서 최대값인 $c^*=\max\{c(i)\}$와 각 $c(i)$들과의 차이 $\{c^*-c(i)\}$를 모두 더한 값으로 계산한다. 중심화 값을 그래프 **G** 내에서 이론적으로 가능한 최대 중심화 값 T_{max}로 나누면 정규화된 중심화 값이 된다.

구분	지표	정규화된 지표
중심성	$c(i)$	$c(i)' = \frac{c(i)}{c_{max}}$
중심화	$C(\mathbf{G}) = \sum_i \{c^* - c(i)\}$	$C(\mathbf{G})' = \frac{C(G)}{T_{max}}$ $where\ T_{max} = max_G \sum_i \{c^* - c(i)\}$

각 지표를 연결 정도, 근접, 중개 관점으로 각각 살펴보자.

① 연결 정도

연결정도 중심성degree centrality은 각 노드가 어느 정도로 많은 관계를 맺고 있는지를 나타내는 지표로, 각 노드(i)가 다른 노드와 직접 연결된 수인 $c_D(i)$로 표현한다. 방향성이 없는 연결의 경우, 각 노드가 이론적으로 연결 가능한 최대 연결정도 $c_{D,max}$는 $(n-1)$이 된다. 이론적으로 연결정도 중심화 값이 최대가 되기 위해서는 연결정도 중심심의 최대와 최소 값의 차이를 가장 크게 하는 구조이다. 즉 한 노드는 다른 모든 노드들과 연결되고 다른 노드들은 이 노드와 일 대 일로 연결되는 스타형일 때 그런 현상이 나타나게 된다($c^*=n-1$). 이 경우, $n-1$의 연결정도를 갖는 가운데 노드 1개와 1개의 연결정도를 갖는 주변의 $n-1$개의 노드가 된다. 따라서, 이론적인 연결정도 중심화의 최댓값 $T_{D,max}$는

$$\begin{aligned}&\sum_i \{(n-1) - c(i)\}\\&= \{(n-1) - (n-1)\} + \{(n-1) - 1\} \times (n-1)\\&= (n-2)(n-1)\end{aligned}$$

이 된다. 연결정도 중심심과 연결정도 중심화는 다음과 같다.

구분	지표	정규화된 지표
중심성	$c_D(i)$	$c_D(i)' = \dfrac{c_D(i)}{n-1}$
중심화	$C_D(\boldsymbol{G}) = \sum_i \{c_D{}^* - c_D(i)\}$	$C_D(\boldsymbol{G})' = \dfrac{C(\boldsymbol{G})}{(n-1)(n-2)}$

각 네트워크 유형별 연결정도 중심성과 중심화 값을 예시하면 다음과 같다.

네트워크 구조별 연결정도 비교

네트워크 구조	연결 정도

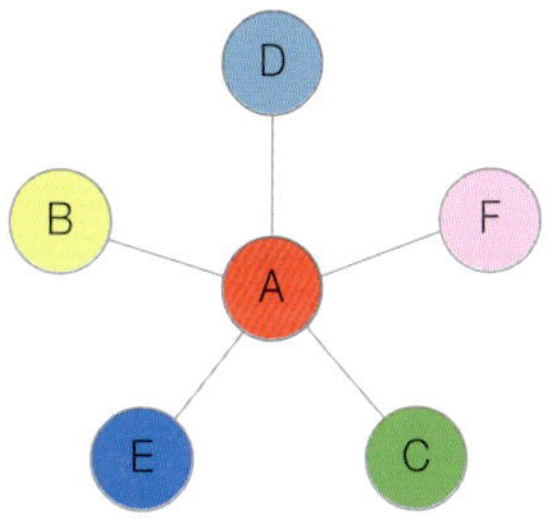

스타형

$G=G_{star}$, n=6

노드	$c_D(i)$	$c'_D(i)$	$c_D^* - c_D(i)$
A	5① (c_D^*)	5/(6−1)=1.0	5−5=0
B	1②	1/(6−1)=0.2	5−1=4
C	1	1/(6−1)=0.2	5−1=4
D	1	1/(6−1)=0.2	5−1=4
E	1	1/(6−1)=0.2	5−1=4
F	1	1/(6−1)=0.2	5−1=4
$C_D(G)$			20
$T_{D,max}$			(6−1)(6−2)=20
$C'_D(G)$			1

① c_D(A): 1(A-B)+1(A-C)+1(A-D)+1(A-E)+1(A-F) = 5
② c_D(B): 1(B-A) = 1

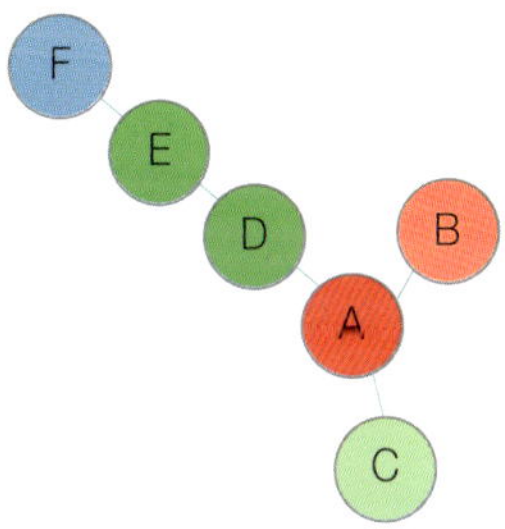

Y자형

$G=G_Y$, n=6

노드	$c_D(i)$	$c'_D(i)$	$c_D^* - c_D(i)$
A	3① (c_D^*)	3/(6−1)=0.6	3−3=0
B	1②	1/(6−1)=0.2	3−1=2
C	1	1/(6−1)=0.2	3−1=2
D	2	2/(6−1)=0.4	3−2=1
E	2	2/(6−1)=0.4	3−2=1
F	1	1/(6−1)=0.2	3−1=2
$C_D(G)$			8
$T_{D,max}$			(6−1)(6−2)=20
$C'_D(G)$			0.4

① c_D(A): 1(A-B)+1(A-C)+1(A-D) = 3
② c_D(B): 1(B-A) = 1

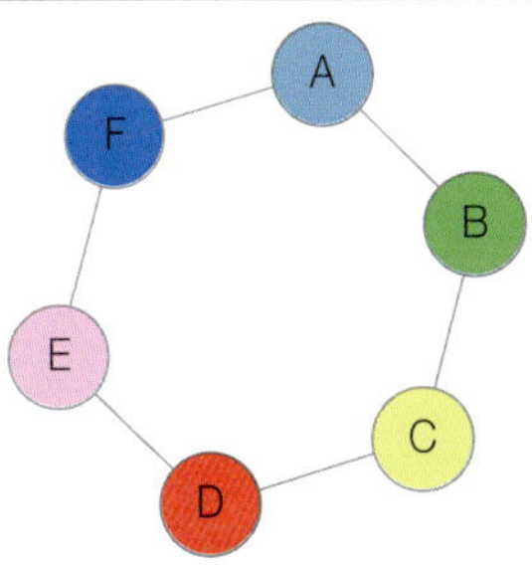

원형

$G=G_{ring}$, n=6

노드	$c_D(i)$	$c'_D(i)$	$c_D^* - c_D(i)$
A	2① (c_D^*)	2/(6−1)=0.4	2−2=0
B	2	2/(6−1)=0.4	2−2=0
C	2	2/(6−1)=0.4	2−2=0
D	2	2/(6−1)=0.4	2−2=0
E	2	2/(6−1)=0.4	2−2=0

<table>
<tr><th>네트워크 구조</th><th>연결 정도</th></tr>
<tr><td></td><td>

노드	$c_D(i)$	$c'_D(i)$	$c_D{}^* - c_D(i)$
F	**2**	2/(6−1)=**0.4**	2−2=0
$C_D(\mathbf{G})$			**0**
$T_{D,max}$			(6−1)(6−2)=**20**
$C'_D(\mathbf{G})$			**0**

① c_D(A): 1(A-B)+1(A-F) = 2
</td></tr>
</table>

스타형의 A 노드와 같이 **연결정도 중심성**이 크면 사람들과 많은 관계를 맺고 있다는 의미이며, 주변 사람들과 정보를 주고 받을 확률이 높기 때문에 권력이 커질 수 있다.

② 근접

근접 중심성closeness centrality은 한 점이 다른 모든 점들에 얼마나 가까운 가를 나타내는 지표로서, 직접 연결(1촌)만으로 네트워크의 영향력을 파악하는 연결정도 중심성의 한계를 보완하기 위한 것이다. 각 노드(i)의 **근접 중심성** $c_C(i)$는 각 노드(i)에서 직접 및 간접적으로 연결된 모든 노드(j)들까지의 경로에 대한 거리의 합 $\Sigma_j d_{ij}$를 역수로 하여 측정한다. 즉, 노드 i에서 j까지의 거리가 멀면 근접성은 떨어지게 됨을 의미한다. 이론적인 최대 근접 중심성 $c_{C,max}$는 $1/(n-1)$이 된다. 한편, 이론적으로 가능한 근접 중심화의 최댓값 $T_{C,max}$는 $(n-2)/(2n-3)$이 된다. 따라서, 근접 중심성과 근접 중심화는 다음과 같다.

구분	지표	정규화된 지표
중심성	$c_C(i) = \dfrac{1}{\sum_j d_{ij}}$	$c_C(i)' = \dfrac{\frac{1}{\sum_j d_{ij}}}{\frac{1}{n-1}} = \dfrac{n-1}{\Sigma_j d_{ij}}$
중심화	$C_C(\mathbf{G}) = \sum_i \{c_C{}^* - c_C(i)\}$	$C_C(\mathbf{G})' = \dfrac{c_C(G)}{\frac{(n-2)}{(2n-3)}}$

각 네트워크 유형별 근접 중심성과 중심화 값을 예시하면 다음과 같다.

네트워크 구조별 근접 정도 비교

네트워크 구조	근접 정도

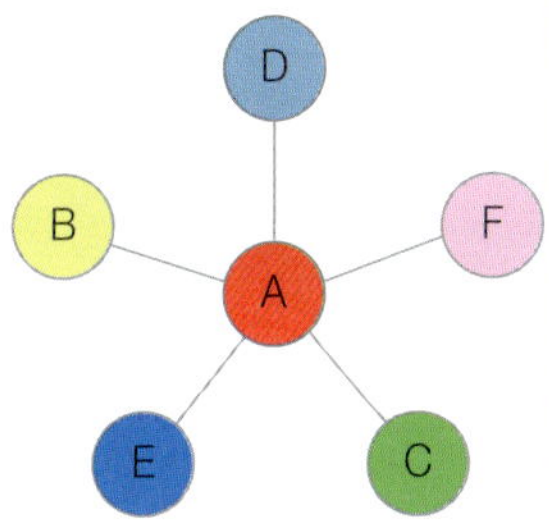

스타형

G=G_{star}, n=6

노드	$c_C(i)$	$c'_C(i)$	$c_C{}^* - c_C(i)$
A	5^{-1}=**0.20**①($c'_C{}^*$)	$\{5/(6-1)\}^{-1}$=**1**	0.2–0.2=0
B	9^{-1}=**0.11**②	$\{9/(6-1)\}^{-1}$=**0.56**	0.2–0.11=0.09
C	9^{-1}=**0.11**	$\{9/(6-1)\}^{-1}$=**0.56**	0.2–0.11=0.09
D	9^{-1}=**0.11**	$\{9/(6-1)\}^{-1}$=**0.56**	0.2–0.11=0.09
E	9^{-1}=**0.11**	$\{9/(6-1)\}^{-1}$=**0.56**	0.2–0.11=0.09
F	9^{-1}=**0.11**	$\{9/(6-1)\}^{-1}$=**0.56**	0.2–0.11=0.09
C_C(**G**)			**0.45**
$T_{C,\ max}$			(6–2)/(2X6–3)=**0.44**
C'_C(**G**)			**1.02**③

① c_c(A): $\{1(A\text{-}B)+1(A\text{-}C)+1(A\text{-}D)+1(A\text{-}E)+1(A\text{-}F)\}^{-1} = 5^{-1}$
② c_c(B): $\{1(B\text{-}A)+2(B\text{-}A\text{-}C)+2(B\text{-}A\text{-}D)+3(B\text{-}A\text{-}E)+2(B\text{-}A\text{-}F)\}^{-1} = 9^{-1}$
③ 계산 과정의 반올림 오차로서, 1의 값과 같음

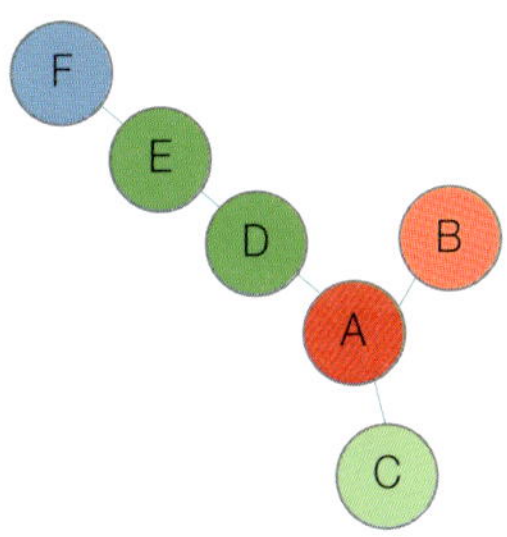

Y자형

G-G_Y, n=6

노드	$c_C(i)$	$c'_C(i)$	$c_C{}^* - c_C(i)$
A	8^{-1}=**0.125**①($c_c{}^*$)	$\{8/(6-1)\}^{-1}$=**0.625**	0.125–0.125=0
B	12^{-1}=**0.083**②	$\{12/(6-1)\}^{-1}$=**0.417**	0.125–0.083=0.042
C	12^{-1}=**0.083**	$\{12/(6-1)\}^{-1}$=**0.417**	0.125–0.083=0.042
D	8^{-1}=**0.125**③	$\{8/(6-1)\}^{-1}$=**0.625**	0.125–0.125=0
E	10^{-1}=**0.1**④	$\{10/(6-1)\}^{-1}$=**0.5**	0.125–0.1=0.025
F	14^{-1}=**0.071**⑤	$\{14/(6-1)\}^{-1}$=**0.357**	0.125–0.071=0.054
C_C(**G**)			**0.163**
$T_{C,\ max}$			(6–2)/(2X6–3)=**0.44**
C'_C(**G**)			**0.367**

① c_c(A): $\{1(A\text{-}B)+1(A\text{-}C)+1(A\text{-}D)+2(A\text{-}D\text{-}E)+3(A\text{-}D\text{-}E\text{-}F)\}^{-1} = 8^{-1}$
② c_c(B): $\{1(B\text{-}A)+2(B\text{-}A\text{-}C)+2(B\text{-}A\text{-}D)+3(B\text{-}A\text{-}D\text{-}E)+4(B\text{-}A\text{-}D\text{-}E\text{-}F)\}^{-1} = 12^{-1}$
③ c_c(D): $\{1(D\text{-}A)+2(D\text{-}A\text{-}B)+2(D\text{-}A\text{-}C)+1(D\text{-}E)+2(D\text{-}E\text{-}F)\}^{-1} = 8^{-1}$

④ c_c(E): $\{2(E\text{-}D\text{-}A)+3(E\text{-}D\text{-}A\text{-}B)+3(E\text{-}D\text{-}A\text{-}C)+1(E\text{-}D)+1(E\text{-}F)\}^{-1} = 10^{-1}$

⑤ c_c(F): $\{3(F\text{-}E\text{-}D\text{-}A)+4(F\text{-}E\text{-}D\text{-}A\text{-}B)+4(F\text{-}E\text{-}D\text{-}A\text{-}C)+2(F\text{-}E\_D)+1(F\text{-}E)\}^{-1} = 14^{-1}$

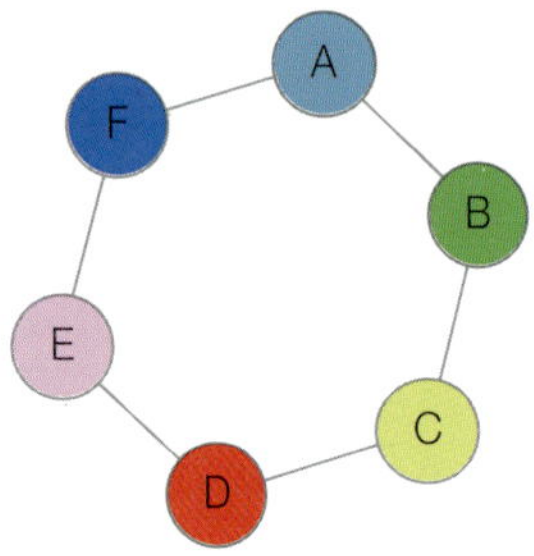

원형

G=G_{ring}, n=6

노드	$c_C(i)$	$c'_C(i)$	$c_C^* - c_C(i)$
A	9^{-1}=**0.11**①	$\{9/(6-1)\}^{-1}$=**0.56**	0.11−0.11=0
B	9^{-1}=**0.11**	$\{9/(6-1)\}^{-1}$=**0.56**	0.11−0.11=0
C	9^{-1}=**0.11**	$\{9/(6-1)\}^{-1}$=**0.56**	0.11−0.11=0
D	9^{-1}=**0.11**	$\{9/(6-1)\}^{-1}$=**0.56**	0.11−0.11=0
E	9^{-1}=**0.11**	$\{9/(6-1)\}^{-1}$=**0.56**	0.11−0.11=0
F	9^{-1}=**0.11**	$\{9/(6-1)\}^{-1}$=**0.56**	0.11−0.11=0
C_C(**G**)			**0**
$T_{C,\,max}$			(6−2)/(2X6−3)=**0.44**
C'_C(**G**)			**0**

① c_c(A): $\{1(A\text{-}B)+2(A\text{-}B\text{-}C)+3(A\text{-}B\text{-}C\text{-}D)+2(A\text{-}E)+1(A\text{-}E\text{-}F)\}^{-1} = 9^{-1}$

스타형의 A 노드와 같이 근접 중심성이 클수록 네트워크에 참여하는 모든 주변으로부터 직접 또는 간접적으로 정보를 얻을 확률이 높다. 근접 중심성이 큰 사람들은 직접 또는 간접적으로 많은 사람들과 관계를 맺고 있기 때문에 정보를 주고 받을 확률이 높고 권력이 커질 수 있다..

③ 중개(betweenness)

중개 중심성betweenness centrality은 연결망에서 한 노드가 다른 노드들 사이에 위치하는 정도를 나타내는 지표로서, 노드 간의 중개 역할에 초점을 두고 있다. 중개 노드(i)의 중개 중심성은 임의의 다른 두 노드들(j, k)이 중개 노드(i)를 거치는 최단거리 경로의 수 $g_{jk}(i)$를 두 노드들(j, k) 간 최단거리 경로의 수 g_{jk}로 나눈 값들의 합인 $\Sigma_{j<k} g_{jk}(i)/g_{jk}$로 측정한다. 임의 노드 i를 거치는 이론적인 최대 중개 중심성인 $c_{B,max}$는 $(n-1)(n-2)/2$ 가지가 있다. 한편 이론적으로 가능한 중개 중심화의 최댓값 $T_{B,max}$는 $(n-1)^2/(n-2)/2$이 된다. 따라서, 중개 중심성과 중개 중심화는 다음과 같다.

구분	지표	정규화된 지표
중심성	$c_B(i) = \sum_{j<k} \frac{g_{jk}(i)}{g_{jk}}$	$c_B(i)' = \frac{c_B(i)}{\frac{(n-1)(n-2)}{2}}$
중심화	$C_B(\mathbf{G}) = \sum_i \{c_B{}^* - c_B(i)\}$	$C_B(\mathbf{G})' = \frac{C_B(\mathbf{G})}{\frac{(n-1)^2(n-2)}{2}}$

각 네트워크 유형별 중개 중심성과 중심화 값들을 예시하면 다음과 같다.

네트워크 구조별 중개 정도

네트워크 구조	중개 정도

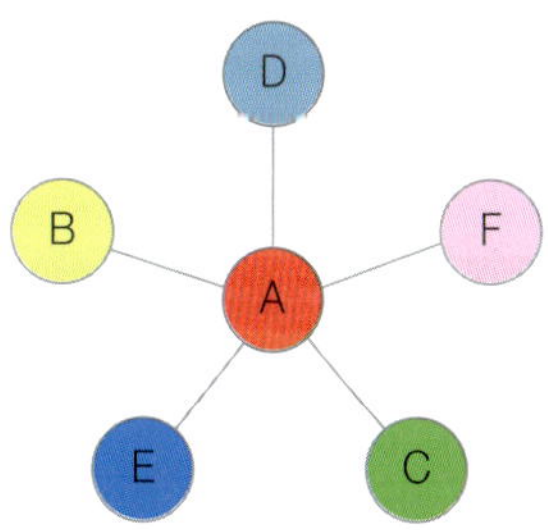

스타형

G=G_{star}, n=6

노드	$c_B(i)$	$c'_B(i)$	$c_B{}^* - c_B(i)$
A	**10**① ($c_B{}^*$)	10/{(6–1)(6–2)/2}=**1**	10–10=0
B	0②	0/{(6–1)(6–2)/2}=**0**	10–0=10
C	0	0/{(6–1)(6–2)/2}=**0**	10–0=10
D	0	0/{(6–1)(6–2)/2}=**0**	10–0=10
E	0	0/{(6–1)(6–2)/2}=**0**	10–0=10
F	0	0/{(6–1)(6–2)/2}=**0**	10–0=10
$C_B(\mathbf{G})$			**50**
$T_{B, max}$			$(6-1)^2(6-2)/2=$**50**
$C'_B(\mathbf{G})$			**1**

① $c_B(A)$

B와 C 사이에는 A가 중개되는 최단경로가 1개 있음

$g_{B,F}(A)=1(B-A-C)$

한편, A의 중개와 관계 없이 최단경로가 1개 있음

$g_{B,F}=1(B-A-C)$

따라서 A가 중개되는 최단경로의 경우들을 고려하면,

$c_B(A)$: 1(B-A-C)/1(B-A-C)+1(B-A-D/1(B-A-D)

+1(B-A-E)/1(B-A-E)+1(B-A-F)/1(B-A-F)

+ 1(C-A-D)/1(C-A-D)+1(C-A-E)/1(C-A-E)

네트워크 구조	중개 정도
	+1(C-A-F)/1(C-A-F) +1(D-A-E)/1(D-A-E)+1(D-A-F)/1(D-A-F) +1(E-A-F)/1(E-A-F) = 10 ② B, C, D, E, F는 중개 역할을 못함

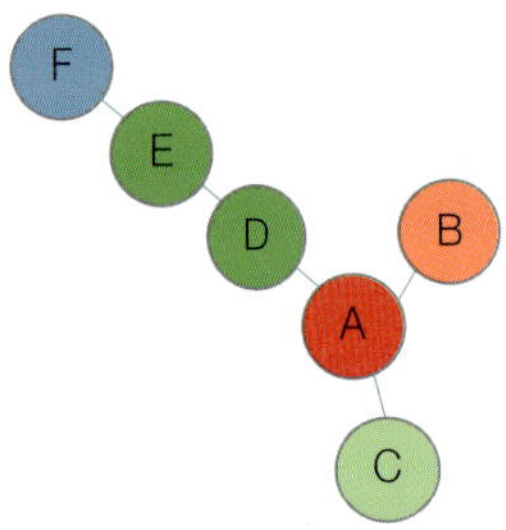

Y자형

$G=G_Y$, n=6

노드	$c_B(i)$	$c'_B(i)$	$c_B^* - c_B(i)$
A	**7**①(c_B^*)	7/{(6–1)(6–2)/2}=**0.7**	7–7=0
B	**0**	0	7–0=7
C	**0**	0	7–0=7
D	**6**②	6/{(6–1)(6–2)/2}=**0.6**	7–6=1
E	**4**③	4/{(6–1)(6–2)/2}=**0.4**	7–4=3
F	**0**	0	7–0=7
C_B(**G**)			**25**
$T_{B, max}$			$(6–1)^2(6–2)/2$=**50**
C'_B(**G**)			**0.5**

① c_B(A)
B와 C 사이에는 A가 중개되는 최단경로가 1개 있음
$g_{B,F}$(A)=1(B-A-C)
한편, A의 중개와 관계 없이 최단경로가 1개 있음
$g_{B,F}$=1(B-A-C)
따라서 A가 중개되는 최단경로의 경우들을 고려하면,
c_B(A): 1(B-A-C)/1(B-C)+1(B-A-D/1(B-D)
+1(B-A-E)/1(B-E)+1(B-A-F)/1(B-F)
+1(C-A-D)/1(C-D)+1(C-A-E)/1(C-E)
+1(C-A-F)/1(C-F) = 7
② c_B(D): 1(A-D-E)/1(A-E)+1(A-D-F/1(A-F)
+1(B-D-E)/1(B-E)+1(B-D-F)/1(B-F)
+1(C-D-E)/1(C-E)+1(C-D-F)/1(C-F) = 6
③ c_B(E): 1(A-E-F)/1(A-F)+1(B-E-F/1(B-F)
+1(C-E-F)/1(C-F)+1(D-E-F)/1(D-F) = 4

네트워크 구조	중개 정도

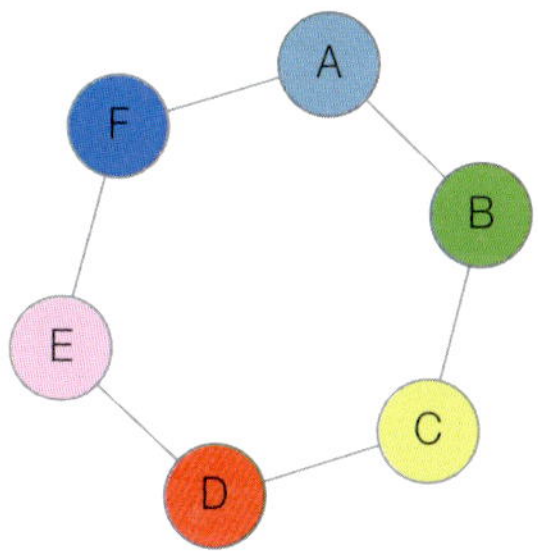

원형

$G=G_{ring}$, $n=6$

노드	$c_B(i)$	$c'_B(i)$	$c_B^* - c_B(i)$
A	**2**①(c_B^*)	2/{(6−1)(6−2)/2}=**0.2**	2−2=0
B	**2**②	2/{(6−1)(6−2)/2}=**0.2**	2−2=0
C	**2**	2/{(6−1)(6−2)/2}=**0.2**	2−2=0
D	**2**	2/{(6−1)(6−2)/2}=**0.2**	2−2=0
E	**2**	2/{(6−1)(6−2)/2}=**0.2**	2−2=0
F	**2**	2/{(6−1)(6−2)/2}=**0.2**	2−2=0
C_B(**G**)			**0**
T_B^*			$(6-1)^2(6-2)/2=$**50**
C'_B(**G**)			**0**

① $c_B(A)$

B와 F 사이에는 A가 중개되는 최단 경로 있음

$g_{B,F}(A)=1$(B-A-F)

$g_{B,F}=1$(B-A-F)

B와 E 사이에는 A가 중개되는 최단 경로 있음

$g_{B,E}(A)=1$(B-A-F-E.)

$g_{B,E}=2$(B-A-F-E, B-C-D-E)

C와 F 사이에는 A가 중개되는 최단 경로 있음

$g_{C,E}(A)=1$(C-B-A-F.)

$g_{C,E}=2$(C-B-A-F, B-C-D-E-F)

그 외 노드 간에는 $g_{j,k}(A) = 0$

예를 들면, C와 E 사이에는 A가 중개되는 C-B-A-F-E 보다 더 짧은 최단 경로 C-D-E가 있기 때문에 $g_{C,E}(A) - 0$ 따라서,

$c_B(A)$: 1/1 + 1/2 + 1/2 = 2

각 네트워크에서 중개 중심성이 큰 노드는 다른 노드들의 의존도가 커지기 때문에 중개자 역할이 커지고 영향력을 높을 수 있다. 네트워크 중심화 경향은 연결정도, 근접, 중개 관점에서 모두 '스타형 > Y자형 > 원형' 순서로 나타나는 것을 볼 수 있다.

(2) 밀도

밀도는 네트워크에서 이론적으로 연결 가능한 최대 연결 수 대비 실제 얼마나 많은 관계를 맺고 있는가를 상대적인 비율로 나타내는 지표이다. n개의 노드로 구성되는 네트워크에서 각 노드는 $n-1$개의 연결이 가능하며, 총 연결 수는 $n(n-1)$개가 된다. 방향성이 없는 경우는 2로 나누면 된다. 한편 실제 연결된 수는 **연결 정도**로 파악할 수 있는데, 역시 방향성이 없는 경우는 연결정도의 총 합에 2로 나눈 값이 된다. 따라서, 그래프 **G**의 밀도는 다음과 같이 표현할 수 있다.

$$D(\mathbf{G}) = \frac{\dfrac{\sum_i c_D(i)}{2}}{\dfrac{n(n-1)}{2}} = \frac{\sum_i c_D(i)}{n(n-1)}$$

(3) 최단 경로와 거리

최단 경로는 두 노드 간 가장 짧은 연결 경로를 말하며, 거리는 그 경로 상의 연결 수를 말한다. 다음 네트워크 상의 임의 두 노드 간 거리의 전체 경향을 파악하기 위해 모든 노드 간 거리를 평균한 평균거리를 파악한다.

11.3 네트워크 지표 분석

프로젝트

11.2절에서 살펴본 3가지 네트워크 형태를 R로 출력해보고, 각 네트워크에 대한 지표(중심성과 중심화, 밀도, 평균거리)들을 계산해보자.

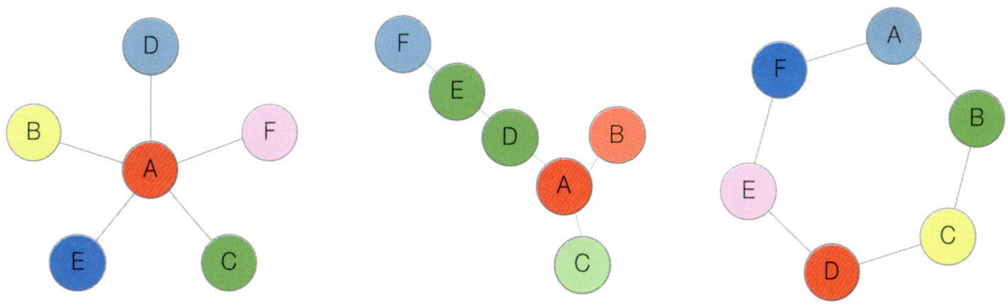

스타형(star) Y자형 원형(circle)

문제 해결 방법

먼저 네트워크들을 만드는 방법을 비교해본다. 그리고 각 네트워크에 대해 단계적으로 연결정도 중심성과 중심화, 근접 중심성과 중심화, 중개 중심과 중심화, 밀도, 평균거리를 출력해서 11.2절의 값과 같은지 확인해본다.

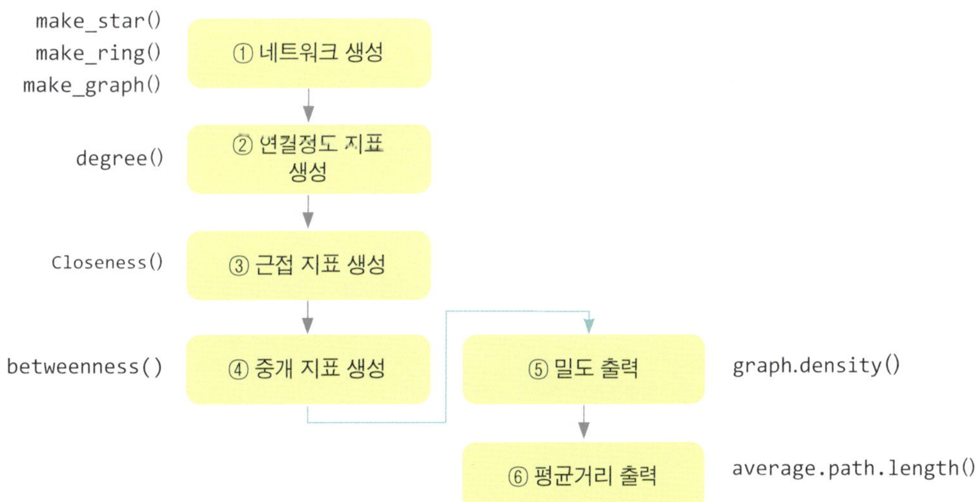

igraph 패키지는 스타형, 원형과 같이 특정한 규칙이 있는 형태는 간단히 만들 수 있도록 함수로 제공한다. Y자형은 노드들을 먼저 만들고, 연결을 추가하면 된다.

네트워크 만들기

```
install.packages("igraph")
library(igraph)

G.star <- make_star(6, mode="undirected", center=1) %>%
          set_vertex_attr("name", value = c("A", "B", "C", "D", "E", "F"))
plot(G.star, vertex.color=rainbow(6), vertex.size=60)
```

패키지 설치 및 로딩

① 노드가 6개인 스타형 네트워크
☞ 무방향, 1번 노드를 중앙에 배치

앞의 결과(스타형 네트워크)에서 노드 이름을 'A'~'F'로 설정

네트워크를 출력 (색과 노드 크기 지정)

출력 결과

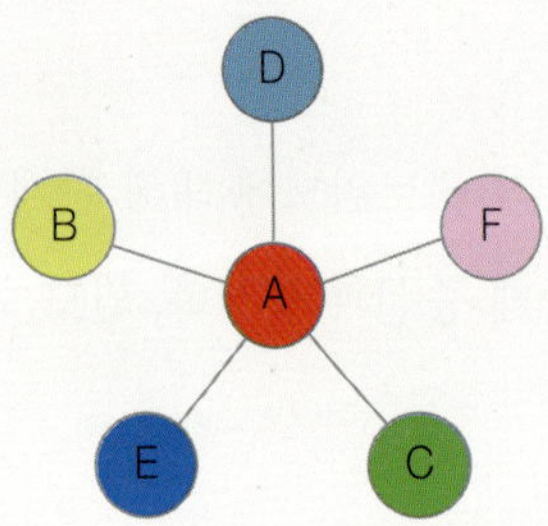


```
tkplot(G.star, vertex.color=rainbow(6), vertex.size=20)
```

인터랙티브 그래프 출력

출력 결과

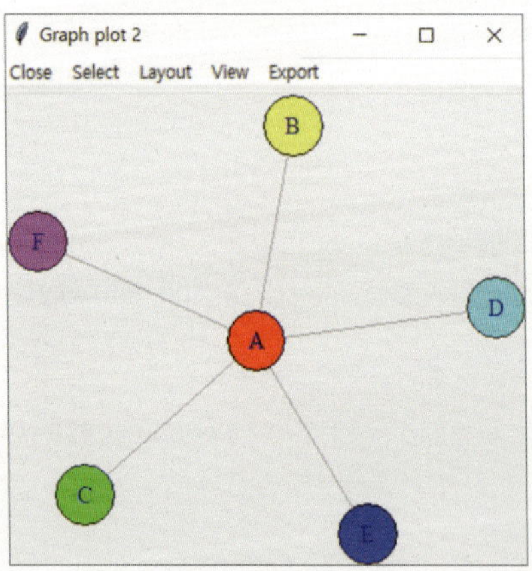

① 원형 네트워크 만들기
6개의 노드, 무방향성
노드 이름은 'A'~'F'로 설정

```
G.ring <- make_ring(6, directed = FALSE, circular = TRUE) %>%
          set_vertex_attr("name", value = c("A", "B", "C", "D", "E", "F"))
tkplot(G.ring, vertex.color=rainbow(6), vertex.size=20)
```

출력 결과

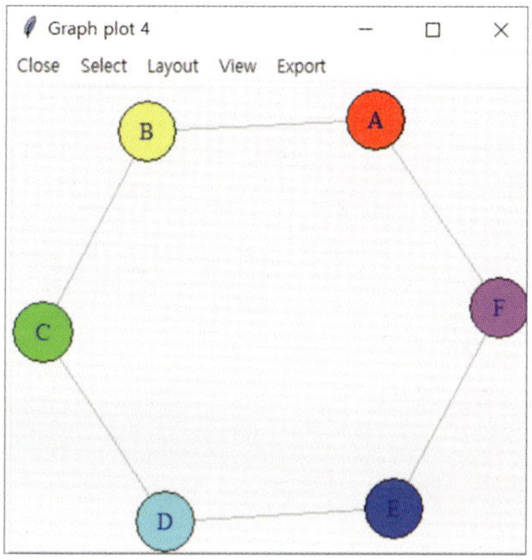


```
G.Y <- make_graph(edges=NULL, n=NULL, directed=FALSE)
G.Y <- G.Y + vertices("A", "B", "C", "D", "E", "F")
G.Y <- G.Y + edges("A", "B",
                   "A", "C",
                   "A", "D",
                   "D", "E",
                   "E", "F")
tkplot(G.Y, vertex.color=rainbow(6), vertex.size=20)
```

① 일반적인 그래프 초기화(무방향)

노드 추가

가지 추가(각 연결 노드를 짝으로 나열)

출력 결과

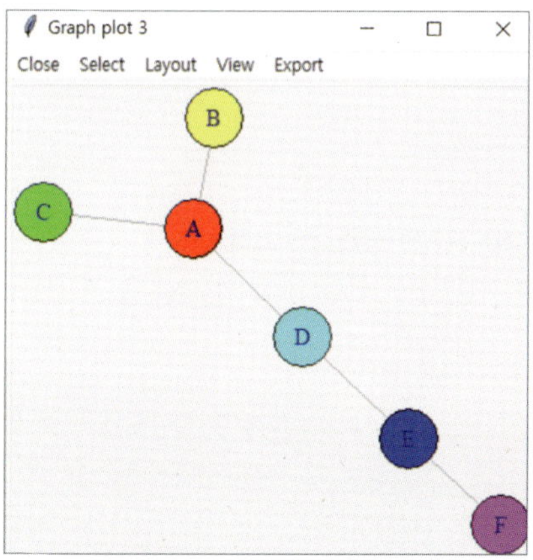

함수

edge() 또는 edges()

패키지	igraph (추가 패키지)
기능	가지 추가 또는 삭제
사용법	**edge** (...)
반환 값	igraph와 함께 사용될 수 있는 객체

매개변수	설명
...	가지로 연결할 노드(나열된 순서대로 두 개씩 짝으로 연결)

함수

make_graph()

패키지	igraph (추가 패키지)
기능	가지 리스트로부터 그래프 생성
사용법	**graph** (edges, n=max(edges), directed=TRUE) 또는 **make_graph** (edges, n=max(edges), directed=TRUE)
반환 값	igraph 그래프

매개변수	설명
ege	가지들을 정의하는 벡터
n	그래프 노드의 수
directed	방향성 그래프 여부(디폴트는 TRUE로 방향성을 가진 그래프)

함수

make_ring()

패키지	igraph (추가 패키지)
기능	원형 그래프 생성
사용법	`make_ring(n, directed = FALSE, circular = TRUE)`
반환 값	igraph 그래프

매개변수	설명
n	노드 수
directed	그래프의 방향성 여부
circular	원형 여부(TRUE이면 원형, FALSE이면 선형)

함수

make_star()

패키지	igraph (추가 패키지)
기능	스타형 그래프 생성
사용법	`make_star(n, mode=c("in", "out", "mutual"), center=1)`
반환 값	igraph 그래프

매개변수	설명
n	노드 수
mode	네트워크의 방향성
center	중앙 노드의 색인

함수

plot() 또는 plot.igraph()

패키지	igraph (추가 패키지)
기능	igraph의 그래프 출력
사용법	`plot(graph, vertex.color, vertex.size)`
반환 값	NULL

매개변수	설명
graph	Igraph 그래프
vertex.color	노드 색
vertex.label	노드 출력 이름
vertex.size	노드 크기

함수

set_vertex_attr()

패키지	igraph (추가 패키지)
기능	노드 속성 설정
사용법	`set_vertex_attr(name, value)`
반환 값	노드의 속성이 추가된 그래프

매개변수	설명
name	노드에 설정할 속성
value	노드에 설정된 속성에 해당하는 새로운 값

함수

tkplot()

패키지	igraph (추가 패키지)
기능	인터랙티브 그래프 출력
사용법	`tkplot(graph, vertex.color, vertex.size)`
반환 값	출력된 결과의 id(정수)

매개변수	설명
graph	Igraph 그래프
vertex.color	노드 색
vertex.size	노드 크기

함수

vertex() 또는 vertices()

패키지	igraph (추가 패키지)
기능	노드의 추가 또는 삭제
사용법	`vertex (...)`
반환 값	igraph와 함께 사용될 수 있는 객체

매개변수	설명
...	추가할 노드 이름

함수

%>%

패키지	igraph (추가 패키지)
기능	Magrittr의 파이프, 파이프의 왼쪽 실행 결과를 오른쪽 실행 결과로 변환
사용법	%>%
반환 값	파이프의 오른쪽 함수 결과

매개변수	설명
lhs	파이프의 왼쪽 함수
rhs	파이프의 오른쪽 함수

스타형의 예로 연결정도의 중심성과 중심화를 찾는 방법을 살펴보자.

R 연결 정도 중심성과 중심화

```
degree(G_star, normalized = FALSE)
```
② 연결정도 중심성(비정규형)

출력 결과

```
A B C D E F
5 1 1 1 1 1
```

```
degree(G_star, normalized = TRUE)
```
연결정도 중심성(정규형)

출력 결과

```
  A   B   C   D   E   F
1.0 0.2 0.2 0.2 0.2 0.2
```

```
CD <- centralization.degree(G_star, normalized = FALSE)
CD
```
연결정도 중심화(비정규형)

출력 결과

```
$res
[1] 5 1 1 1 1 1

$centralization          연결정도 중심화
[1] 20

$theoretical_max         이론적인 연결정도 중심화
[1] 30                   ☞ igraph 패키지의 오류가 있음
```

```
CD$centralization        연결정도 중심화
```

출력 결과

```
[1] 20
```

```
Tmax <- centralization.degree.tmax(G_ring)     이론적인 연결정도 중심화
```

출력 결과

```
[1] 20
```

```
CD$centralization / Tmax     정규화된 연결정도 중심화
```

출력 결과

```
[1] 1
```

함수

centralization.degree()

패키지	igraph (추가 패키지)
기능	연결정도 중심화 측정
사용법	centralization.degree (graph, normalized=TRUE) 또는 centr_degree (graph, normalized=TRUE)
반환 값	res, centralization, theoretical_max 요소로 구성되는 리스트 res: 노드 수준의 중심성 centralization: 그래프 수준의 중심성 theoretical_max: 이론적 그래프 수준의 중심화 최대값

매개변수	설명
grapg	그래프 객체
normalized	표준화 여부(디폴트는 TRUE). TRUE로 설정 시 centralization을 theoretical_max로 나눈 값을 출력

함수

centralization.degree.tmax()

패키지	igraph (추가 패키지)
기능	이론적인 연결정도 최대 중심화 계산
사용법	**centralization.degree.tmax(graph)** 또는 **centr_degree_tmax(graph)**
반환 값	숫자

매개변수	설명
graph	그래프 객체

함수

degree

패키지	igraph (추가 패키지)
기능	노드에 연결된 에지의 수
사용법	**degree(graph, normalized=FALSE)**
반환 값	각 노드의 연결 정도를 나타내는 벡터

매개변수	설명
grapg	그래프 객체
normalized	표준화 여부(디폴트는 FALSE). TRUE로 설정 시 연결 가능한 총 수로 나눈 값을 출력

스타형의 예로 근접 중심성과 중심화를 찾는 방법은 다음과 같다.

근접 중심성과 중심화

```
closeness(G.star, normalized=FALSE)
```
③ 근접 중심성(비정규형)

출력 결과

```
        A         B         C         D         E         F 
0.2000000 0.1111111 0.1111111 0.1111111 0.1111111 0.1111111 
```

```
closeness(G.star, normalized=TRUE)
```
근접 중심성(정규형)

출력 결과

```
        A         B         C         D         E         F 
1.0000000 0.5555556 0.5555556 0.5555556 0.5555556 0.5555556 
```

```
CC <- centralization.closeness(G.star, normalized = FALSE)
CC$centralization / (6-1)
```
근접 중심화(비정규형)

근접 중심화
☞ igraph 패키지의 오류: (노드수-1)로 나누면 됨

출력 결과

```
[1] 0.4444444
```

이론적인 최대 근접 중심화
☞ igraph 패키지의 오류: (노드수-1)로 나누면 됨

```
CC$theoretical_max / (6-1)
```

출력 결과

```
[1] 0.4444444
```

정규화된 근접 중심화

```
CC$centralization / CC$theoretical_max
```

출력 결과

```
[1] 1
```

함수

centralization.closeness()

패키지	igraph (추가 패키지)
기능	근접 중심화 측정
사용법	**centralization.closeness(graph, normalized=TRUE)**
반환 값	res, centralization, theoretical_max 요소로 구성되는 리스트 res: 노드 수준의 중심성 centralization: 그래프 수준의 중심성 theoretical_max: 이론적 그래프 수준의 중심화 최대값

매개변수	설명
grapg	그래프 객체
normalized	표준화 여부(디폴트는 TRUE). TRUE로 설정 시 centralization을 theoretical_max로 나눈 값을 출력

함수

closeness()

패키지	igraph (추가 패키지)
기능	근접 중심성 측정
사용법	**closeness(graph, normalized=FALSE)**
반환 값	각 노드의 근접 중심성 값들에 대한 숫자 벡터

매개변수	설명
grapg	그래프 객체
normalized	표준화 여부(디폴트는 FALSE).

그리고, 스타형의 예로 중개 중심성과 중심화를 찾는 방법은 다음과 같다.

R 중개 중심성과 중심화

```
betweenness(G.star, normalized=FALSE)
```
④ 중개 중심성(비정규형)

출력 결과

```
 A  B  C  D  E  F
10  0  0  0  0  0
```

```
betweenness(G.star, normalized=TRUE)
```
중개 중심성(정규형)

출력 결과

```
A B C D E F
1 0 0 0 0 0
```

```
CB <- centralization.betweenness(G.star, normalized=FALSE)
CB$centralization
```
중개 중심화(비정규형)
중개 중심화

출력 결과

```
[1] 50
```

```
CB$theoretical_max
```
이로적인 최대 중개 중심화

출력 결과

```
[1] 50
```

```
CB$centralization / CB$theoretical_max
```
중개 중심화(정규형)

출력 결과

```
[1] 1
```

함수

betweenness()

패키지	igraph (추가 패키지)
기능	매개 중심성 측정
사용법	`betweenness(graph, normalized=FALSE)`
반환 값	각 노드의 매개 중심성 값들에 대한 숫자 벡터

매개변수	설명
graph	그래프 객체
normalized	표준화 여부(디폴트는 FALSE).

함수

centralization.betweenness()

패키지	igraph (추가 패키지)
기능	매개 중심화 측정
사용법	`centralization.betweenness(graph, normalized=TRUE)`
반환 값	res, centralization, theoretical_max 요소로 구성되는 리스트 res: 노드 수준의 중심성 centralization: 그래프 수준의 중심성 theoretical_max: 이론적 그래프 수준의 중심화 최대값

매개변수	설명
graph	그래프 객체
normalized	표준화 여부(디폴트는 TRUE). TRUE로 설정 시 centralization을 theoretical_max로 나눈 값을 출력

각 네트워크의 밀도는 다음과 같다.

네트워크 밀도

```
graph.density(G.star)
```
⑤ g_star 그래프에 대한 네트워크 밀도

출력 결과

```
[1] 0.3333333
```

```
graph.density(G.Y)
```

출력 결과

```
[1] 0.3333333
```

```
graph.density(G.ring)
```

출력 결과

```
[1] 0.4
```

함수

graph.density()

패키지	igraph (추가 패키지)
기능	네트워크의 밀도
사용법	graph.density(graph)
반환 값	숫자

매개변수	설명
graph	그래프 객체

(5) 최단경로 (geodesic path)와 평균 거리

노드 간 최단경로의 거리와 네트워크 전체의 두 노드 간 경로들에 대한 평균거리 등을 구해보자. 원 그래프의 예에서 A에서 C로 가는 경로는 A–B–C와 A–F–E–D–C 두 경로가 있는데, 최단경로는 A–B–C이며 거리는 2가 된다. 네트워크 전체의 평균거리는 모든 노드 간 경로들의 거리를 평균한 값으로 측정된다.

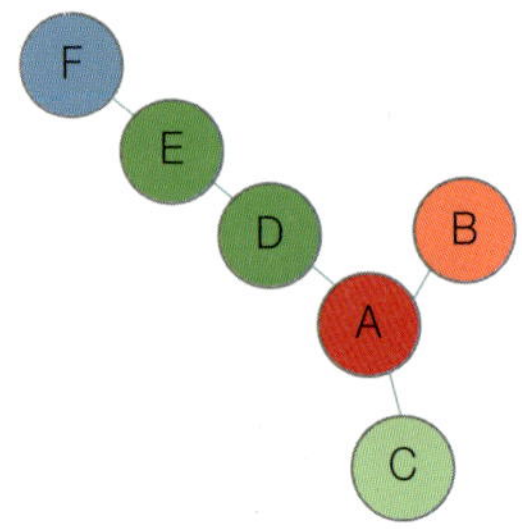

최단경로와 평균 거리

```
shortest.paths(G.Y)
```

각 노드 간 경로에 대한 거리(연결정도)
☞ B에서 C는 두 단계를 거치면 도달

출력 결과

```
  A B C D E F
A 0 1 1 1 2 3
B 1 0 2 2 3 4
C 1 2 0 2 3 4
D 1 2 2 0 1 2
E 2 3 3 1 0 1
F 3 4 4 2 1 0
```

```
distances(G.Y, v = "A", to="E")
```

'A' 노드로부터 'E'로 연결된 경로

출력 결과

```
  E
A 2
```

```
get.shortest.paths(G.Y, "A", "E")$vpath[[1]]
```

'A' 노드로부터 'E'로 연결된 거리(단계).

출력 결과

```
+ 3/6 vertices, named, from 2f55b3b:
[1] A D E
```

```
average.path.length(G.Y)
```

⑥ 네트워크 경로들에 대한 평균 거리
☞ 임의의 두 사용자는 평균적으로 1.7단계를 거치면 연결됨

출력 결과

```
[1] 2.133333
```

함수

average.path.length()

패키지	igraph (추가 패키지)
기능	노드 간 모든 경로의 평균 거리
사용법	`average.path.length(graph)`
반환 값	숫자

매개변수	설명
graph	그래프 객체

함수

diatances()

패키지	igraph (추가 패키지)
기능	노드 간 최단 경로의 거리
사용법	`distances(graph, v, to)`
반환 값	각 노드 간 최단경로의 거리를 나타내는 행렬

매개변수	설명
graph	그래프 객체
v	최단 경로의 거리 계산을 위한 시작 노드
to	최단 경로의 거리 계산을 위한 끝 노드

함수

get.shortest.paths()

패키지	igraph (추가 패키지)
기능	노드 간 최단 경로
사용법	`get.shortest.paths(graph)`
반환 값	노드 간 경로들 포함하는 리스트

매개변수	설명
graph	그래프 객체

함수

shortest.paths()

패키지	igraph (추가 패키지)
기능	모든 노드 간 최단경로 거리
사용법	`shortest.paths (graph)`
반환 값	노드 간 거리 리스트

매개변수	설명
graph	igraph 그래프

11.4 페이스북 사용자 네트워크 분석

프로젝트

미국 스탠포드대학의 Stanford Large Network Dataset Collection의 Social networks 데이터 세트에 있는 페이스북 사용자 간 네트워크 데이터 파일facebook_combined.txt을 이용해 사용자 간 연결망을 분석해 보기로 하자.

facebook_combined.txt

```
0 1
0 2
0 3
0 4
0 5
.....
4026 4030
4027 4031
4027 4032
4027 4038
4031 4038
```

1 번째 행
☞ 0번 ID를 가진 사용자는 1번 ID를 가진 사용자와 연결되어 있음을 의미

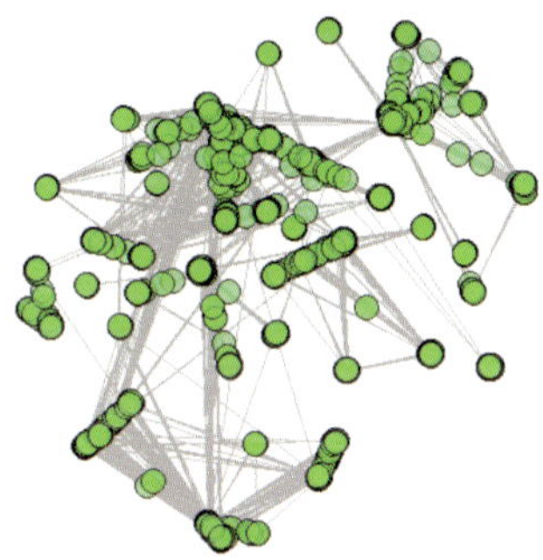

문제 해결 방법

사용자 간 관계를 네트워크로 표현하는 데이터 세트를 읽고, 그래프 형태의 데이터 프레임으로 변환하여 그래프 형태를 살펴본다. 연결정도, 근접, 중개의 중심성과 중심화, 밀도, 평균거리를 파악한다.

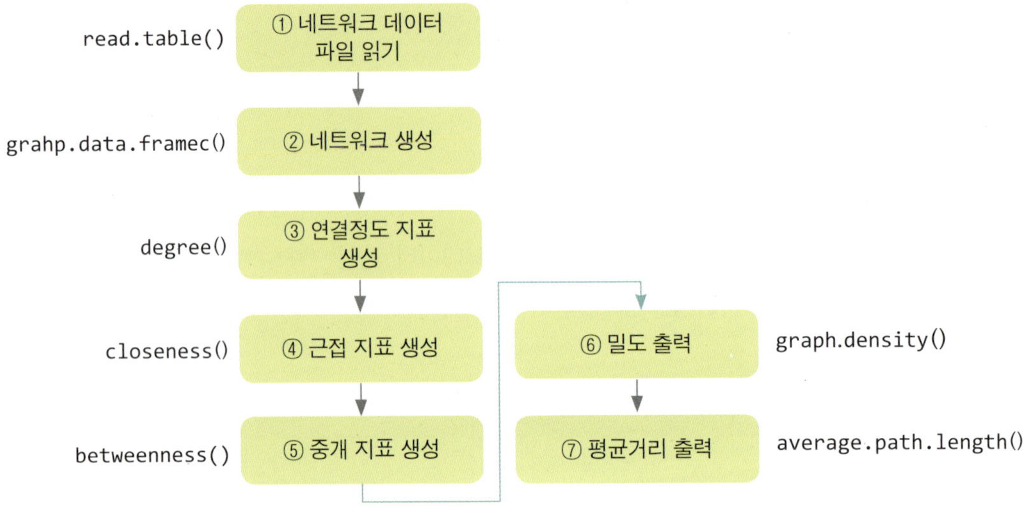

(1) 페이스북 사용자 데이터 다운로드

스탠포드 네트워크 분석 플랫폼SNAP: Stanford Network Analysis Platform, https://snap.stanford.edu은 2004년 이래로 대량의 사회 및 정보 네트워크에 관한 연구 분석을 목적으로 만들어졌으며, 다양한 데이터 세트를 모아 놓은 Stanford Large Network Dataset Collection이 있다.

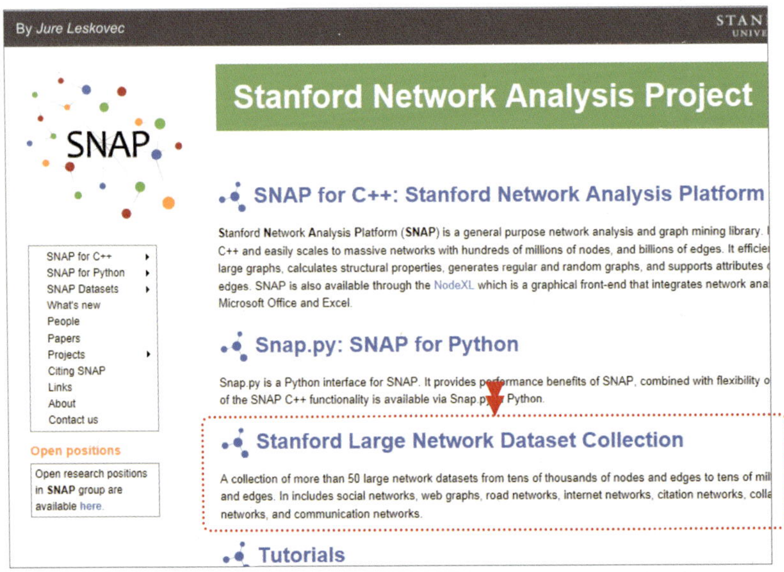

Stanford Large Network Dataset Collection을 클릭하면 social networks, web graphs, road networks, internet networks, citation networks, collaboration networks, and communication networks들에 대한 여러 데이터 세트들을 볼 수 있다.

데이터 세트	내용
Social networks	온라인 소셜 네트워크, 에지(dege)는 사람들 사이의 상호작용을 나타냄
Networks with ground-truth communities	사회적 정보 네트워크의 지역 기반 네트워크 커뮤니티
Communication networks	이메일 커뮤니케이션 네트워크
Citation networks	논문 인용 네트워크
Collaboration networks	과학자의 논문 협업 네트워크
Web graphs	웹페이지의 하이퍼링크 네트워크
Amazon networks	장바구니(동시 구매)를 통한 상품 네트워크
Internet networks	컴퓨터 간 통신 네트워크
Road networks	교차로와 도로 네트워크
Autonomous systems	인터넷 그래프
Signed networks	친구 또는 신뢰에 관한 긍정 부정적 네트워크
Location-based online social networks	지리적 탑승 관계의 사회적 네트워크
Wikipedia networks and metadata	위키피디아 편집 관련 데이터
Twitter and Memetracker	트위터의 467,000,000개의 트위트 네트워크
Online communities	Reddit와 Flickr 같은 온라인 커뮤니티의 데이터
Online reviews	BeerAdvocate와 Amazon 같은 온라인 리뷰 시스템의 데이터

Social networks 데이터 세트 목록에서 페이스북 사용자 데이터 세트를 클릭해 보자.

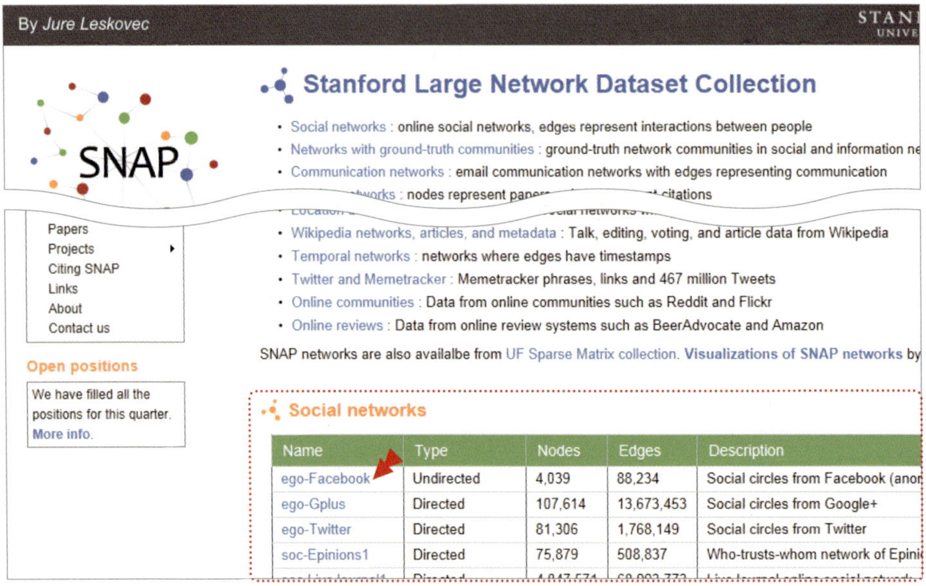

다음과 같이 Facebook 데이터 세트에 대한 설명과 텍스트 파일을 다운로드 받을 수 있도록 되어 있다. textbook_combined.txt.gz 파일을 다운로드 받아 압축을 풀면 된다.

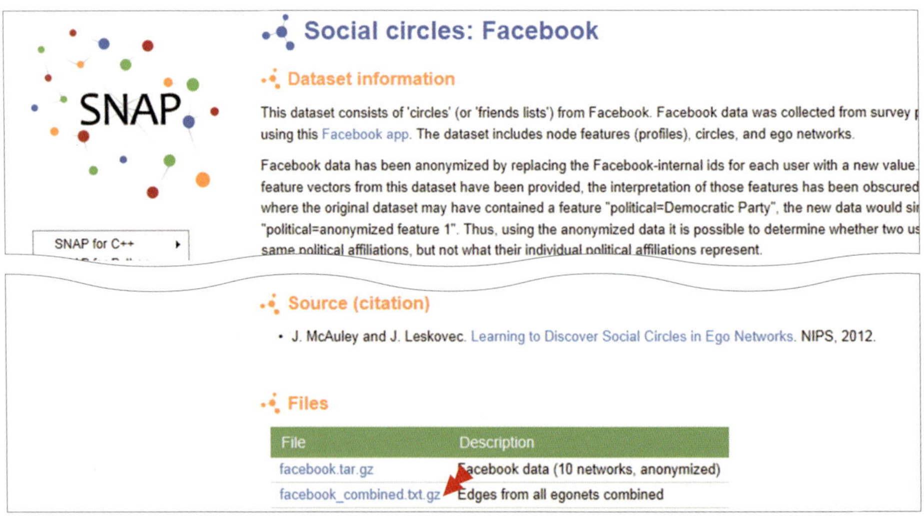

데이터 파일을 보면, 0~4038로 표현되는 4,039명의 사용자 간에 88,234개의 연결에 관한 정보를 볼 수 있다. 첫째 열은 사용자 번호, 둘째 열은 첫째 열의 사용자와 연결된 사용자를 의미한다. 사용자 간 연결에는 방향성이 없다.

facebook_combined.txt

```
0 1
0 2
0 3
0 4
0 5
.....
4026 4030
4027 4031
4027 4032
4027 4038
4031 4038
```

1 번째 행
☞ 0번 ID를 가진 사용자는 1번 ID를 가진 사용자와 연결되어 있음을 의미

(2) 파일 읽기와 그래프 출력

데이터 파일을 읽고, 사용자 간 연결 네트워크를 출력해보자.

페이스북 사용자 데이터 읽기와 그래프 출력

```
# install.packages("igraph"")
library(igraph)
df.fb <- read.table(file.choose(), header=F)
head(df.fb)
```

패키지 로딩
① 페이스북 사용자 데이터 세트 읽기

출력 결과

페이스북 사용자 데이터 세트 출력 (앞 부분)

```
  V1 V2
1  0  1
2  0  2
3  0  3
4  0  4
5  0  5
6  0  6
```

```
tail(df.fb)
```

출력 결과

```
         v1   v2
88229 4023 4038
88230 4026 4030
88231 4027 4031
88232 4027 4032
88233 4027 4038
88234 4031 4038
```

페이스북 사용자 데이터 세트 출력 (뒷 부분)
☞ 총 88,234 연결을 가짐

② sn 데이터를 그래프 형식의 데이터 프레임으로 변환 (directed를 FALSE로 지정하면 방향성이 없음을 의미함)

```
G.fb <- graph.data.frame(fb.df, directed=FALSE)
par(mar=c(0,0,0,0))
plot(G.fb,
      vertex.label = NA,
      vertex.size = 10,
      vertex.color = rgb(0,1,0,0.5))
```

그래프 출력 환경설정
역의 마진을 모두 0으로 설정(하, 좌, 상, 우 방향)

③연결망 출력

출력 결과

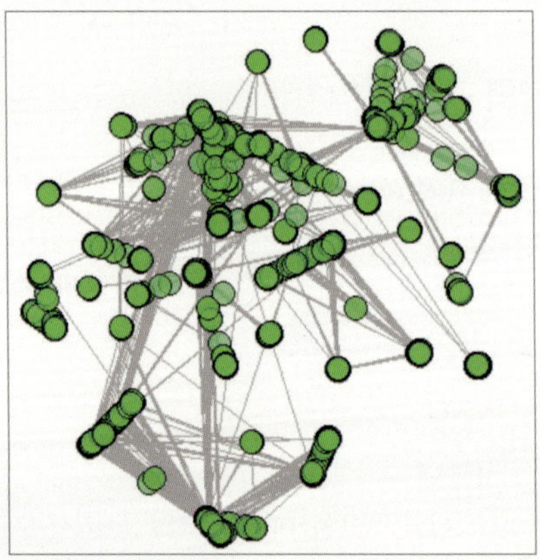

```
dev.off()
```

그래프 출력 환경설정의 초기화

함수

graph.data.frame ()

패키지	igraph (추가 패키지)
기능	데이터 프레임으로부터 igraph의 그래프로 변환
사용법	**graph.data.frame** (**d, directed=TRUE**)
반환 값	igraph 객체

매개변수	설명
d	두 개의 열로 표현되는 네트워크 구조의 데이터 프레임
directed	방향성이 있는 그래프로 만드는지의 여부 ☞ 디폴트는 TRUE

함수

read.table()

패키지	utils (기본 패키지)
기능	테이블 형태의 파일을 읽어 데이터 프레임으로 변환
사용법	**read.table**(**file, header=FALSE, ...**)
반환 값	file 내의 데이터를 표현하는 데이터 프레임

매개변수	설명
file	읽혀질 데이터 파일의 이름
header	파일 첫 번째 행에 변수 명을 포함하는지의 여부 ☞ 디폴트는 FALSE

앞에서 그린 그래프는 네트워크의 모든 노드들을 포함하기 때문에 복잡하다. 따라서, 임의의 사용자를 중심으로 크기가 작은 그래프를 그려보자.

1~50번째 사용자들 간의 그래프

```
V(G.fb)$name
```
노드 이름

출력 결과

1~50번째 사용자 이름

```
 [1] "0"    "1"    "2"    "3"    "4"    "5"    "6"    "7"
 [9] "8"    "9"    "10"   "13"   "14"   "16"   "17"   "19"
[17] "20"   "21"   "22"   "23"   "24"   "25"   "26"   "27"
[25] "28"   "29"   "30"   "31"   "32"   "33"   "34"   "35"
[33] "36"   "38"   "39"   "40"   "41"   "44"   "45"   "46"
[41] "47"   "48"   "49"   "50"   "51"   "52"   "53"   "54"
[49] "55"   "56"   "57"   "58"   "59"   "60"   "61"   "62"
[57] "63"   "64"   "65"   "66"   "67"   "68"   "69"   "70"
```

```
v.set <- V(G.fb)$name[1:50]
G.fb.part <- induced_subgraph(G.fb, v=v.set)
tkplot(G.fb.part,
       vertex.label.cex = 1.2,
       vertex.size = degree(G.fb.part)*1.5,
       vertex.color = "yellow",
       vertex.frame.color = "gray")
```

1~50번째 노드 집합

서브 네트워크 생성
☞ G.fb 네트워크에서 v.set 노드로 구성되는 네트워크 추출

인터랙티브 네트워크

출력 결과

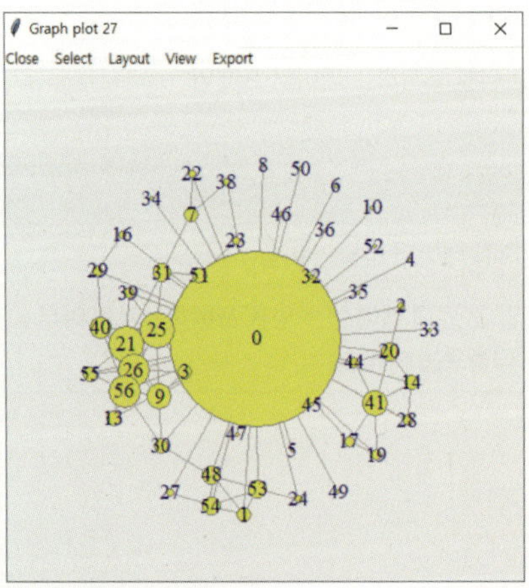

함수

V()

패키지	igraph (추가 패키지)
기능	스타형 그래프 생성
사용법	plot(url, httpheader, ...)
반환 값	텍스트

매개변수	설명
url	URI 문자열
httpheader	HTTP 요청 시 header 설정

함수

induced_subgraph()

패키지	igraph (추가 패키지)
기능	스타형 그래프 생성
사용법	plot(url, httpheader, ...)
반환 값	텍스트

매개변수	설명
url	URI 문자열
httpheader	HTTP 요청 시 header 설정

특정 ID를 가진 노드와 연결된 이웃 노드들을 출력해보자.

ID가 1인 사용자와 연결된 그래프

```
v2 <- which(V(G.fb)$name == "1")
v2
```

노드 이름이 '1'인 노드 추출(위치)

출력 결과

```
[1] 2
```

```
v.set <- neighbors(G.fb, v=v2)
v.set
```

노드가 v2 노드와 연결된 이웃 노드 추출

출력 결과

```
+ 17/4039 vertices, named, from 98c3f50:
 [1] 0   48  53  54  73  88  92  119 126 133 194 236 280 299
[15] 315 322 346
```

```
v3 <- c(v2, v.set)
G.fb.id <- induced_subgraph(G.fb, v=v3)
V(G.fb.id)$color <- ifelse(V(G.fb.id)$name == "1", "red", "yellow")
tkplot(G.fb.id,
       vertex.label.cex = 1.2,
       vertex.size = degree(G.fb.id)*1.5,
       vertex.frame.color = "gray")
```

노드 통합

G.fb에서 서브 네트워크 추출

노드 색
☞ 노드가 '1'이면 적색, 그 외는 노란색

인터랙티브 네트워크 출력

출력 결과

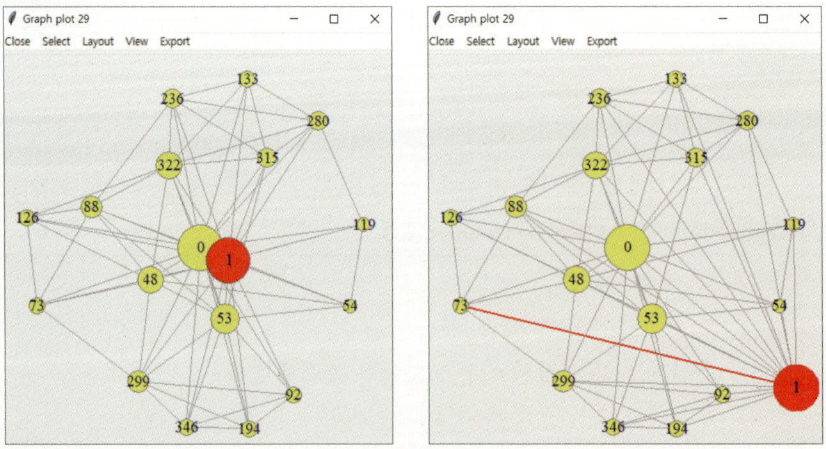

함수

which()

패키지	igraph (추가 패키지)
기능	스타형 그래프 생성
사용법	plot(url, httpheader, ...)
반환 값	텍스트

매개변수	설명
url	URI 문자열
httpheader	HTTP 요청 시 header 설정

함수

neighbors()

패키지	igraph (추가 패키지)
기능	스타형 그래프 생성
사용법	plot(url, httpheader, ...)
반환 값	텍스트

매개변수	설명
url	URI 문자열
httpheader	HTTP 요청 시 header 설정

함수

ifelse()

패키지	igraph (추가 패키지)
기능	스타형 그래프 생성
사용법	plot(url, httpheader, ...)
반환 값	텍스트

매개변수	설명
url	URI 문자열
httpheader	HTTP 요청 시 header 설정

이번엔 연결정도(중심성)가 가장 큰 사용자를 찾아보자.

연결정도가 가장 큰 사용자와 연결된 그래프

```
v.max <- V(G.fb)$name[degree(G.fb)==max(degree(G.fb))]   # 연결정도가 가장 큰 노드
v.max
```

출력 결과

```
[1] "107"
```

```
degree(G.fb, v.max)   # 연결정도   # 노드가 v2 노드와 연결된 이웃 노드 추출
```

출력 결과

```
 107
1045
```

```
v.max.idx <- which(V(G.fb)$name == v.max)   # 연결정도가 가장 큰 노드 위치
v.max.idx
```

출력 결과

```
[1] 100
```

```
v.set <- neighbors(G.fb, v=v.max.idx)   연결정도가 가장 큰 노드의 이웃 노드
v3 <- c(v.max.idx, v.set)   노드 통합
G.fb_2 <- induced_subgraph(G.fb, v=v3)   서브 네트워크
V(G.fb_2)$color <- ifelse(V(G.fb_2)$name == v.max, "red", "yellow")   노드 색
V(G.fb_2)$label <- ifelse(V(G.fb_2)$name == v.max, v.max, NA)   노드 라벨
V(G.fb_2)$size <- ifelse(V(G.fb_2)$name == v.max, 50,  5)   노드 크기
plot(G.fb_2)   네트워크 출력
```

출력 결과

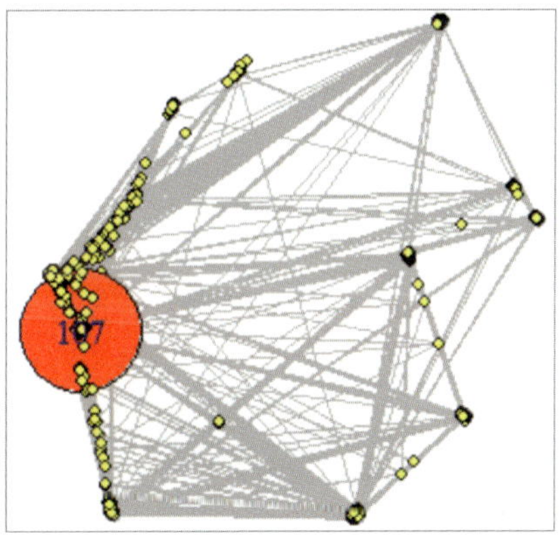

(3) 중심성과 중심화 분석

연결정도, 근접, 중개 중심성과 중심화 경향을 살펴보자.

R 연결정도 중심성과 중심화 지표

```
degree(G.fb, normalized=FALSE)   ③ 연결정도 중심성
```

출력 결과

```
  0   1   2   3   4   5   6   7   8   9  10  13  14
347  17  10  17  10  13   6  20   8  57  10  31  15
 16  17  19  20  21  22  23  24  25  26  27  28  29
  9  13  16  15  65  11  17  16  69  68   5  13  13
 30  31  32  33  34  35  36  38  39  40  41  44  45
 17  23   6   2   5   2  11   9  15  44  24   6  12
 46  47  48  49  50  51  52  53  54  55  56  57  58
  5   2  22   4  11   7   2  31   8  17  78  15  12
```

```
degree(G.fb, normalized=TRUE)
```
연결정도 중심성(정규형)

출력 결과

```
           0            1            2            3            4
0.0859336305 0.0042100050 0.0024764735 0.0042100050 0.0024764735
           5            6            7            8            9
0.0032194156 0.0014858841 0.0049529470 0.0019811788 0.0141158990
          10           13           14           16           17
0.0024764735 0.0076770679 0.0037147103 0.0022288262 0.0032194156
          19           20           21           22           23
0.0039623576 0.0037147103 0.0160970778 0.0027241209 0.0042100050
```

```
CD <- centralization.degree(G.fb, normalized = FALSE)
CD$centralization
```
연결정도 중심화(비정규형)
연결정도 중심화

출력 결과

```
[1] 4044287
```

```
Tmax <- centralization.degree.tmax(G.fb)
Tmax
```
이론적인 최대 연결정도 중심화

출력 결과

```
[1] 16301406
```

```
CD$centralization / Tmax
```
연결정도 중심화(정규형)

출력 결과

```
[1] 0.2480944
```

근접 중심성과 중심화 지표

```
closeness(G.fb, normalized=FALSE)
```
④ 근접 중심성(비정규형)

출력 결과

```
           0            1            2            3            4
8.750438e-05 6.472911e-05 6.469979e-05 6.472911e-05 6.469979e-05
           5            6            7            8            9
6.471235e-05 6.468305e-05 6.804573e-05 6.469142e-05 6.489714e-05
          10           13           14           16           17
6.469979e-05 6.478782e-05 6.472073e-05 6.469561e-05 6.471235e-05
          19           20           21           22           23
6.472492e-05 6.472073e-05 6.825473e-05 6.470398e-05 6.472911e-05
```

```
closeness(G.fb, normalized=TRUE)
```
근접 중심성(정규형)

출력 결과

```
        0         1         2         3         4         5
0.3533427 0.2613761 0.2612578 0.2613761 0.2612578 0.2613085
        6         7         8         9        10        13
0.2611902 0.2747686 0.2612240 0.2620546 0.2612578 0.2616132
       14        16        17        19        20        21
0.2613423 0.2612409 0.2613085 0.2613592 0.2613423 0.2756126
       22        23        24        25        26        27
0.2612747 0.2613761 0.2613592 0.2622589 0.2622418 0.2611733
```

```
CB <- centralization.closeness(G.fb, normalized = FALSE)
n <- vcount(G.fb)
n
```
근접 중심화(비정규형)

네트워크 노드 수

출력 결과

```
[1] 4039
```

```
CB$centralization / (n-1)
```
근접 중심화

출력 결과

```
[1] 0.1835771
```

```
CB$theoretical_max / (n-1)
```
이론적인 최대 근접 중심화

출력 결과

```
[1] 0.4999381
```

```
CB$centralization / CB$theoretical_max
```
근접 중심화(정규형)

출력 결과

```
[1] 0.3671998
```

중개 중심성과 중심화 지표

```
betweenness(G.fb, normalized=FALSE)
```
⑤ 중개 중심성(비정규형)

출력 결과

```
           0            1            2            3            4
1.192496e+06 2.268564e+01 6.190476e-01 1.373447e+01 1.500000e+00
           5            6            7            8            9
1.798016e+01 2.000000e-01 1.388052e+03 2.250000e+00 1.341136e+02
          10           13           14           16           17
4.064543e-01 1.436375e+01 4.550433e+00 1.628466e+00 3.347222e+00
          19           20           21           22           23
4.126667e+01 5.537338e+00 7.645558e+03 5.463418e+00 5.591667e+01
```

```
closeness(G.fb, normalized=TRUE)
```
중개 중심성(정규형)

출력 결과

```
           0            1            2            3            4
1.463059e-01 2.783274e-06 7.595021e-08 1.685066e-06 1.840332e-07
           5            6            7            8            9
2.205964e-06 2.453776e-08 1.702985e-04 2.760498e-07 1.645424e-05
          10           13           14           16           17
4.986740e-08 1.762272e-06 5.582872e-07 1.997946e-07 4.106667e-07
          19           20           21           22           23
5.062958e-06 6.793693e-07 9.380244e-04 6.703002e-07 6.860349e-06
```

```
CB <- centralization.betweenness(G.fb, normalized = FALSE)
CB$centralization
```
중개 중심화(비정규형)

중개 중심화

출력 결과

```
[1] 15797029727
```

```
CB$theoretical_max
```
이론적인 최대 중개 중심화

출력 결과

```
[1] 32912538714
```

```
CB$centralization / CB$theoretical_max
```
중개 중심화(정규형)

출력 결과

```
[1] 0.47997
```

(4) 밀도

밀도의 크기는 다음과 같다.

R 밀도

```
graph.density(G.fb)
```
⑥ 네트워크 밀도

출력 결과

```
[1] 0.01081996
```

(5) 노드 간 거리와 평균거리

각 노드 간 최단거리와 네트워크 전체의 평균 거리는 다음과 같다.

R 거리

```
shortest.paths(G.fb)[1:10,1:10]
```

1~10번째 노드 간의 경로

출력 결과

```
  0 1 2 3 4 5 6 7 8 9
0 0 1 1 1 1 1 1 1 1 1
1 1 0 2 2 2 2 2 2 2 2
2 1 2 0 2 2 2 2 2 2 2
3 1 2 2 0 2 2 2 2 2 1
4 1 2 2 2 0 2 2 2 2 2
5 1 2 2 2 2 0 2 2 2 2
6 1 2 2 2 2 2 0 2 2 2
7 1 2 2 2 2 2 2 0 2 2
8 1 2 2 2 2 2 2 2 0 2
9 1 2 2 1 2 2 2 2 2 0
```

```
distances(G.fb, v = "3", to="7")
```

노드 이름이 3인 노드에서 7 노드 간의 거리

출력 결과

```
  7
3 2
```

```
get.shortest.paths(G.fb, "3v, "7")$vpath[[1]]
```

노드 이름이 3인 노드에서 7 노드 간의 경로

출력 결과

```
+ 3/4039 vertices, named, from d2b6fa3:
[1] 3 0 7
```

```
average.path.length(G.fb)
```

⑦ 평균 거리

출력 결과

```
[1] 3.692507
```

(6) 확률밀도 분포

연결정도의 분포를 살펴보자.

R 연결정도 분포

```
plot(degree(G.fb),
     xlab="사용자 ID", ylab="연결 정도",
     main="사용자별 연결정도",
     type='h')
```

노드 별 연결정도 분포

출력 결과

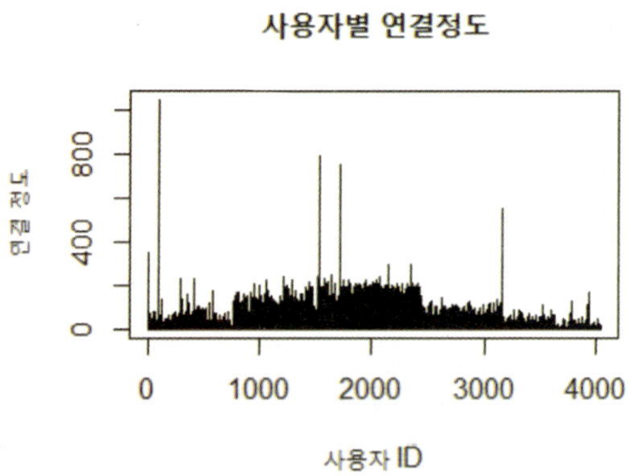


```
x <- degree(G.fb, normalized=F)
summary(x)
```

연결 정도에 대한 요약

☞ 연결 정도의 최소 수는 1, 최대 수는 1045 개 이며, 연결 정도 평균은 43.69로 나타남

출력 결과

```
  Min. 1st Qu.  Median    Mean 3rd Qu.    Max.
  1.00   11.00   25.00   43.69   57.00 1045.00
```

```
hist(x,
     xlab="연결 정도", ylab="빈도",
     main="연결정도 분포",
     breaks=seq(0, max(x), by=1))
```

사용자별 연결 정도 그래프

출력 결과

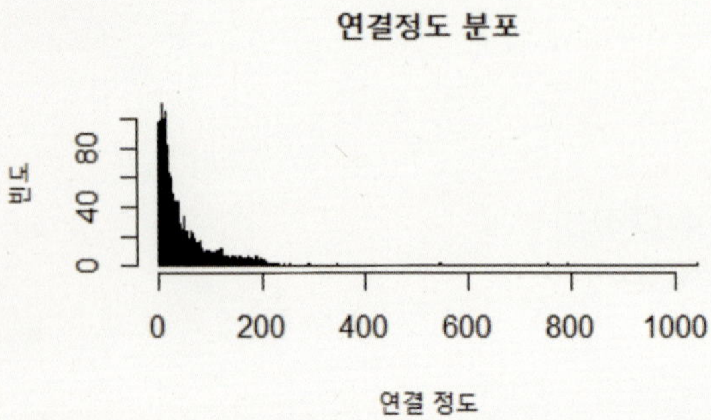


```
G.fb.dist <- degree.distribution(G.fb)
plot(G.fb.dist,
     type="h",
     xlab="연결정도 분포", ylab="확률밀도",
     main="연결정도 분포")
```

연결 정도에 대한 분포

연결 정도 분포의 출력

출력 결과

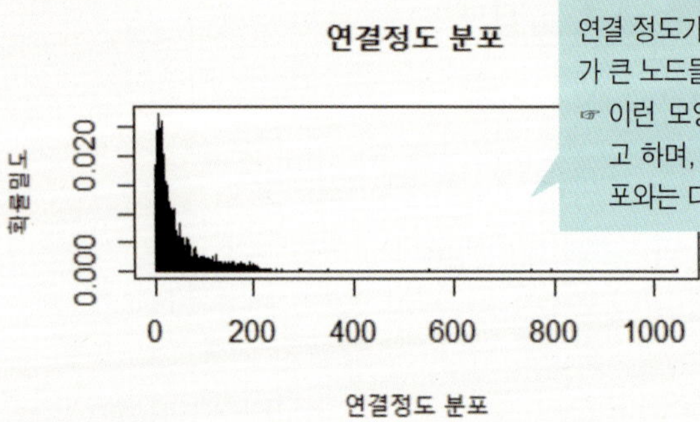

연결 정도가 작은 노드들이 많고, 연결 정도가 큰 노드들은 적은 분포를 나타냄
☞ 이런 모양의 분포를 멱함수 분포(x^{-k})라고 하며, 네트워크의 많은 분포는 정규분포와는 다르게 멱함수 분포를 띄고 있음

함수

degree.distribution()

패키지	igraph (추가 패키지)igraph (추가 패키지)
기능	노드에 연결된 에지의 분포
사용법	`degree.distribution(graph)`
반환 값	각 노드의 연결 분포를 나타내는 벡터

매개변수	설명
graph	그래프 객체

실습 과제 천체물리학자의 협업네트워크 분석

[1] 프로젝트

12.3절에서 살펴 본 미국 스탠포드대학의 Stanford Large Network Dataset Collection의 Social networks 데이터 세트에서 천체물리학 분야의 협업연구 네트워크 데이터 파일facebook_combined.txt을 이용해 연구자 간 연결망을 분석해 보자.

데이터 수집

12.3절을 참고하여 다음 절차에 따라 데이터 파일을 수집한다.

① 스탠포드 네트워크 분석 프로젝트 사이트 접속(https://snap.stanford.edu) 및 데이터 콜렉션 클릭

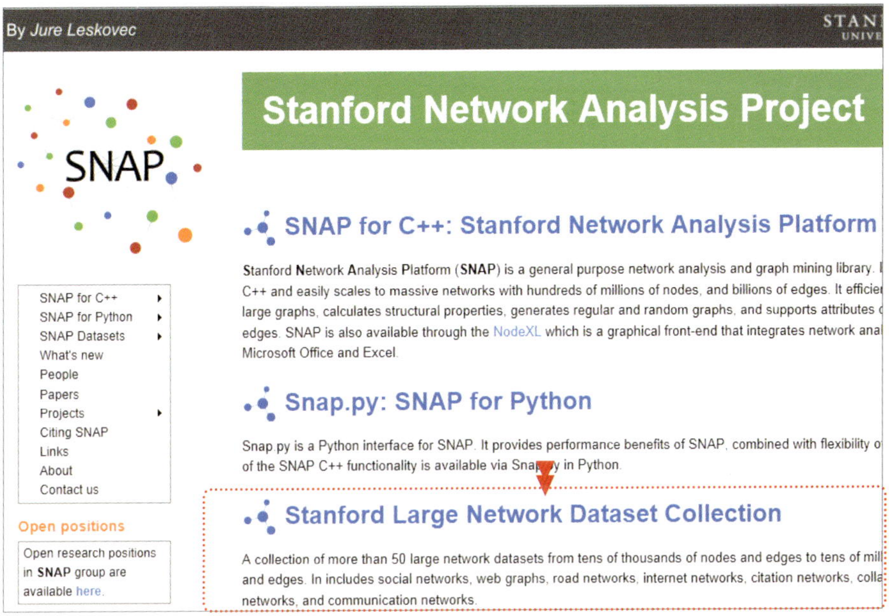

② Collaboration network 클릭

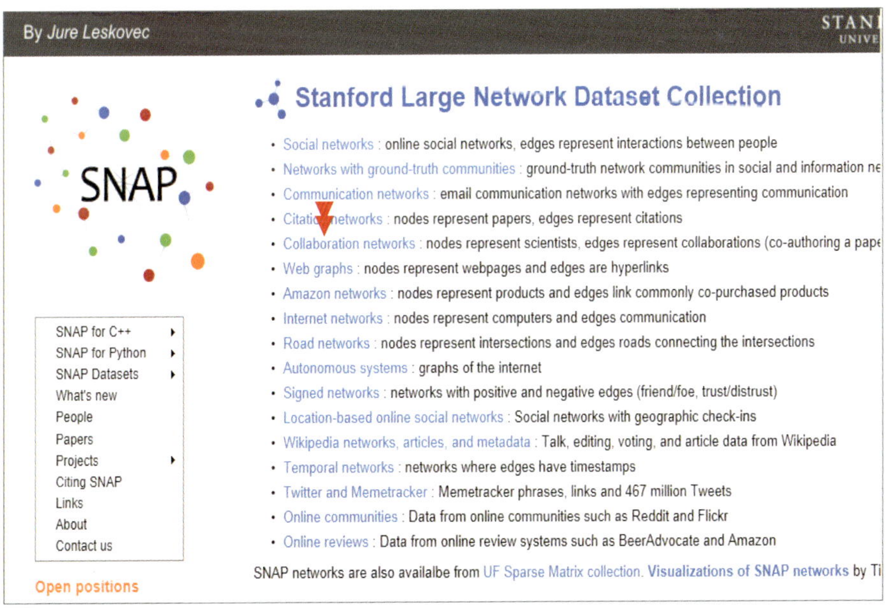

③ 천체물리학 협업 네트워크 클릭

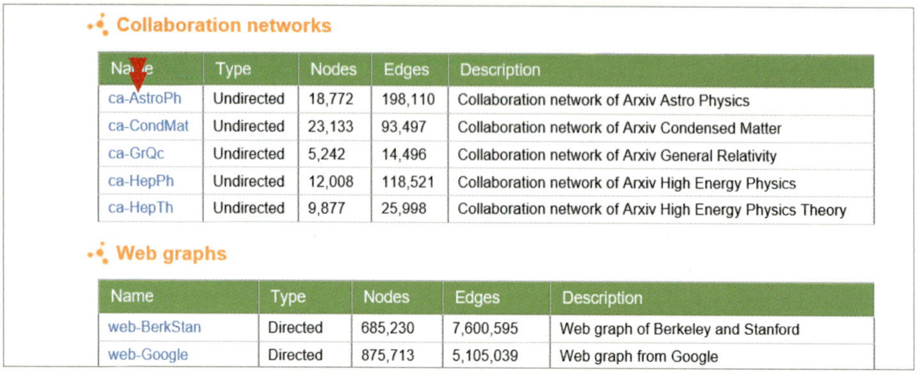

Collaboration networks

Name	Type	Nodes	Edges	Description
ca-AstroPh	Undirected	18,772	198,110	Collaboration network of Arxiv Astro Physics
ca-CondMat	Undirected	23,133	93,497	Collaboration network of Arxiv Condensed Matter
ca-GrQc	Undirected	5,242	14,496	Collaboration network of Arxiv General Relativity
ca-HepPh	Undirected	12,008	118,521	Collaboration network of Arxiv High Energy Physics
ca-HepTh	Undirected	9,877	25,998	Collaboration network of Arxiv High Energy Physics Theory

Web graphs

Name	Type	Nodes	Edges	Description
web-BerkStan	Directed	685,230	7,600,595	Web graph of Berkeley and Stanford
web-Google	Directed	875,713	5,105,039	Web graph from Google

④ ca-AstroPh.txt.gz 클릭 및 파일 다운로드

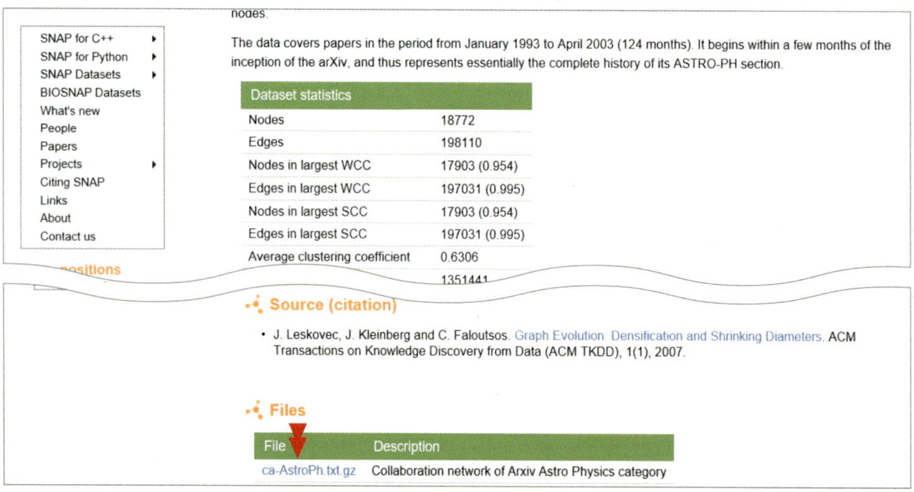

SNAP for C++
SNAP for Python
SNAP Datasets
BIOSNAP Datasets
What's new
People
Papers
Projects
Citing SNAP
Links
About
Contact us

nodes.

The data covers papers in the period from January 1993 to April 2003 (124 months). It begins within a few months of the inception of the arXiv, and thus represents essentially the complete history of its ASTRO-PH section.

Dataset statistics	
Nodes	18772
Edges	198110
Nodes in largest WCC	17903 (0.954)
Edges in largest WCC	197031 (0.995)
Nodes in largest SCC	17903 (0.954)
Edges in largest SCC	197031 (0.995)
Average clustering coefficient	0.6306

Source (citation)

- J. Leskovec, J. Kleinberg and C. Faloutsos. Graph Evolution: Densification and Shrinking Diameters. ACM Transactions on Knowledge Discovery from Data (ACM TKDD), 1(1), 2007.

Files

File	Description
ca-AstroPh.txt.gz	Collaboration network of Arxiv Astro Physics category

⑤ 데이터 파일 압축해제 및 확인

– 18772 노드(연구자), 연구자 간 396160 연결(논문연구 협업), 연결은 방향성이 없음

CA-AstroPh.txt

```
84424    276
84424    1662
84424    5089
84424    6058
84424    6229
.....
49676    57507
50641    26325
50641    49676
50641    57507
```

[2] 문제 해결 방법

[3] 실행

(1) 네트워크 분석

① 네크워크 그리기

R 스크립트

실행 결과

② 연결정도/근접/중개 중심성과 중심화

R 스크립트

실행 결과 및 해석

③ 연결정도 분포 그리기

R 스크립트

실행 결과 및 해석

(2) 많이 협업한 연구자 분석

상위 10명의 리스트 출력

R 스크립트

실행 결과

(3) 가장 많이 협업한 연구자를 중심으로 하는 연결망 그리기

R 스크립트

실행 결과

학습 목표

시뮬레이션 방법의 학습과 코딩 능력 함양

학습 내용

- 포본 추출
- 반복적 표본 추출을 통한 시뮬레이션
- 몬테카를로 시뮬레이션

Chapter 12
시뮬레이션

시뮬레이션은 시간에 따른 시스템의 변화를 모방하여 분석하는 것이다.
확률을 이용한 동전 던지기와 난수를 이용한 원주율 계산에 대해 몬테카를로 시뮬레이션으로
문제를 푸는 과정을 통해, R 코딩의 자신감을 키워보자.

12.1 시뮬레이션 개요
12.2 표본추출과 난수
12.3 동전 던지기
12.4 몬테카를로 시뮬레이션에 의한 원주율 구하기
12.5 회귀선 구하기
실습 과제 1: 주사위 던지기
실습 과제 2: 시뮬레이션과 통계적 방법의 회귀선 비교

12.1 시뮬레이션 개요

시뮬레이션이란 시간에 따라 시스템 또는 실세계의 과정이 변하는 것을 모방하는 것을 의미한다. 시뮬레이션은 대상이 되는 시스템 또는 실세계가 복잡하여 수학적인 모형으로 표현하기 힘들거나, 불확실성이 존재하여 미래를 예측하는 것이 어려울 경우, 또는 시간과 비용이 많이 드는 신제품에 대해 분석할 필요가 있을 때 유용하게 사용될 수 있다.

시뮬레이션은 크게 아날로그 시뮬레이션analog simulation과 디지털 시뮬레이션digital simulation으로 분류할 수 있다. 아날로그 시뮬레이션은 시스템을 모방하여 만든 실제 모형을 이용해 현상을 파악하는 것이며, 디지털 시뮬레이션은 컴퓨터를 이용해서 수치적으로 분석하는 것으로 컴퓨터 시뮬레이션이라고 한다. 시뮬레이션에 사용되는 모형에는 확률을 표현하는 변수들의 관계가 확실하여 예측치를 계산할 수 있는 **확정모형**이 있고, 반면에 결과를 정확하게 예측할 수 없는 확률변수로 구성되는 **확률모형**이 있다. 디지털 시뮬레이션 중에서 확률 변수를 표현하기 위해 난수random number를 이용하는 시뮬레이션을 몬테카를로 시뮬레이션Monte-Carlo simulation이라고 한다.

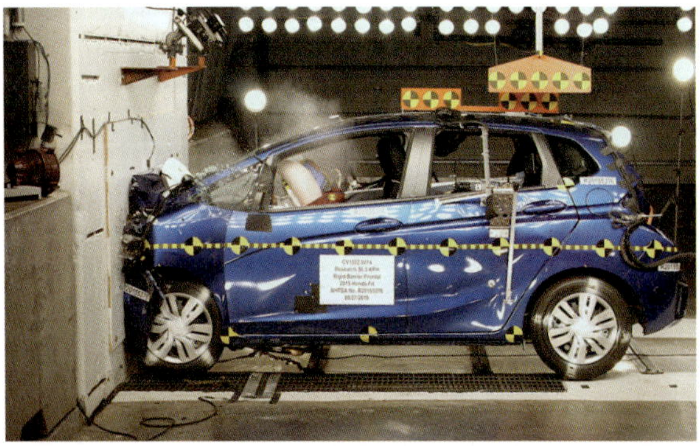

자동차 충돌 테스트
(아날로그 시뮬레이션)[19]

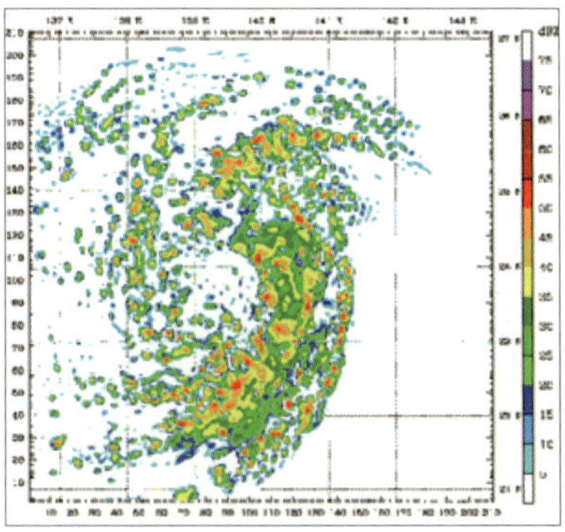

태풍 시뮬레이션
(컴퓨터 시뮬레이션)[20]

이 책에서는 **디지털 시뮬레이션**을 이해하기 위해 많이 사용되는 확률 기반 동전 던지기 시뮬레이션(12.3절)과 난수를 이용하여 원주율(π)을 계산하는 몬테카를로 시뮬레이션(12.4절), 그리고 선형적인 관계로 나타나는 두 변수의 데이터들을 이용해서 회귀선을 찾는 방법을 공부해 보기로 하자(12.5절). 동전과 주사위 던지기 시뮬레이션에는 표본추출을 위한 sample() 함수, 그래프로 이해를 돕기 위해 사용하는 plot() 함수, 균등분포에서 난수를 추출하는 runif() 함수들은 모두 기본 라이브러리에서 제공되고 있기 때문에 별도로 라이브러리를 설치할 필요가 없다. 회귀선을 찾는 실험에서 3차원 그래프로 출력하여 효과적인 분석을 위해 rgl 패키지를 사용하기로 한다.

패키지

패키지	설명
rgl	3차원 그래프 시각화

12.2 표본추출과 난수

동전 던지기는 실험 대상이 되는 전체 모집단에서 일부 표본의 동전을 추출하여 "앞면", 또는 "뒷면"의 여부를 파악하여 그 비율을 확률로 추론한다. 한편, 몬테카를로 시뮬레이션을 포함한 많은 실험에서 난수를 이용한다. 표본과 난수에 대해 먼저 살펴보기로 한다.

(1) 표본 추출

표본 추출에는 복원과 비복원 추출 방법이 있다. 주머니 속에서 공을 끄집어 낼 때와 동전을 던지는 상황을 예시로 이해해 보자.

먼저, 주머니 속에 1~10의 숫자가 있는 10개의 공들 중에서 임의로 5개의 공을 선택하는 방법을 생각해 보자. 하나씩 끄집어 낸 공을 다시 주머니에 넣어 총 10개의 공에서 5개를 선택하는 방법과 하나씩 끄집어 낸 공을 다시 주머니에 집어 넣지 않고 남은 공들 중에서 하나씩 모두 5개를 선택하는 방법이 있다. 전자를 복원 추출이라고 하고 후자를 비복원 추출이라고 한다. 복원 추출의 경우는 같은 공이 여러 번 선택될 수 있으며, 비복원 추출의 경우는 같은 숫자의 공이 반복해서 선택될 수 없다. sample() 함수를 이용해서 추출하는 방법은 다음과 같다. 임의로 추출하기 때문에 실행할 때마다 결과는 다르게 나타난다.

방법	R 명령어	결과
복원 추출	`sample(1:10, 5, replace=T)`	`[1]  1  6  2 10 10`
비복원 추출	`sample(1:10, 5, replace=F)`	`[1]  1  4  8  7  9`

동전 던지기의 경우, 하나의 동전을 반복적으로 던져 앞면과 뒷면 여부를 파악하는 방법은 복원추출에 해당한다. sample(c("앞면", "뒷면"), …) 함수를 사용하면 되며, 앞면을 1, 뒷면을 0으로 두면 sample(c(0, 1), …)을 사용하면 된다.

```
sample(c("앞면", "뒷면"), 10, replace=T)
```
복원추출로 동전을 10회 던지기

출력 결과

```
[1] "앞면" "뒷면" "뒷면" "뒷면" "앞면" "뒷면" "앞면" "뒷면" "뒷면" "뒷면"
```

앞의 결과를 시행회수별로 나온 사건과, 그 때까지 '앞면'이 나온 비율(확률)은 다음과 같다. 시행회수를 늘리면 앞면이 나온 비율은 어떻게 될까? 다음 절에서 살펴보자.

시행회수	1	2	3	4	5	6	7	8	9	10
사건	앞면	뒷면	뒷면	뒷면	앞면	뒷면	앞면	뒷면	뒷면	뒷면
시행횟수에 따른 확률	1/1	1/2	1/3	1/4	2/5	2/6	3/7	3/8	3/9	3/10

(2) 난수

난수는 무작위적으로 만들어진 수열로서, 이상적인 난수는 수의 분포가 확률적으로 한쪽으로 치우치지 않고 다음 수를 예측하기 불가능하다. 확률변수의 값이 a~b 사이인 구간에서 난수를 추출하는 과정을 살펴보자. 구간 내에서는 모든 수가 추출될 확률은 같고 확률의 총합은 1이 되기 때문에 구간에서의 확률은 1/(b−a)인 균등분포의 확률이 된다. a가 0이고 b는 1인 구간에서 10개의 난수를 추출하는 방법은 다음과 같다.

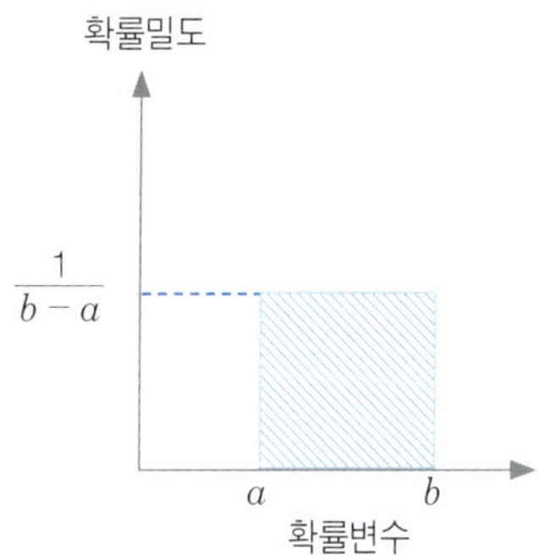


```
runif(10, min=0, max=1)    0~1 구간에서 10개 실수 추출
```

출력 결과

```
[1] 0.4588281 0.6870249 0.2155865 0.3247513 0.7728053 0.7812583 0.7214051
[8] 0.2751253 0.7108857 0.6244897
```

12.3 동전 던지기

프로젝트

동전을 던질 때 앞면과 뒷면이 나올 수학적 확률은 각각 0.5이다.

확률변수	앞면	뒷면
확률	1/2	1/2

컴퓨터를 이용한 반복 실험을 통해 동전을 던지는 횟수의 증가에 따라 확률이 어떻게 변하는지 살펴보자. 그 결과는 다음 그래프와 같이 예상된다. 수평 축은 동전을 던지는 반복 횟수, 수직 축은 앞면이 나온 비율(확률)을 의미한다. 0.5 위치로 표시한 수평선은 이론적으로 나타날 수학적 확률이다. 실험 횟수가 많아지면 수학적 확률과 같아지는 현상을 대수의 법칙Law of large numbers이라고 한다.

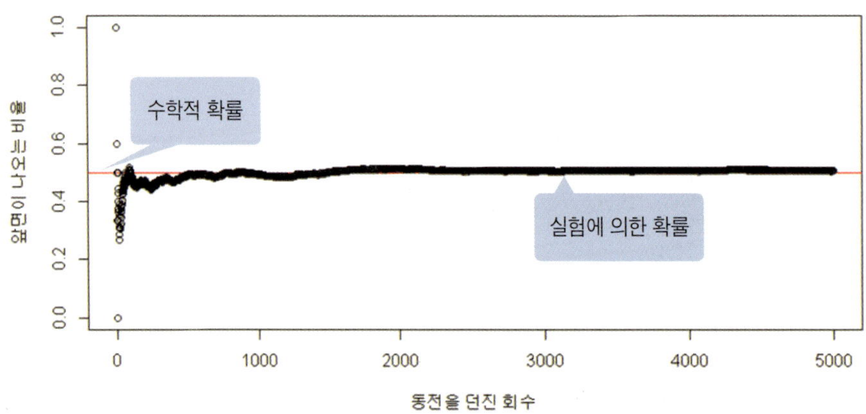

문제 해결 방법

먼저 시행 횟수를 초기화하고 그래프를 그린다. 앞면이 나올 이론적 확률을 그래프에 표시해 본다. 앞면이 나온 횟수를 0으로 초기화하고 동전을 한번씩 던질 때 앞면이 나오면 누적 수는 1씩 증가한다. 그 누적 수를 그때까지의 실험 횟수로 나누면 앞면이 나온 비율이 된다. 그래프로 그 변화 과정을 살펴보자.

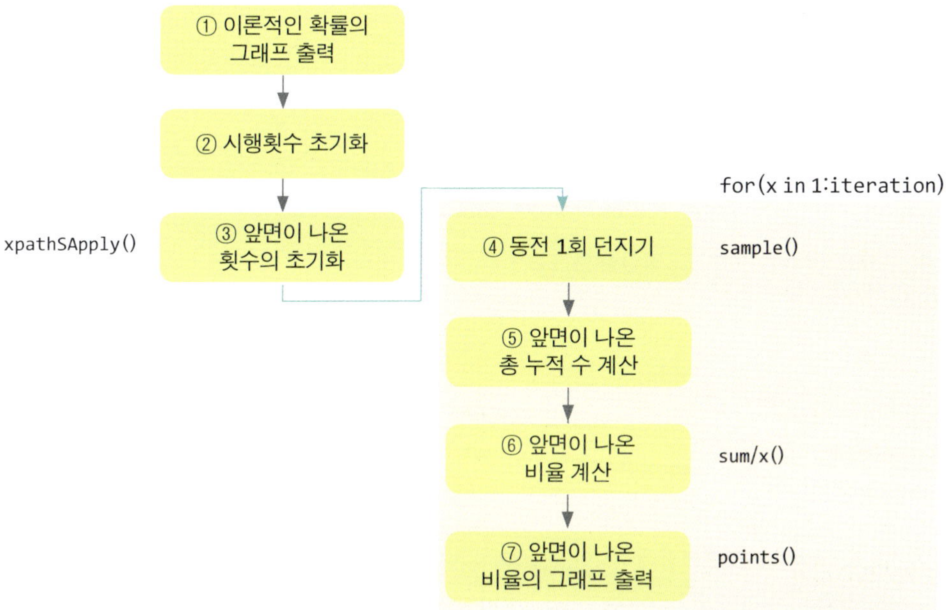

먼저 그래프 틀과 이론적인 확률을 표시한다.

그래프 초기화

```
plot(0, 0, xlab="동전을 던진 회수", ylab="앞면이 나오는 비율", xlim=c(0, iteration),
     ylim=c(0, 1))
```

x, y 축이 있는 그래프 그리기
☞ x축의 크기는 0~시행 회수까지, y 축은 확률을 의미하기 때문에 0~1로 설정

```
abline(a=0.5, b=0, col="red")
```

② 앞면이 나오는 이론적인 확률(0.5) 표시
☞ abline은 직선을 그리며, a는 y절편, b는 기울기를 의미함

출력 결과

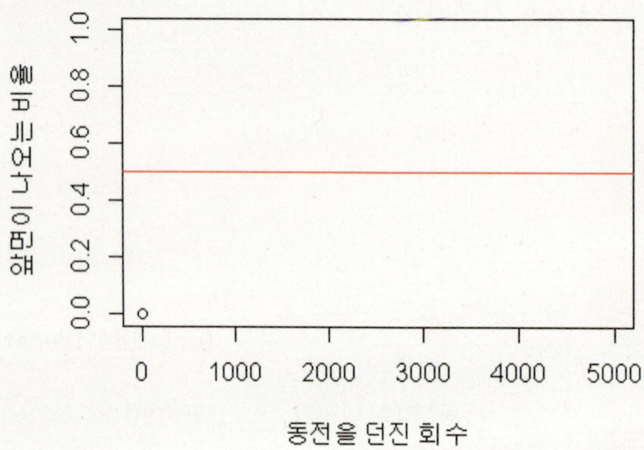

함수

abline()

패키지	graphics (추가 패키지)
기능	현재 차트에 한 개 이상의 직선 추가
사용법	**abline**(a, b,, col, ...)
반환 값	숫자

매개변수	설명
a	y축과 교차하는 y절편
b	직선의 기울기
col	직선의 색

반복 과정을 통해 실험적인 확률이 이론적인 확률로 수렴하는지 확인해본다.

실험 반복에 따른 확률의 변화

```
iteration <- 5000

sum <- 0

for(x in 1:iteration) {

    coin <- sample(c("앞면", "뒷면"), 1, replace=T)

    if (coin == "앞면")
        sum = sum + 1

    prob <- sum / x

    points(x, prob)
}
```

- ② 시행회수 초기화 ☞ 5,000번으로 설정
- ③ 앞면이 나오는 회수의 초기화
- 1~iteration까지 반복 시행
- ④ 동전의 "앞면" 또는 "뒷면"에서 한 면을 추출
- ⑤ 추출된 면이 '앞면'이면 앞면이 나온 회수를 1 증가
- ⑥ 시행회수까지 앞면이 나온 비율
- ⑦ 시행회수별 비율을 그래프에 추가

출력 결과

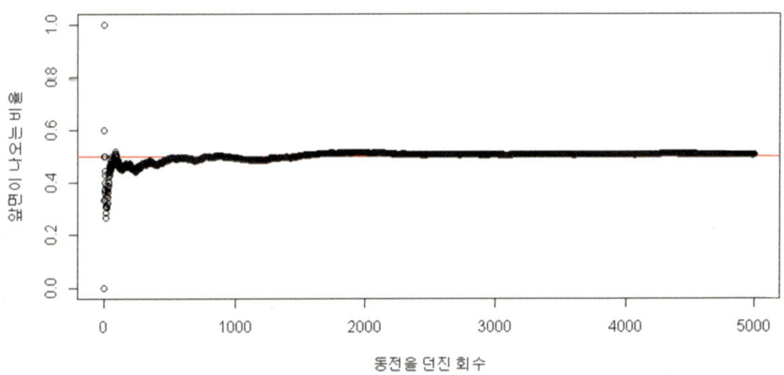

함수

points()

패키지	graphics (추가 패키지)
기능	주어진 x, y 좌표에 점을 찍음
사용법	**points**(x, y, ...)
반환 값	숫자

매개변수	설명
x	x 좌표 벡터
y	y 좌표 벡터

앞에서 1회씩 반복 과정으로 살펴 본 실험을 한꺼번에 복원추출로 하면 다음과 같이 간단히 할 수 있다.

복원 추출을 이용한 실험

```
# 시행회수: 5000
iteration <- 5000
x <- sample(c(0, 1), iteration, replace=T)
round(sum(x)/ iteration * 100, 1)
```

앞면을 1, 뒷면을 0으로 두고 5,000개의 표본 추출

round() 함수를 이용해서 비율을 소수점 한 자리로 표현

출력 결과

```
[1] 49.9
```

함수

round()

패키지	base (기본 패키지)
기능	주어진 소수점 이하 자리 수로 반올림
사용법	**round**(x, digits=0.)
반환 값	숫자

매개변수	설명
x	숫자들의 벡터
digits	소수점 이하 자리 수

12.4 몬테카를로 시뮬레이션에 의한 원주율 구하기

프로젝트

몬테카를로 시뮬레이션Monte Carlo Simulation은 수치적으로 일련의 난수를 반복 발생해서 시뮬레이션으로 해를 찾는 과정이다. 한 변의 길이가 1인 정사각형에 난수로 임의의 위치에 점을 찍는 과정을 이용해 원주율(π)을 계산해 보자.

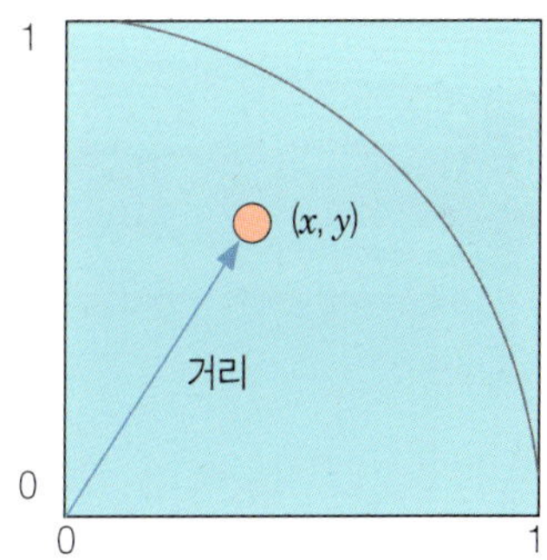

문제 해결 방법

지름에 대한 원 둘레의 비율인 원주율을 π 라고 할 때, 원의 면적의 크기를 구하는 방법과 사각형 면적과 원의 면적 비를 이용해 π 를 구하는 과정은 다음과 같다.

잠깐! 원의 면적 (16조각으로 나눈 원의 예)

원을 같은 크기의 여러 부채꼴로 조각 내면, 그 조각 수가 많을수록 원은 정사각형의 면적과 같게 되고 그 면적은 πr^2이 된다.

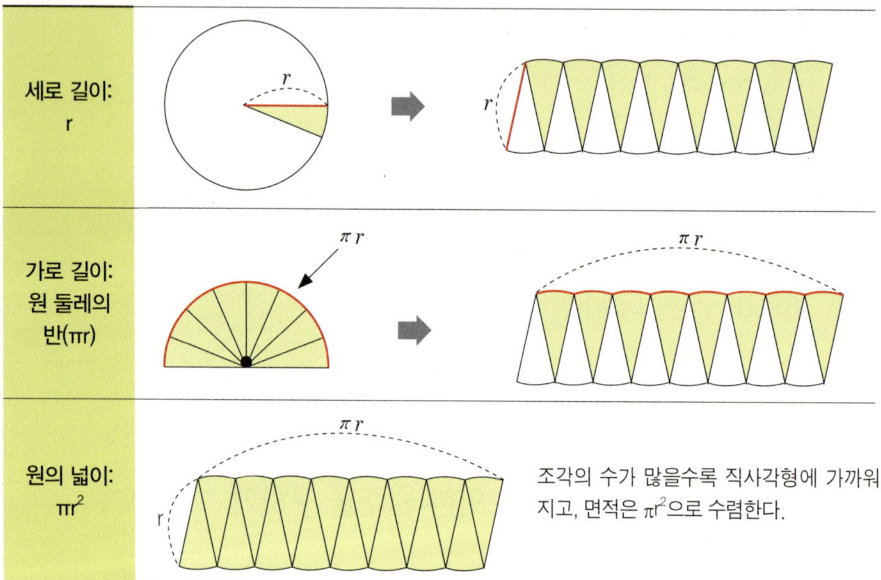

잠깐! 사각형과 원의 면적 비율을 이용한 원주율 계산

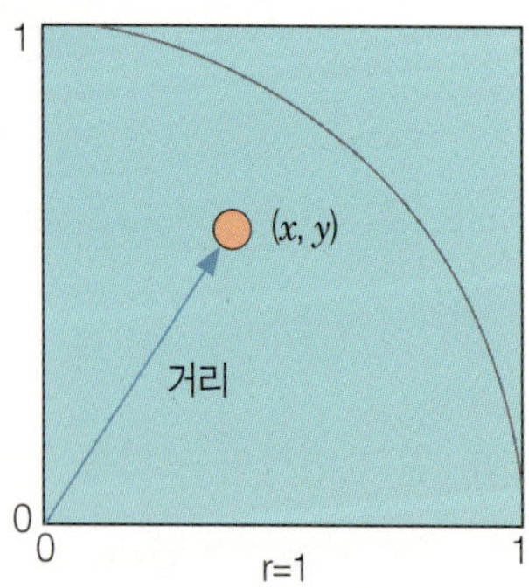

반지름이 r일 때, 사각형의 면적 대비 원의 면적에 대한 비율은

$$\frac{\pi r^2/4}{r^2} = \frac{\pi}{4}$$

이 된다.

반지름이 1인 원의 1/4 면적과 그 반지름을 한 변으로 하는 정사각형을 생각해 보자.

무작위로 많은 점을 사각형에 찍게 되면 사각형 전체에 찍힌 전체 점의 수($N_{사각형}$) 대비 원점으로부터 거리가 1 이하에 있는 원의 면적에 찍힌 점의 수($N_{원}$)에 대한 비율은 π:4가 되기 때문에, 다음과 같이 π를 계산할 수 있다.

$$\frac{\pi}{4} = \frac{N_{원}}{N_{사각형}}$$

$$\therefore \pi = 4\frac{N_{원}}{N_{사각형}}$$

먼저 실험회수를 1,000으로, 원 내에 찍힌 점의 수를 0으로 초기화한다. 1,000번까지의 각 시행에서 난수를 이용하여 점을 찍고, 원점으로부터의 거리가 1이하이면 원 내에 찍힌 점의 수를 1 증가시킨다. 1,000번의 시행이 끝나면 원주율을 계산하고 출력한다.

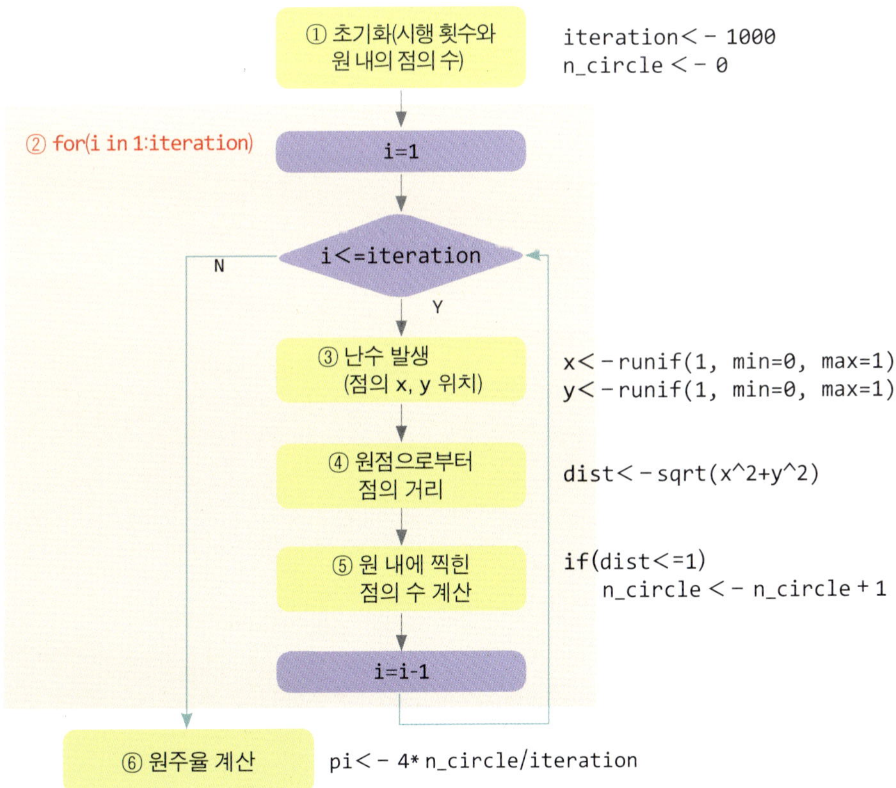

R 원주율 계산

```
iteration <- 1000
n_circle <- 0

for(i in 1:iteration) {

    x <- runif(1, min=0, max=1)
    y <- runif(1, min=0, max=1)

    dist <- sqrt(x^2 + y^2)

    if (dist <= 1)
        n_circle <- n_circle + 1
}

pi <- 4 * n_circle / iteration
pi
```

① 초기화 시행 횟수: 1000
원 내의 점의 수: 0

② 반복 시행

③ 난수 발생에 의한 점의 위치 (x, y)
☞ runif(): 6.3절 참조

④ 원점에서 점까지의 거리

⑤ 거리가 1 이하이면 원 내의 점의 수를 1 증가

⑥ 원주율(π) 계산

출력 결과

```
[1] 3.172
```

해보기 시행 횟수를 증가시키면 원주율은 어떻게 변하는가? (실제 값 π =3.141592)

시행 횟수	1000	2000	3000	4000	5000
원주율					
오차					

12.5 회귀선 구하기

프로젝트

다음은 두 데이터 간의 관계를 산포도(X−Y 플로팅)로 점을 찍고, 여러 가능한 회귀선을 표현한 것이다. 회귀선은 임의의 x(입력값)에 대해 y(출력값)를 추정하는 모형으로 사용된다.

i	x_i	y_i
1	1.0	4.1
2	2.2	4.5
3	3.5	6.2
4	4.0	7.5
5	5.2	8.5
6	6.4	9.0
7	7.1	11.0
8	8.3	11.5
9	9.2	12.5
10	10.0	14.0

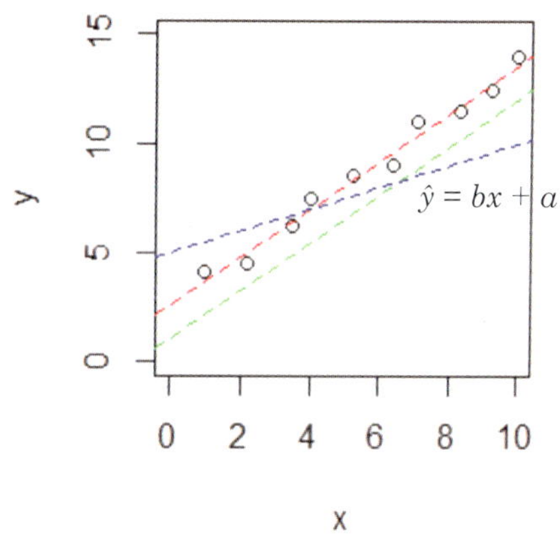

독립변수 x에 대한 종속변수 y와의 관계를 선형적인 관계로 설명하는 추정식인 회귀선은

$$\hat{y} = bx + a$$

로 나타낼 수 있다. b는 기울기(가중치), a는 y절편을 의미한다. 각 x의 데이터에 대한 y의 실제 값과 추정한 회귀선 $\hat{y}$ 간 차이를 최소화하는 a와 b를 구해보자. 단, 그래프로 전체적인 분포를 파악하기 쉽게 a와 b는 정수 단위로 한다.

문제 해결 방법

각 x_i에 대한 y의 실제값 y_i와 추정값 $\hat{y}_i$ 간 차이 즉, 오차 e_i는 다음과 같다.

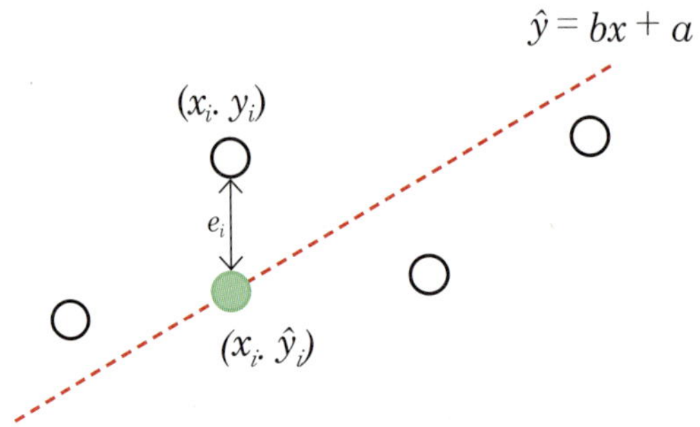

회귀선을 구하는 일반적인 방법은, 통계적인 방법으로 실제값과 추정식 간의 오차

$$\sum_{i=1}^{m} e_i^2 = \sum_{i=1}^{m} (y_i - \hat{y}_i)^2 = \sum_{i=1}^{m} \{y_i - (bx_i + a)\}^2$$

를 최소화하는 최소자승법으로 a와 b에 대한 편미분 후에 연립방적식으로 푸는 방법이 있다. 한편, 기계학습에서는 경사하강법을 이용하여 임의로 주어지는 a와 b를 조정하면서 비용함수 값이 최소화되도록 하는 방법을 사용한다. 회귀선에 대한 비용함수cost function는 오차(e_i) 제곱의 평균

$$\text{cost function} = \frac{1}{m}\sum_{i=1}^{m}(y_i - \hat{y}_i)^2 = \frac{1}{m}\sum_{i=1}^{m}\{y_i - (bx_i + a)\}^2$$

으로 표현된다.

이번 장에서는 간단히 a와 b의 범위를 정하고, a와 b를 일정 간격으로 변화시키면서 가장 작은 비용함수 값을 갖는 a와 b를 찾도록 해 보자.

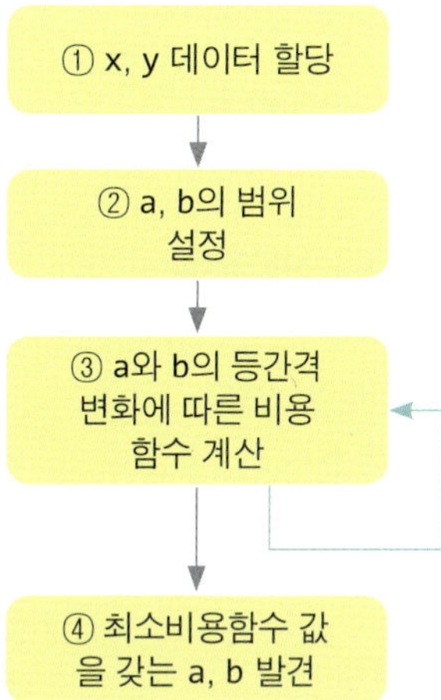

먼저, x와 y 데이터를 준비하고 산포도를 그려 개략적인 분포를 파악해본다.

x, y 데이터 준비 및 산포도 그리기

```
x <- c(1, 2.2, 3.5, 4, 5.2, 6.4, 7.1, 8.3, 9.2, 10)    ① x, y 데이터 할당
y <- c(41, 47, 62, 75, 85, 90, 110, 115, 125, 140)
plot(x, y, xlim=c(0,10), ylim=c(0,150))    그래프 출력
```

출력 결과

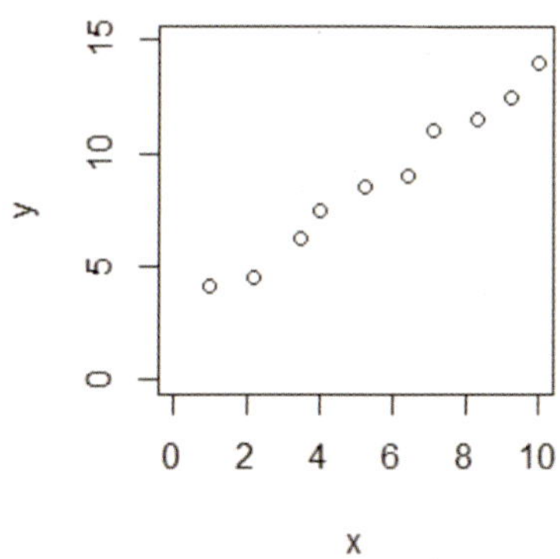

산포도로부터 기울기(b)와 y절편(a)의 범위를 개략적으로 정하고, 0.1 간격의 시뮬레이션 구간에 대해 비용함수 값을 구해본다.

기울기와 y절편 범위 설정 및 비용함수 값 구하기

```
A <- seq(-5, 10, by=1)          ② a, b 범위 설정
B <- seq(-30, 30, by=1)

cost.mtx <- matrix(NA, nrow=length(W), ncol=length(B))   a, b 범위의 각 구간에 대한 비용함수 값들을 저장할 행렬(16행×61열) 초기화

for(i in 1:length(A)) {
      for(j in 1:length(B)) {
         err.sum <- 0
         for(k in 1:length(x)) {
             y_hat <- W[i]*x[k] + B[j]
             err    <- (y_hat - y[k])^2
             err.sum <- err.sum + err          ③ 각 a, b의 구간에 대한 비용함수 값 계산

         }
         cost <- err.sum/length(x)          length(x)는 비용함수의 m에 해당

         cost.mtx[i,j] <- cost
      }
}
cost.mtx[1:5, 1:5]          비용함수 값들의 일부 확인(1~5행, 1~5열)
```

출력 결과

```
         [,1]     [,2]     [,3]     [,4]     [,5]
[1,] 4839.975 4706.315 4574.655 4444.995 4317.335
[2,] 4013.938 3891.658 3771.378 3653.098 3536.818
[3,] 3269.107 3158.207 3049.307 2942.407 2837.507
[4,] 2605.482 2505.962 2408.442 2312.922 2219.402
[5,] 2023.063 1934.923 1848.783 1764.643 1682.503
```

비용함수 값을 최소로 할 때의 기울기와 y절편을 구한다.

기울기와 y절편 구하기

```
range(cost.mtx)
```
비용함수 값들의 범위 확인

출력 결과

```
[1]    0.303 6738.450
```

```
idx <- which(cost.mtx == min(cost.mtx), arr.ind = TRUE)
idx
```
비용함수 행렬에서 최솟값을 갖는 행과 열의 위치

출력 결과

```
     row col
[1,]   7  34
```

```
idx.Bmin <- idx[1,1]
idx.Amin <- idx[1,2]
```
행의 위치

열의 위치

```
Bmin <- B[idx.Bmin]
Bmin
```
④ 기울기
행의 위치에 해당하는 b

출력 결과

```
[1] 1
```

```
Amin <- A[idx.Amin]
Amin
```
④ y절편
열의 위치에 해당하는 a

출력 결과

```
[1] 3
```

```
abline(a=Amin, b=Bmin, lty=2, col="red")
```
그래프에 최소 비용함수 값을 갖는 a, b의 직선 추가

출력 결과

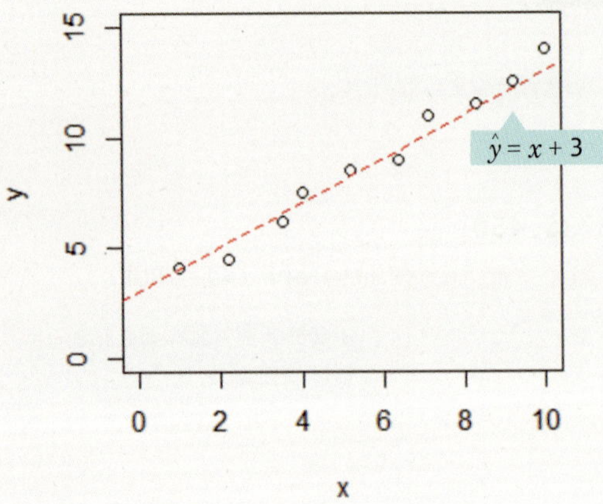

함수

range()

패키지	base (기본 패키지)
기능	최댓값과 최솟값 반환
사용법	**range**(.........)
반환 값	숫자 벡터

매개변수	설명
...	숫자 벡터

기울기와 y절편의 구간에서 비용함수 값이 어떻게 변하는지 살펴보자.

기울기와 y절편 범위에서의 비용함수 그래프

```
plot(B, cost.mtx[,idx.Amin],
     ylim=c(0, 800),
     type='o',
     lwd=3)
for(j in 1:length(A)) {
    lines(B, cost.mtx[,j], col=j)
    Sys.sleep(0.5)
}
```

ⓐ 비용함수가 최솟값을 가질때의 a에 대해, b의 각 구간에 따른 비용함수 값의 변화
☞ type="o"는 점과 선으로 동시 표현

ⓑ a의 각 구간에 대해, b의 각 구간별 비용함수 값의 변화 추가

0.5초 간격으로 출력을 위한 애니메이션 효과
☞ 생략가능

출력 결과

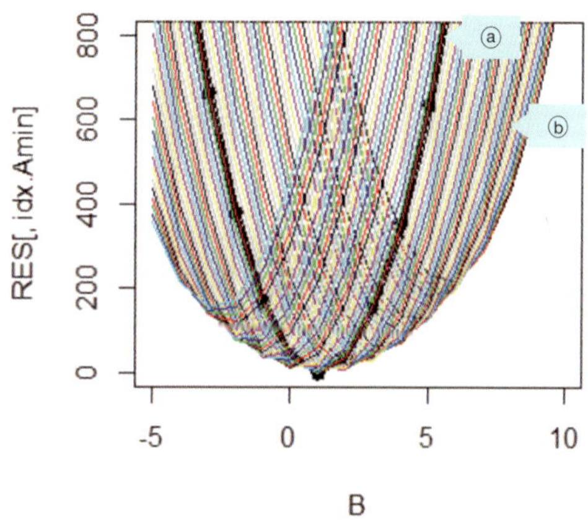


```
plot(A, cost.mtxx[idx.Bmin,],
     ylim=c(0, 700),
     type='o',
     lwd=3)
for(i in 1:length(B)) {
    lines(A, cost.mtx[i,], col=i)
    Sys.sleep(0.5)
}
```

ⓒ 비용함수가 최솟값을 가질 때의 b에 대해, a의 각 구간에 따른 비용함수 값의 변화

ⓓ b의 각 구간에 대해, a의 각 구간별 비용함수 값의 변화추가

출력 결과

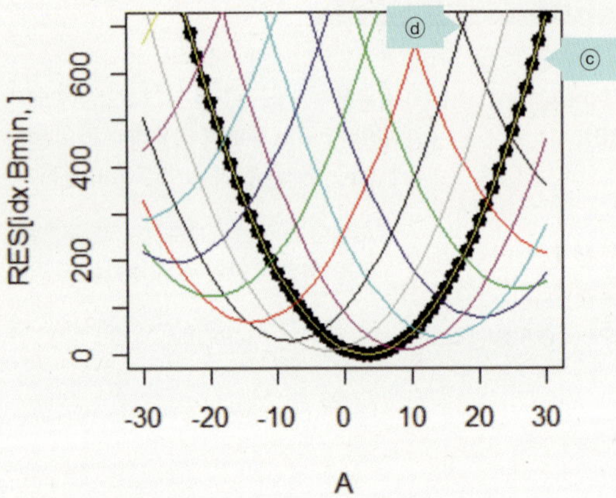

기울기와 *y*절편의 각 구간별 비용함수 값의 변화를 3차원 그래프로 살펴보자.

기울기와 y절편 범위에서의 3차원 비용함수 그래프

```
install.packages("rgl")
library(rgl)
persp3d(B, A, cost.mtx, col="yellow")
```

3차원 그래프 출력을 위한 패키지 설치 및 로딩

b, a 값들에 대한 비용함수 값들의 3차원 그래프

출력 결과

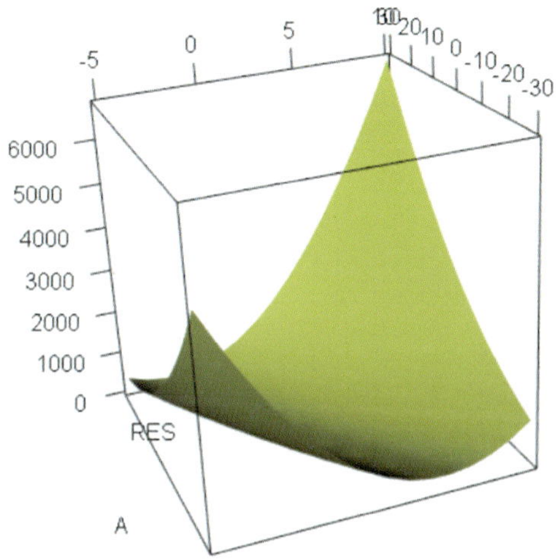

```
persp3d(B, A, cost.mtx, col="yellow", zlim=c(0, 400))
```

비용함수 축의 범위 제한

출력 결과

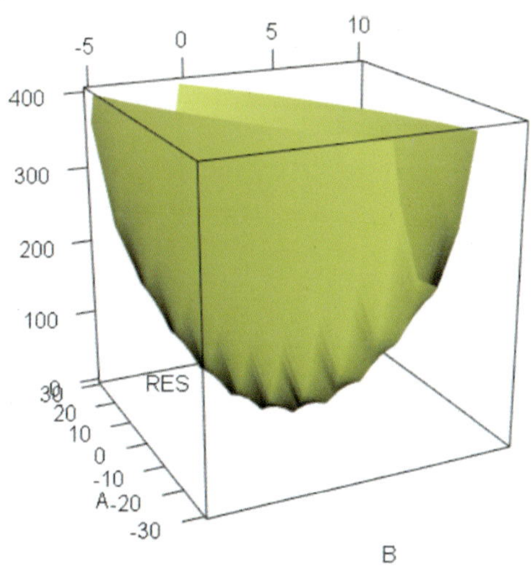

함수

persp3d()

패키지	rgl (추가 패키지)
기능	3차원 면 그래프 출력
사용법	**persp3d**(x, y, z, col, zlim)
반환 값	그래프 면의 벡터

매개변수	설명
x, y, z	면으로 출력할 점의 위치
col	그래프 면의 색
zlim	z축의 범위

실습 과제 1 주사위 던지기

[1] 프로젝트

주사위 2개를 동시에 던질 때 같은 수가 나올 확률을 측정하기 위해 반복 수를 100, 1,000, 10,000으로 변화시키면서 실험해 보자.

☞ 두 개의 주사위에서 나타날 수의 조합은 6 × 6 가지이며, 그 중 같은 수가 나올 사건은 (1, 1), ... (6, 6)으로 6가지 경우의 수가 있다. 따라서 수학적 확률은 6/36이 된다

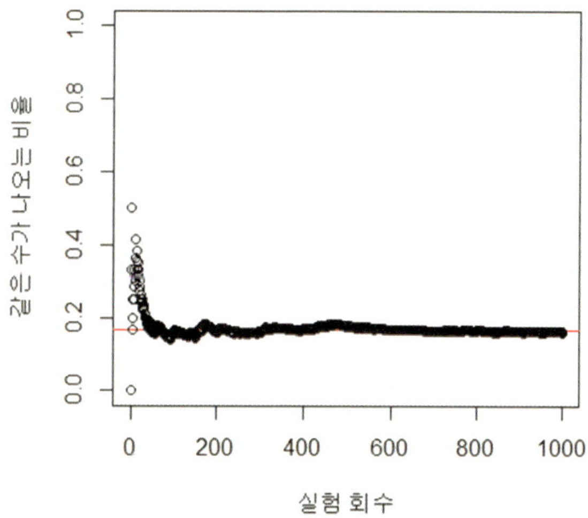

잠깐! 주사위를 2번 던질 때 나오는 수

주사위 2개를 동시에 던지는 경우는 복원 추출로 하나씩 2번 던지는 경우와 같다. 따라서 다음과 같은 함수를 사용하면 된다.

```
dice <- sample(1:6, 2, replace=T)
dice
```

표본 추출

출력 결과

```
[1] 1 5
```

던져진 주사위 두 눈의 수를 비교하는 방법은 다음과 같다.

```
sum <- 0
if (dice[1] == dice[2])
   sum <- sum + 1
sum
```

출력 결과

```
[1] 0
```

시행할때마다 포본추출 결과는 달라짐

[2] 문제 해결 방법

[3] 프로젝트실행

R 스크립트

출력 결과

시행 회수를 100, 1,000, 10,000으로 증가하면 확률은 어떻게 변하는가?(수학적 확률 =6/36)

시행 횟수	100	1,000	10,000
확률			
오차			

실습 과제 2 시뮬레이션과 통계적 방법의 회귀선 비교

[1] 프로젝트

12.4절의 x, y 데이터 세트에 대해 정수 단위로 구한 기울기와 y절편을 소수점 3째 단위까지 구해보자. 기울기(b)는 0.5~1.5, y절편(a)는 2~3의 범위로 좁게 하고, 간격을 0.001로 해서 실험한다. 그 값은 통계적 방법으로 구한 값과 얼마나 차이가 나는가?

Hint

통계적 방법에 대해 lm(y ~ x)을 실행하면 같은 결과를 얻을 수 있다.

$$b = \frac{\sum_{i=1}^{m}(x_i - \bar{x})\sum_{i=1}^{m}(y_i - \bar{y}_i)}{\sum_{i=1}^{m}(x_i - \bar{x})^2},$$

$$a = \bar{y} - b$$

```
lm(y~x)
```

실행 결과

```
call:
lm(formula = y~x)

coefficients:
(Intercept)                 x
      26.70             10.95
```

y절편(a) 기울기(b)

[2] 문제 해결 방법

[3] 실행

R 스크립트

출력 결과

학습 목표

인공신경망의 학습과 활용법 함양

학습 내용

- 인공신경망의 구조와 학습원리
- 인공신경망을 활용한 회귀문제
- 인공신경망을 활용한 분류문제

Chapter

13

인공신경망과 딥러닝의 이해

인공지능의 기계 학습 분야에서 활용되는 인공신경망에 대해 그 개념을 살펴보고,
회귀와 분류문제에 대한 활용 방법을 공부하면서 R의 기초능력을 완성할 수 있도록 해보자.

13.1 인공지능과 인공신경망 개요
13.2 인공신경망 구성과 학습
13.3 회귀: 주택 가격 예측(회귀문제)
13.4 분류: 붓꽃 종의 분류(분류문제)
실습 과제 1: 주택 가격 예측(입력 노드 수의 변경)
실습 과제 2: 붓꽃 종의 분류(은닉층 노드 수의 변경)

13.1 인공지능과 인공신경망 개요

알파고와 이세돌 바둑대결(유튜브)

인공지능이란 기계에 의해 나타나는 지능을 말한다. 인공지능이 가능한 기술로는 지식 체계를 규칙if then else으로 표현하는 전문가시스템, 자연어에서의 애매모호함을 0과 1 사이의 확률로 표현한 규칙을 활용하는 퍼지이론, 데이터를 기반으로 학습하여 문제를 해결하는 기계학습, 자연의 진화과정을 통해 특정한 문제의 적절한 답을 찾는 유전알고리즘 등이 있다.

인공신경망은 기계학습 분야에서 연구되는 학습 알고리즘의 하나이다. 인공신경망은 회귀, 분류, 군집화 등 다양하게 응용되고 있는데, 최근 구글 딥마인드의 알파고로 많이 알려지게 되었다. 구글의 딥마인드DeepMind에서 개발한 바둑 인공지능 소프트웨어인 알파고AlphaGo와 이세돌 간에, 서울의 포시즌스 호텔에서 2016년 3월 총 5회의 바둑 대결이 있었으며, 알파고가 4대 1로 승리하여 세상을 놀라게 하였다.

인공신경망은 인간의 뇌 구조를 모방하여 만들어졌다. 뇌의 신경세포 "뉴런"은 신경 세포체Soma 간 출력인 축삭Axon과 입력인 수상돌기dendrites로 연결되어 전기적 신호로 전달되며, 그 사이에 시냅스synapse가 화학적으로 활성화되어 기억과 판단을 만들어 낸다.

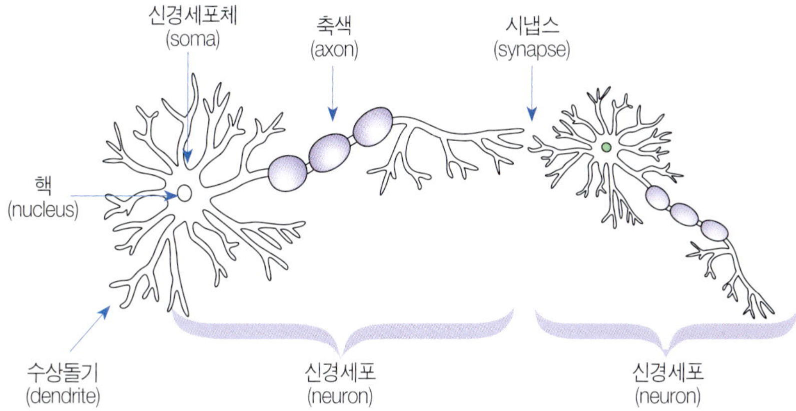

생물학적 신경망

인공신경망은 신경 세포체를 노드node, 수상돌기는 입력, 축삭은 출력으로 흉내 내고 시냅스는 노드 간 가중 값을 갖는 연결로 네트워크를 구성한다. 입력 데이터에 대해 목표치를 출력하려는 학습과정을 거치는 동안 각 연결망의 가중치는 달라지게 된다.

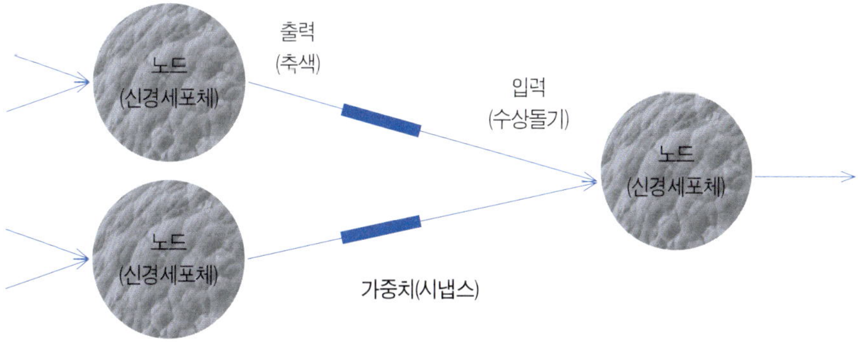

인공 신경망

인공신경망은 지도학습과 비지도학습 등에 응용되고 있다. 지도학습은 입력 데이터에 대한 출력 값(라벨)이 주어지는 관계를 학습 후에, 임의의 입력 데이터에 대한 출력을 예측하는 방법으로 분류와 회귀문제에 적용할 수 있다. 다음 왼쪽 그림은 AND 연산의 학습에 따라 분류 기준을 만든 후에 새로운 입력에 대해 0(FALSE), 1(TRUE)로 분

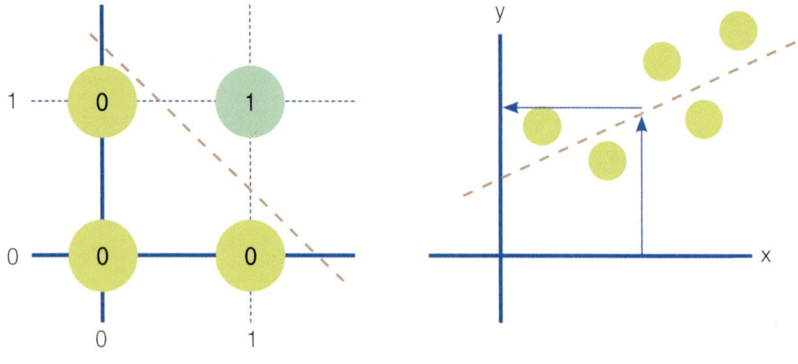

류하는 이미지를 나타낸 것이다. 오른쪽은 선형적인 관계의 데이터로 학습하여 회귀선을 추정 후에 새로운 입력(x)에 대해 출력(y)을 예측하는 이미지를 나타낸 것이다. 한편 비지도학습은 입력 데이터만으로 학습하여 유사 데이터를 군집으로 묶어 출력결과로 나타내는 군집화 문제에 활용된다.

이 책에서는 지도학습으로 인공신경망을 활용하는 방법을 살펴보기로 한다. 먼저, 주택 가격(출력)에 영향을 미치는 데이터(입력)를 기반으로 학습 후에, 입력 데이터에 대응하는 주택 가격을 예측하는 회귀문제를 살펴보자. 그리고 붓꽃의 종(출력)을 구별짓는 데이터(입력)로부터 학습 후에, 새로 관측한 입력 데이터에 대한 종을 분류하는 분류문제를 살펴보자.

인공신경망의 구현을 위해 neuralnet 패키지를 사용하기로 한다. neuralnet 패키지는 사용이 간편하고 시각화가 쉬워 처음 학습에 편리하다. 그리고 보스톤시의 주택가격 데이터 세트를 제공하는 MASS 패키지를 사용한다.

✪ 패키지

패키지	설명
MASS	보스톤 주택 가격 데이터 세트 제공
neuralnet	다층 인공신경망의 학습과 예측

13.2 인공신경망 구성과 학습

(1) 인공신경망 모형 구조

가장 단순한 인공신경망 모형은 입력 노드와 출력 노드로 구성되는 단층 퍼셉트론이다. 단층 퍼셉트론은 1개의 선형 분류자로 두 그룹을 분류하는 AND, OR 연산이 가능하다. XOR 연산은 1개의 은닉층을 추가해서 분류할 수 있는데, 이는 다층 퍼셉트론의 한 예가 된다. 특히, 은닉층이 2개 이상인 인공신경망 모형의 학습을 딥러닝이라고 한다.

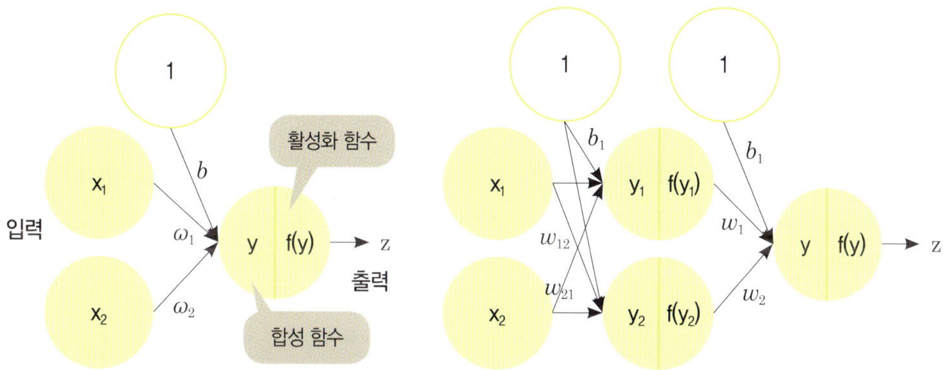

단층 퍼셉트론　　　　다층 퍼셉트론

인공신경망은 서로 연결된 노드(뉴런)들이 있는 입력층, 은닉층, 출력층으로 구성된다. 노드 간 각 연결은 가중치(ω_i)와 편향(b)으로 구성되며, 임의의 초기치로 시작하여 학습을 통해 수정된다.

(2) 학습(learning)

학습은 순전파와 역전파 과정으로 진행된다. 입력층의 각 노드에는 입력 데이터(x_i)가 주어진다. 은닉층과 출력층의 각 노드는 입력으로 들어오는 값들을 합성함수로 하여 y값을 구한다. y값은 각 입력에 대한 가중합인

$$y = \sum_i \omega_i x_i + b$$

이며, b는 합성함수 값을 높이거나 줄이기 위해 정해지는 오차bias를 의미한다. 합성함수에 의한 y값은 활성화함수를 통해 출력으로 보내지며, 다음 층의 입력이 된다. 이를 순전파feed propergation라고 한다.

활성화함수는 계단step함수, 시그모이드sigmoid 함수, tanhhyperbolic tangent 함수, RelURectified Linear Unit 함수 등이 있다. 계단함수는 입력을 0과 1로 분류하며 단층 퍼셉트론과 같은 간단한 모형에서 이진 분류를 위해 사용할 수 있다. 그 동안 대표적으로 사용되어 왔던 시그모이드 함수는 계단함수를 확장한 것으로 0~1 사이의 값을 가지며, 미분계수를 이용한 역전파에 활용할 수 있다. tanh 함수는 −1~1 사이 값으로 변환하는 활성화함수이다. 최근 딥러닝에서 역전파를 통한 가중치의 효과적 수정을 위해 ReLU 함수가 적용되고 있다. 역전파backward propergation란 순전파와 반대로, 출력층에서 나타나는 출력값(z_i)과 목표값(d_i)의 차이(에러)를 보정하기 위해 다시 입력층의 방향으로 가면서 가중치와 오차(ω_i, b)들을 조정하는 과정을 말한다.

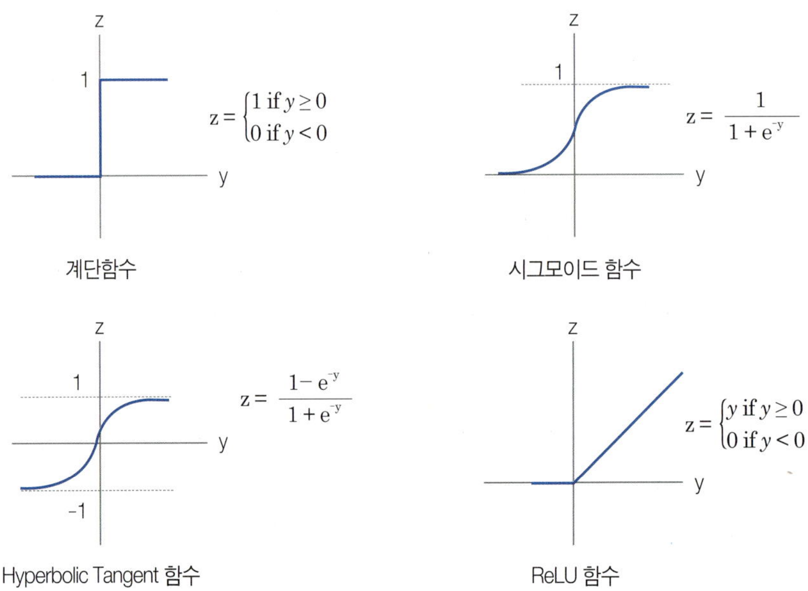

활성화 함수

에러는 비용함수cost function로 나타낸다. 다음 식은 비용함수로 사용되는 대표적인 식으로 평균 오차제곱합을 표현한 식이다.

$$\text{cost function} = \frac{1}{2}\sum_{i}(z_i - d_i)^2$$

가중치 조정은 비용함수의 기울기(미분)를 이용하기 때문에 미분에 의한 식의 단순화를 위해 계수를 1/2로 한다. 인공신경망 모형은 입출력 노드의 수, 은닉층의 수와 노드 수, 출력 노드 수, 노드 간 연결망 형태, 학습 반복 수epoch에 따라 서로 다른 모형이 된다.

13.3 주택 가격 예측(회귀문제)

프로젝트

주택 가격에 영향을 미칠 수 있는 여러 입력 데이터로 학습하고, 임의의 입력 데이터에 대한 주택 가격을 예측해보자. MASS 패키지에서 제공하는 미국 보스톤 시의 주택 가격 데이터 세트Boston는 14개의 항목으로 구성되어 있으며, 506 개의 관측값들이 있다. 그 중 crim, zn, chas, nox, rad 항목들의 데이터로부터 mediv(주택 가격)를 예측하는 인공신경망 모형을 만들고, 학습 후에 예측하는 방법을 살펴보자(13개 모든 항목들의 데이터로 mediv를 예측하는 모형은 응용문제에서 같은 방법으로 실행해보기로 하자).

항목명	내용
crim	지역(town) 범죄 비율
zn	25,000 ft2 당 거주자 비율
indus	지역(town) 당 비소매업자의 토지 면적(에이커) 비율
chas	찰스 강 지역에 대한 더미 변수(dummy variable: 강의 경계에 위치하면 1, 그렇지 않으면 0)
nox	질소 산화물(NOx) 농도
rm	주택 당 평균 방의 수
age	1940년 이전에 지어진 소유자 점유 단위의 비율
dis	5개의 보스턴 고용센터까지의 가중 평균 거리
rad	방사형 고속도로의 접근성 지수
tax	$10,000당 재산세율
ptratio	지역(town)의 학생-교사 비율
black	1000(Bk - 0.63)·2, Bk는 지역(town)의 흑인 비율
lstat	인구의 하위 계층 비율(퍼센트)
mediv	주택 가격($1000 단위)

문제 해결 방법

먼저, 무응답 데이터가 있는지 확인하고, 데이터를 정규화한다. 훈련용 데이터 세트와 테스트용 데이터 세트를 분리한다. 입출력 변수 형식을 설정하고 훈련용 데이터로 인공신경망 모형을 학습한다. 학습된 모형에 대해 테스트용 데이터로 출력을 예측하고 정확도를 평가한다.

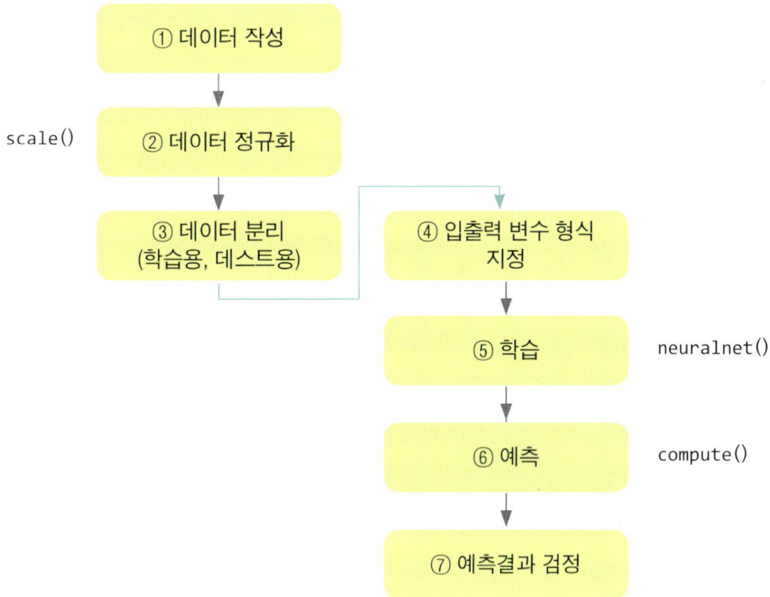

먼저, 인공신경망 활용을 위해 neuralnet 패키지, 그리고 Boston 데이터 세트를 활용하기 위해 MASS 패키지를 설치하고 로딩한다. Boston 데이터는 출력해서 확인해 본다.

R 데이터 확인

```
install.packages("neuralnet")     패키지 설치 및 로딩
install.packages("MASS")
library(neuralnet)
library(MASS)

head(Boston)     데이터 확인(앞부분 출력)
```

출력 결과

```
     crim zn indus chas   nox    rm  age    dis rad tax ptratio
1 0.00632 18  2.31    0 0.538 6.575 65.2 4.0900   1 296    15.3
2 0.02731  0  7.07    0 0.469 6.421 78.9 4.9671   2 242    17.8
3 0.02729  0  7.07    0 0.469 7.185 61.1 4.9671   2 242    17.8
4 0.03237  0  2.18    0 0.458 6.998 45.8 6.0622   3 222    18.7
5 0.06905  0  2.18    0 0.458 7.147 54.2 6.0622   3 222    18.7
6 0.02985  0  2.18    0 0.458 6.430 58.7 6.0622   3 222    18.7
   black lstat medv
1 396.90  4.98 24.0
2 396.90  9.14 21.6
3 392.83  4.03 34.7
4 394.63  2.94 33.4
5 396.90  5.33 36.2
6 394.12  5.21 28.7
```

데이터 처리의 편리를 위해 분석 대상이 되는 데이터 항목(crim, zn, chas, nox, rad, medv)들로 구성되는 데이터 프레임을 만들기로 하자.

분석 대상 데이터 할당

```
data <- Boston[, c(1,2,4,5,9,14)]
head(data)
```

① 입력(1,2,4,5,9열)과 출력(14열) 대상 데이터 할당

출력 결과

```
     crim zn chas   nox rad medv
1 0.00632 18    0 0.538   1 24.0
2 0.02731  0    0 0.469   2 21.6
3 0.02729  0    0 0.469   2 34.7
4 0.03237  0    0 0.458   3 33.4
5 0.06905  0    0 0.458   3 36.2
6 0.02985  0    0 0.458   3 28.7
```

각 열의 데이터에 무응답(결측치, NA: Not Available)이 있는지 확인해본다. 만약 무응답이 있으면 해당 행의 데이터는 삭제하면 된다. 다음과 같이 모든 열에 대해 실행해

보면 무응답이 없는 것을 확인할 수 있다.

결측치 확인

```
na <- apply(data, 2, is.na)
na
```

data의 결측지 확인을 위해 열별로 is.na() 함수를 적용
☞ 1은 행, 2는 열을 의미함

출력 결과

```
     crim    zn  chas   nox   rad  medv
1   FALSE FALSE FALSE FALSE FALSE FALSE
2   FALSE FALSE FALSE FALSE FALSE FALSE
3   FALSE FALSE FALSE FALSE FALSE FALSE
4   FALSE FALSE FALSE FALSE FALSE FALSE
5   FALSE FALSE FALSE FALSE FALSE FALSE
6   FALSE FALSE FALSE FALSE FALSE FALSE
```

```
apply(na, 2, sum)
```

na 데이터에 대해 열별로 sum() 함수를 적용하여 TRUE 개수 파악

출력 결과

```
crim   zn chas  nox  rad medv
   0    0    0    0    0    0
```

함수

apply()

패키지	base (기본 패키지)
기능	데이터를 함수에 적용
사용법	**apply**(x, MARGIN,, FUN, ...)
반환 값	FUN에 설정된 함수가 반환하는 벡터

매개변수	설명
x	행렬 등의 배열
MARGIN	함수에 적용할 숫자. 1은 행, 2는 열을 의미함
FUN	적용할 함수

각 열 기준으로 데이터(x)를 0~1로 정규화한다. 임의 데이터(x_i)를 정규화하는 식은

$$\frac{x_i - \text{mim}(x)}{\max(x) - \min(x)}$$

이다.

데이터 정규화

```
maxs <- apply(data, 2, max)
maxs
```

data에 대해 각 열별로 max() 함수를 적용하여 최댓값 할당

출력 결과

```
    crim        zn      chas       nox       rad      medv
 88.9762 100.0000    1.0000    0.8710   24.0000   50.0000
```

```
mins <- apply(data, 2, min)
mins
```

data에 대해 각 열별로 min() 함수를 적용하여 최솟값 할당

출력 결과

```
   crim      zn    chas     nox     rad    medv
0.00632 0.00000 0.00000 0.38500 1.00000 5.00000
```

```
data.scaled <- scale(data, center = mins, scale = maxs - mins)
data.scaled
```

② data를 mins 만큼 빼고, maxs-mins크기로나누어 0~1 범위로 정규화함

출력 결과

```
          crim    zn chas         nox        rad       medv
1 0.000000e+00 0.180    0 0.314814815 0.00000000 0.42222222
2 2.359225e-04 0.000    0 0.172839506 0.04347826 0.36888889
3 2.356977e-04 0.000    0 0.172839506 0.04347826 0.66000000
4 2.927957e-04 0.000    0 0.150205761 0.08695652 0.63111111
5 7.050701e-04 0.000    0 0.150205761 0.08695652 0.69333333
6 2.644715e-04 0.000    0 0.150205761 0.08695652 0.52666667
7 9.213230e-04 0.125    0 0.286008230 0.17391304 0.39777778
```

함수

scale()

패키지	base (기본 패키지)
기능	숫자 데이터의 크기를 조정
사용법	**scale**(x, center = TRUE,, scale = TRUE)
반환 값	숫자

매개변수	설명
x	숫자 벡터
center	x 값을 center 값만큼 뺌
scale	x 값을 scale 크기로 나눔

506개 관측치 중에서 80%에 해당하는 행을 학습용으로, 나머지 20%는 테스트용으로 분리한다.

학습용과 테스트용 데이터 분리

```
n <- nrow(data.scaled)
```

정규화된 데이터의 행의 수

출력 결과

```
[1] 506
```

```
set.seed(1234)
index <- sample(1:n, round(0.8*n))
index
```

난수 발생을 위한 초기값(반복 실험 시, 같은 난수로 검증 가능)

난수를 이용해서 1~n 사이의 행번호 중에 80%에 해당하는 숫자를 무작위로 추출

출력 결과

```
  [1] 284 336 406 101 492 111 393 133 422 400 388  98 103 214
 [15]  90 326  79 462 372 270 382 184  62   4 496 149  40 212
 [29] 440 195  93 122 389  66 175 424 379 468 304 108 131 343
 [43]  41 115 228 328 416 298 299 258 117 490 182 305 358 485
[365] 179 233 366 257   3 321 190 425  67 450 252  21  34  50
[379] 132 275 421 283  92 457 405 256  94 315 192 488 322 172
[393] 377 201 417 403  35 345 150 376 494  68 454 334 140
```

```
train <- as.data.frame(data.scaled[index,])
head(train)
```

③ 무작위로 추출한 행 번호에 해당하는 데이터를 추출해서 훈련용 데이터로 할당

출력 결과

```
            crim  zn chas        nox       rad      medv
284 0.0000976735 0.9    1 0.03292181 0.0000000 1.0000000
336 0.0003741716 0.0    0 0.26748971 0.1739130 0.3577778
406 0.7633423806 0.0    0 0.63374486 1.0000000 0.0000000
101 0.0015998673 0.0    0 0.27777778 0.1739130 0.5000000
492 0.0011174568 0.0    0 0.46090535 0.1304348 0.1911111
111 0.0011420719 0.0    0 0.27777778 0.1739130 0.3711111
```

```
test <- as.data.frame(data.scaled[-index,])
head(test)
```

훈련용 데이터를 제외한 데이터를 테스트용 데이터로 할당

출력 결과

```
          crim    zn chas       nox        rad      medv
1  0.0000000000 0.180    0 0.3148148 0.00000000 0.4222222
5  0.0007050701 0.000    0 0.1502058 0.08695652 0.6933333
7  0.0009213230 0.125    0 0.2860082 0.17391304 0.3977778
8  0.0015536719 0.125    0 0.2860082 0.17391304 0.4911111
9  0.0023032514 0.125    0 0.2860082 0.17391304 0.2555556
11 0.0024566741 0.125    0 0.2860082 0.17391304 0.2222222
```

함수

as.data.frame()

패키지	base (기본 패키지)
기능	데이터 프레임으로 변환
사용법	**as.data.frame**(x)
반환 값	데이터 프레임

매개변수	설명
x	R 객체

함수

set.seed()

패키지	stats (기본 패키지)
기능	난수 발생 초기화
사용법	**set.seed**(seed)
반환 값	NULL

매개변수	설명
seed	단일 값(정수로 해석됨)

입출력 변수들로 인공신경망 모형의 입출력 형식으로 지정한다. 형식은 "종속변수(y) ~ 독립변수(x)"이며, 변수들이 여러 개인 경우 "+" 기호로 연결한다. 현재 사용할 변수 수는 많지 않기 때문에 간단히 f <– "medv ~ crim + zn + chas + nox + rad"로 할당하여 f를 인공신경망 모형의 입출력 형식으로 지정해도 되지만, 확장성을 고려하여 데이터 프레임의 열 이름을 이용하여 할당하는 방법을 살펴보자.

R 학습용 입출력 변수 할당

```
names.col <- colnames(train)        # 훈련용 데이터의 항목명 추출
names.col
```

출력 결과

```
[1] "crim" "zn"   "chas" "nox"  "rad"  "medv"
```

```
var.dependent <- names.col[6]       # 마지막 열을 출력변수로 지정
var.dependent
```

출력 결과

```
[1] "medv"
```

```
var.independent <- names.col[-6]    # 마지막 열을 제외한 변수들을 입력변수로 지정
var.independent
```

출력 결과

```
[1] "crim" "zn"   "chas" "nox"  "rad"
```

```
f.var.independent <- paste(var.independent, collapse = " + ")
f.var.independent                   # 입력변수들을 "+"로 연결
```

출력 결과

```
[1] "crim + zn + chas + nox + rad"
```

```
f <- paste(var.dependent, "~", f.var.independent)   # ④ 출력변수와 입력변수들을 "~"로 연결
f
```

출력 결과

```
[1] "medv ~ crim + zn + chas + nox + rad"
```

함수

colnames()

패키지	base (기본 패키지)
기능	열의 이름 반환 또는 설정
사용법	`colnames(x)`
반환 값	문자열 벡터

매개변수	설명
x	행렬 형태의 R 객체

5개의 입력노드, 2개층의 은닉층, 그리고 1개 노드의 출력으로 학습된 인공신경망 모형은 다음과 같다. 각 은닉층의 노드 수는 입력에서 출력 방향의 순서로 3개, 2개로 해보자. 각 연결은 학습된 결과로 가중치가 설정되어 있다. 5,854번 반복 학습 후 모형의 에러는 3.627939를 보이고 있다.

R 학습 및 모형 출력

```
model <- neuralnet(f, data=train, hidden=c(3,2), linear.output=T)
plot(model)
```

⑤ 모형구성과 학습
- 입출력 변수: f
- 입출력 학습 데이터: train
- 은닉층의 노드 수: 3개(제1은닉층) 2개(제2은닉층)
- 입력값에 대해 연속적인 값을 예측하는 회귀 모형이기 때문에 출력 노드는 활성화함수를 적용하지 않음 (linear.output=T)

☞ 은닉층 노드의 활성화 함수를 지정하지 않으면 시그모이드 함수가 적용됨

출력 결과

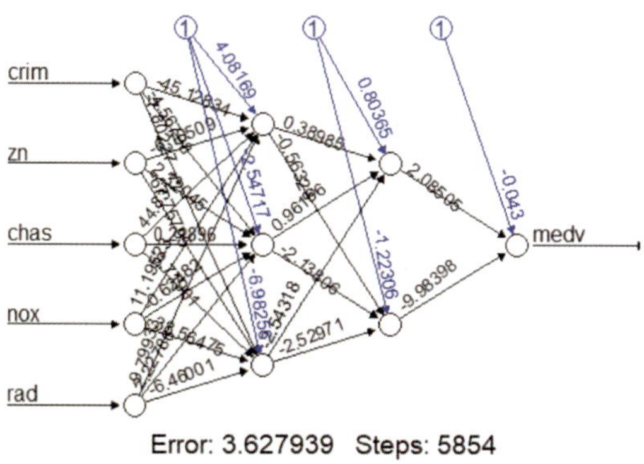

함수

neuralnet()

패키지	neuralnet (추가 패키지)
기능	인공신경망 학습 및 예측
사용법	**neuralnet**(formula, data, hidden = 1, threshold = 0.01, stepmax = 1e+05, err.fct = "sse", act.fct = "logistic", linear.output = TRUE)
반환 값	모형 관련 정보를 담고 있는 nn 클래스의 객체

매개변수	설명
formula	학습모형의 입출력 변수
data	formula를 구성하는 변수를 포함하는 데이터 프레임
hidden	은닉층의 노드 수
threshold	학습 종료 기준, 에러 함수의 편미분 값
stepmax	최대 학습 반복 수, 디폴트는 100,000임
err.fct	에러 함수, 디폴트인 sse는 sum of squared errors를 의미함
act.fct	활성화 함수, 디폴트는 logistics 함수임
linear.output	TRUE로 설정되면 출력노드에 활성화함수가 적용되지 않고, FALSE이면 적용됨

함수

plot()

패키지	neuralnet (추가 패키지)
기능	학습모형을 이용한 예측
사용법	**plot**(x) 또는 **plot.nn**(x)
반환 값	문자열 벡터

매개변수	설명
x	학습모형

테스트용 데이터 세트에서 입력 노드의 데이터 세트에 대응하는 출력을 예측하고, 실제 값 크기의 비정규화 데이터로 복원한다.

R 테스트

```
predicted <- compute(nn, test[,-idx.var.dependent])
predicted$net.result
```

⑥ 학습된 모형에 대해 테스트용 데이터의 입력변수 값들로 출력노드의 값 예측

출력노드에 해당하는 값 추출

출력 결과

```
        [,1]
1    0.3736534
5    0.5461552
7    0.4376559
8    0.4367188
9    0.4356032
     0.43537[...]
484  [...]
486  0.3226109
487  0.3115897
495  0.3069285
502  0.2893327
```

```
predicted.real <- predicted$net.result * (maxs[5] - mins[5]) + mins[5]
predicted.real
```

예측 값들을 비정규화된 값들로 복원

출력 결과

```
        [,1]
1     9.594028
5    13.561569
7    11.066086
8    11.044532
9    11.018874
     11.013608
[...]
487   8.166562
495   8.059356
502   7.654651
```

```
test.real <- test$medv * (maxs[5] - mins[5]) + mins[5]
test.real
```

예측값의 실제 값에 대한 오차를 측정하기 위해 테스트 데이터에 있는 실제 값들을 비정규화된 값들로 복원

출력 결과

```
 [1] 10.711111 16.946667 10.148889 12.295556  6.877778
 [6]  6.111111  6.213333  6.417778  6.928889  5.855556
[11]  8.666667 11.068889  9.280000  8.308889  6.928889
 [81]  4.526667  6.111111  3.300000  6.673333  5.753333
 [86]  3.351111  7.184444  7.848889  6.315556  5.651111
 [91]  9.382222  8.155556  5.242222  5.906667 10.200000
 [96] 10.557778  9.586667  9.280000  8.206667 10.966667
[101]  9.893333
```

함수

compute()

패키지	neuralnet (추가 패키지)
기능	학습모형을 이용한 예측
사용법	**compute**(x, covariate)
반환 값	예측결과를 포함하는 리스트

매개변수	설명
x	학습모형
covariate	학습모형의 입력노드에 사용된 변수의 데이터 프레임

이제, 예측 값들의 오차를 살펴보자. 먼저, 그래프로 실제 값 대비 예측 값의 분포를 살펴본다. 예측 오차의 크기는 각 실제 값에 대한 예측 값과 기울기가 1인 사선과의 수직적인 거리로 나타나게 된다. 즉 오차가 작을수록 사선에 가깝게 분포하게 된다. 그 크기를 정량적으로 파악하기 위해 MAPE(Mean Absolute Percentage Error: 평균 절대 백분율 오차)를 측정하기로 하자. MAPE는 각 실제 값(x_i) 대비 실제 값과 예측 값의 오차

크기($|x_i - \hat{x}_i|$)들의 상대적 비율들에 대한 평균을 의미한다.

$$MAPE\,(\%) = \frac{1}{n}\sum_{i=1}^{n}\frac{|x_i - \hat{x}_i|}{x_i}\times 100$$

측정 결과, MAPE는 26.2%로 나타난다. 응용문제1에서 입력변수의 수를 늘려 측정하고 비교해보자.

실제 값 대비 예측 값 비교(분포)

```
plot(test.real, predicted.real,
     xlim=c(0, 25), ylim=c(0, 25),
     main="실제 값 대비 예측 값 분포",
     xlab="실제 값", ylab="예측 값",
     col='red',
     pch=18, cex=0.7)
abline(0, 1, col="blue", lty=2)
```

실제 값과 예측 값들의 분포

실제 값과 예측 값이 일치하는 기준선 출력
☞ y절편은 0, 기울기는 1, 청색, 점선

출력 결과

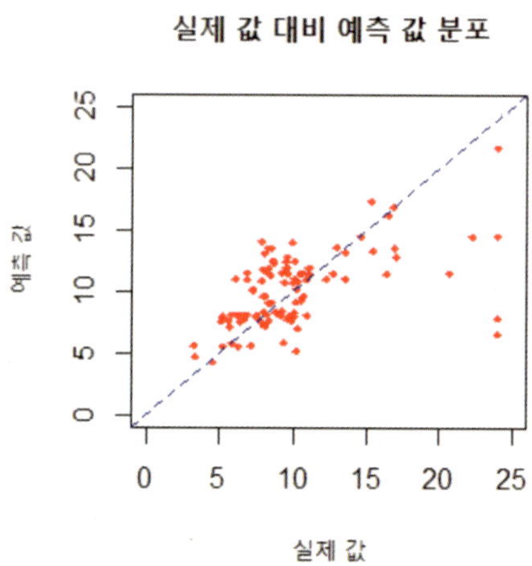

기준선에 가까운 정도 의 분포 파악
☞ 오차가 큰 상태임

```
MAPE.nn <- sum(abs(test.real - predicted.real)/test.real * 100)/nrow(test.real)
MAPE.nn
```

⑦ MAPE 계산
– 실제값(x): test.real
– 예측값($\hat{x}$): predicted.real

출력 결과

```
[1] 26.22535
```

13.4 붓꽃 종의 분류(분류문제)

붓꽃iris는 세 가지 종이 있다. dataset 패키지에 있는 iris 데이터 세트를 이용해서 학습하고 새로 관측한 붓꽃을 분류하는 방법을 살펴보자. iris는 세 가지 종별로 50개씩의 꽃잎과 꽃받침의 크기에 따라 분류한 총 150개의 데이터 세트로, 1936년 영국의 통계 및 생물학자인 피셔Ronald Fisher가 붓꽃 종을 분류하기 위해 작성한 데이터이다.

setosa

versicolor

virginica

인공신경망 모형을 만들고, 80%의 데이터로 학습하고 나머지 20% 데이터로 테스트하여 정확도를 측정해보자.

항목명	내용
Sepal.Length	꽃받침의 길이
Sepal.Width	꽃받침의 너비
Petal.Length	꽃잎의 길이
Petal.Width	꽃잎의 너비
Species	종

문제 해결 방법

먼저, 무응답 데이터가 있는지 확인하고, 데이터를 정규화한다. 분류를 위한 출력 데이터를 생성하고, 훈련용 데이터 세트와 테스트용 데이터 세트를 분리한다. 입출력 변수 형식을 설정하고 훈련용 데이터로 인공신경망 모형을 학습한다. 학습된 모형에 대해 테스트용 데이터로 출력을 예측하고 정확도를 평가한다.

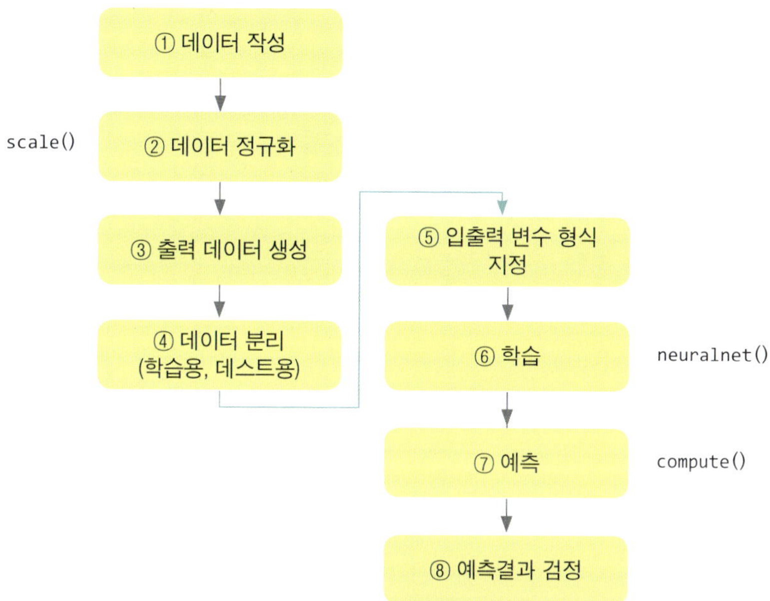

먼저, neuralnet 패키지를 로딩한다. iris 데이터를 출력해서 확인해보고, 13.3절과 같은 변수로해서 이해하기 쉽게 iris를 data 변수로 할당하기로 하자.

데이터 확인

```
#install.packages("neuralnet")    패키지 설치 및 로딩
library(neuralnet)                ☞ 13.2절에서 설치했기 때문에 설치는 생략

iris    datasets 패키지에 있는 iris 데이터 세트 출력
```

출력 결과 (꽃받침 길이, 꽃받침 너비, 꽃잎 길이, 꽃잎 너비, 종)

```
    Sepal.Length Sepal.Width Petal.Length Petal.Width   Species
1            5.1         3.5          1.4         0.2    setosa
2            4.9         3.0          1.4         0.2    setosa
3            4.7         3.2          1.3         0.2    setosa
4            4.6         3.1          1.5         0.2    setosa
5            5.0         3.6          1.4         0.2    setosa
6            5.4         3.9          1.7         0.4    setosa
7            4.6         3.4          1.4         0.3    setosa
...
145          6.7         3.3          5.7         2.5 virginica
146          6.7         3.0          5.2         2.3 virginica
147          6.3         2.5          5.0         1.9 virginica
148          6.5         3.0          5.2         2.0 virginica
149          6.2         3.4          5.4         2.3 virginica
150          5.9         3.0          5.1         1.8 virginica
```

```
data <- iris    ① 분석 대상 데이터 할당
```

각 열의 데이터에 무응답치(결측치, NA: Not Available)이 있는지 체크해본다. 만약 무응답치가 있으면 해당 행의 데이터는 삭제하면 된다. 다음과 같이 모든 열에 대해 실행해보면 무응답치가 없는 것을 확인할 수 있다.

결측치 확인

```
na <- apply(data, 2, is.na)    data의 결측지 확인을 위해 열별로 is.na() 함수를 적용
na
```

출력 결과

```
       Sepal.Length Sepal.Width Petal.Length Petal.Width Species
  [1,]        FALSE       FALSE        FALSE       FALSE   FALSE
  [2,]        FALSE       FALSE        FALSE       FALSE   FALSE
  [3,]        FALSE       FALSE        FALSE       FALSE   FALSE
  [4,]        FALSE       FALSE        FALSE       FALSE   FALSE
  [5,]        FALSE       FALSE        FALSE       FALSE   FALSE
  [6,]        FALSE       FALSE        FALSE       FALSE   FALSE
  [7,]        FALSE       FALSE        FALSE       FALSE   FALSE
...
[145,]        FALSE       FALSE        FALSE       FALSE   FALSE
[146,]        FALSE       FALSE        FALSE       FALSE   FALSE
[147,]        FALSE       FALSE        FALSE       FALSE   FALSE
[148,]        FALSE       FALSE        FALSE       FALSE   FALSE
[149,]        FALSE       FALSE        FALSE       FALSE   FALSE
[150,]        FALSE       FALSE        FALSE       FALSE   FALSE
```

```
apply(na, 2, sum)
```

na 데이터에 대해 열별로 sum() 함수를 적용하여 TRUE 개수 파악

출력 결과

```
Sepal.Length  Sepal.Width Petal.Length  Petal.Width      Species
           0            0            0            0            0
```

꽃받침과 꽃잎의 데이터에 해당하는 1~4열까지의 데이터를 0~1로 정규화한다.

데이터 정규화

```
maxs <- apply(data[,1:4], 2, max)
maxs
```

data에 대해 각 열별로 최댓값

출력 결과

```
Sepal.Length  Sepal.Width Petal.Length  Petal.Width
         7.9          4.4          6.9          2.5
```

```
mins <- apply(data[,1:4], 2, min)
mins
```

data에 대해 각 열별로 최솟값

출력 결과

```
Sepal.Length  Sepal.Width Petal.Length  Petal.Width
         4.3          2.0          1.0          0.1
```

```
data[,1:4] <- scale(data[,1:4], center = mins, scale = maxs - mins)
data[,1:4]
```

② 입력변수에 해당하는 4개 열의 data[, 1:4]를 mins 만큼 빼고, maxs-mins크기로나누어 0~1 범위로 정규화함

출력 결과

```
    Sepal.Length Sepal.Width Petal.Length Petal.Width
1     0.22222222  0.62500000   0.06779661  0.04166667
2     0.16666667  0.41666667   0.06779661  0.04166667
3     0.11111111  0.50000000   0.05084746  0.04166667
4     0.08333333  0.45833333   0.08474576  0.04166667
5     0.19444444  0.66666667   0.06779661  0.04166667
6     0.30555556  0.79166667   0.11864407  0.12500000
7     0.08333333  0.58333333   0.06779661  0.08333333
```

종의 분류를 구분 짓는 3개 출력 노드의 목표 값을 설정하기 위해 종의 분류에 따른 열을 추가한다. 각 열에서 종의 분류에 맞는 것은 1, 그렇지 않으면 0을 설정한다. 6, 7, 8열에 0과 1의 값을 갖는 3개의 열이 추가된 것을 확인할 수 있다.

R 출력 데이터 생성

```
data$setosa      <- ifelse(data$Species == "setosa", 1, 0)
data$virginica   <- ifelse(data$Species == "virginica", 1, 0)
data$versicolor  <- ifelse(data$Species == "versicolor", 1, 0)

head(data)
```

③ 각 종별로 분류하는 열을 추가
☞ 종에 해당하면 1, 그렇지 않으면 0

출력 결과

```
  Sepal.Length Sepal.Width Petal.Length Petal.Width Species
1   0.22222222   0.6250000   0.06779661  0.04166667  setosa
2   0.16666667   0.4166667   0.06779661  0.04166667  setosa
3   0.11111111   0.5000000   0.05084746  0.04166667  setosa
4   0.08333333   0.4583333   0.08474576  0.04166667  setosa
5   0.19444444   0.6666667   0.06779661  0.04166667  setosa
6   0.30555556   0.7916667   0.11864407  0.12500000  setosa
  setosa virginica versicolor
1      1         0          0
2      1         0          0
3      1         0          0
4      1         0          0
5      1         0          0
6      1         0          0
```

3개의 출력 노드 형식의 종 분류

함수

ifelse()

패키지	base (기본 패키지)
기능	조건적 선택
사용법	**ifelse**(test, yes, no)
반환 값	yes 또는 no

매개변수	설명
test	논리형 객체
yes	test가 TRUE인 경우의 반환 값
no	test가 FALSE인 경우의 반환 값

150개 관측치 중에서 80%에 해당하는 임의의 행을 학습용으로, 나머지 20%는 테스트용으로 분리한다.

R 학습용과 테스트용 데이터 분리

```
n <- nrow(data)
```

데이터의 행의 수

출력 결과

```
[1] 150
```

```
set.seed(2000)
index <- sample(1:n, round(0.8*n))
index
```

난수 발생을 위한 초기값

난수를 이용해서 1~n 사이의 행번호 중에 80%에 해당하는 숫자를 무작위로 추출

출력 결과

```
   [1]  85 104  30  53 143 142  15 117  93  38  89 135 133 107  81
  [16]   1 120 105  75  27  62  97  71  23  25 144  34 137  87 113
  [31]  99  47 106  59 136 118  91  16  52 138 101 141 148  42  67
  [46]  49  65  36  94   2 124  21  79 132  13  70 139  22  76   7
  [61]  66 145  83  41 125  86 109  44  82  78  32  10  61 108  20
  [76]   3  18  84 126  26  37  60  74  80  33   5  51  39  73 116
  [91]  68 103  95 115  17 114  28  64 150 119 128  92  50 134   8
 [106]  58  11  57  43   4 147 129 131   6 127  98  72  45  56  29
```

```
train <- as.data.frame(data[index,])
head(train)
```

④ 무작위로 추출한 행 번호에 해당하는 데이터를 추출해서 훈련용 데이터로 할당

출력 결과

```
    Sepal.Length Sepal.Width Petal.Length Petal.Width    Species
85     0.3055556   0.4166667    0.5932203  0.58333333 versicolor
104    0.5555556   0.3750000    0.7796610  0.70833333  virginica
30     0.1111111   0.5000000    0.1016949  0.04166667     setosa
53     0.7222222   0.4583333    0.6610169  0.58333333 versicolor
143    0.4166667   0.2916667    0.6949153  0.75000000  virginica
142    0.7222222   0.4583333    0.6949153  0.91666667  virginica
    setosa virginica versicolor
85       0         0          1
104      0         1          0
30       1         0          0
53       0         0          1
143      0         1          0
142      0         1          0
```

```
test <- as.data.frame(data[-index,])
head(test)
```

훈련용 데이터를 제외한 데이터를 테스트용 데이터로 할당

출력 결과

```
   Sepal.Length Sepal.Width Petal.Length Petal.Width Species
9    0.02777778   0.3750000   0.06779661  0.04166667  setosa
12   0.13888889   0.5833333   0.10169492  0.04166667  setosa
14   0.00000000   0.4166667   0.01694915  0.00000000  setosa
19   0.38888889   0.7500000   0.11864407  0.08333333  setosa
24   0.22222222   0.5416667   0.11864407  0.16666667  setosa
31   0.13888889   0.4583333   0.10169492  0.04166667  setosa
   setosa virginica versicolor
9       1         0          0
12      1         0          0
14      1         0          0
19      1         0          0
24      1         0          0
31      1         0          0
```

입출력 변수들로 인공신경망 모형의 입출력 형식으로 지정한다. 입력변수는 꽃받침의 길이와 너비, 꽃잎의 길이와 너비에 해당하는 Sepal.Length, Sepal.Width, Petal.Length, Petal.Width이며, 출력변수는 새로 추가된 항목명인 setosa, versicolor, virginica가 된다.

학습용 입출력 데이터

```
f.var.independent <- "Sepal.Length + Sepal.Width + Petal.Length + Petal.
                      Width"
f.var.dependent  <- "setosa + versicolor + virginica"
f     <- paste(f.var.dependent, "~", f.var.independent)
f
```

입력변수 지정
☞ 한 줄로 작성

출력변수 지정

⑤ 인공신경망 입력과 출력노드형식
☞ 출력변수와 입력변수들을 "~"로 연결

출력 결과

```
[1] "setosa + versicolor + virginica ~ Sepal.Length + Sepal.Width +
 Petal.Length + Petal.Width"
```

4개의 입력노드, 2개층의 은닉층, 그리고 3개 노드의 출력으로 학습된 인공신경망 모형은 다음과 같다. 각 은닉층의 노드 수는 입력에서 출력 방향의 순서로 6개, 6개로 해보자. 각 연결은 학습된 결과로 가중치가 설정되어 있다. 815번 반복 학습 동안 설정된 모형의 에러는 1.01401이다.

학습 및 모형 출력

```
nn <- neuralnet(f, data=train, hidden=c(6, 6), linear.output=F)

plot(nn)
```

⑥ 모형구성과 학습
- 입출력 변수: F
- 입출력 학습 데이터: train
- 은닉층의 노드 수: 6개(제1은닉층), 6개(제2은닉층)
- 입력값에 대해 0과 1로 분류하는 모형이기 때문에, 출력 노드에도 활성화 함수 적용(linear.output = F)

☞ 활성화 함수를 지정하지 않으면 시그모이드 함수가 적용됨

출력 결과

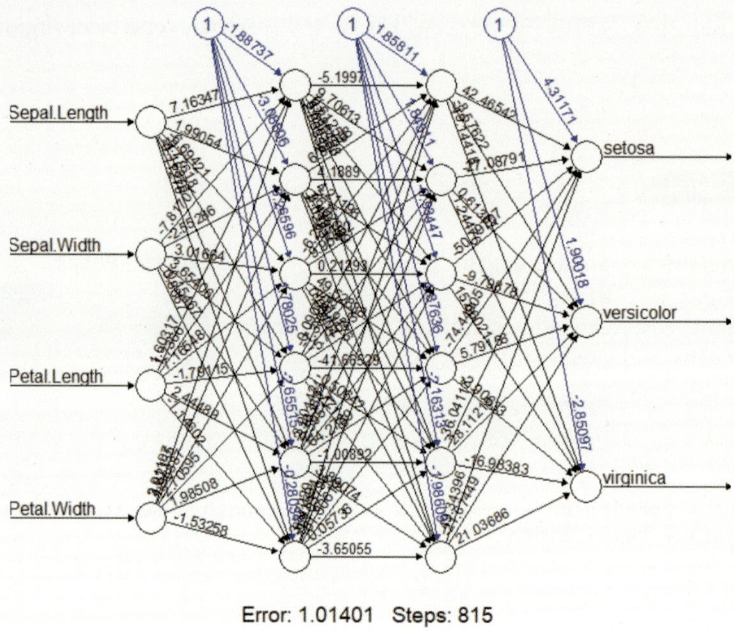

테스트용의 남겨진 20%의 데이터 세트에서 입력 노드의 데이터 세트에 데응하는 3개 출력 노드로 종의 분류를 예측한다. 3개 열의 각 행에서 최댓값을 갖는 열에 해당하는 것으로 종을 분류한다.

R 테스트

```
predicted <- compute(nn, test[,-5:-8])
predicted$net.result
```

⑦ 학습된 모형에 대해 테스트용 데이터의 입력변수 값들로 출력노드의 값 예측

출력노드에 해당하는 값 추출

출력 결과

```
           [,1]         [,2]         [,3]
9   1.000000e+00 3.728362e-03 6.903995e-22
12  1.000000e+00 3.330023e-03 6.478043e-22
14  1.000000e+00 3.441990e-03 3.002586e-22
19  1.000000e+00 4.740938e-03 8.628337e-23
24  1.000000e+00 4.182773e-03 5.075909e-22
31  1.000000e+00 3.947398e-03 3.297054e-22
35  1.000000e+00 4.537387e-03 1.735153e-22
123 7.926397e-90 4.130987e-04 9.999783e-01
130 8.713112e-76 8.253969e-01 1.671065e-01
140 1.887512e-79 2.927876e-06 9.999998e-01
146 1.574597e-82 8.442745e-08 1.000000e+00
149 3.835286e-70 3.988061e-06 9.999999e-01
```

각 행에서 최댓값을 갖는 열의 위치로 종을 분류

```
idx <- max.col(predicted$net.result)
idx
```

예측 데이터의 각 행별로 최댓값을 갖는 열의 위치

출력 결과

```
  9  12  14  19  24  31  35  40  46  48  54  55
  1   1   1   1   1   1   1   1   1   1   2   2
 63  69  77  88  90  96 100 102 110 111 112 121
  2   2   2   2   2   2   2   3   3   3   3   3
122 123 130 140 146 149
  3   3   2   3   3   3
```

열의 위치(1, 2, 3)

```
species <- c('setosa', 'versicolor', 'virginica')

predicted <- species[idx]
predicted
```

예측 데이터를 해당 종의 이름으로 대체

출력 결과

```
 [1] "setosa"     "setosa"     "setosa"     "setosa"
 [5] "setosa"     "setosa"     "setosa"     "setosa"
 [9] "setosa"     "setosa"     "versicolor" "versicolor"
[13] "versicolor" "versicolor" "versicolor" "versicolor"
[17] "versicolor" "versicolor" "versicolor" "virginica"
[21] "virginica"  "virginica"  "virginica"  "virginica"
[25] "virginica"  "virginica"  "versicolor" "virginica"
[29] "virginica"  "virginica"
```

예측 값들의 오차를 살펴보자. 먼저 실제값 대비 예측값의 비교를 위한 confusion matrix를 출력해본다. virginica의 경우, 11개 관측 치 중에서 1개는 versicolor로 잘못 예측한 결과를 보여주고 있다. 따라서 정확도는 전체 20개 관측치 중에서 19개를 정확하게 예측하였다.

$$\frac{19}{20} \times 100 = 95(\%)$$

이 된다.

실제 값 대비 예측 값 비교(분포)

```
table(test$Species, predicted)
```

⑧ 테스트 데이터의 실제 값과 예측 값들의 빈도 비교를 위한 confusion matrix 출력(table() 사용)
☞ virginica의 경우, 11개 중 1개를 versicolor로 예측

출력 결과

```
            predicted
             setosa versicolor virginica
  setosa         10          0         0
  versicolor      0          9         0
  virginica       0          1        10
```

예측값의 분류

실제값의 분류

실습 과제 1 주택 가격 예측(입력 노드 수의 변경)

[1] 프로젝트

13.3절의 주택 가격 예측을 위한 인공신경망 모형에서 입력 노드를 변경해 보자. 14개 항목 중에서 입력노드는 crim, zn,, indus, chas, nox, rm, age, dis, rad, tax, ptratio, black, lstat로 하고, 출력노드는 mediv로 한다. 예측결과를 비교해 보자.

[2] 문제 해결 방법

[3] 실행

R 스크립트

실행 결과

실습 과제 2 붓꽃 종의 분류(은닉층 노드 수의 변경)

[1] 프로젝트

13.4절의 붓꽃 종의 분류에서 2개 은닉층의 노드 수를 임의로 정하고 예측결과를 비교해 보자.

[2] 문제 해결 방법

[3] 실행

R 스크립트

실행 결과

Appendix

부록

2.2절의 'R 설치의 시작'을 시작하기 전에 R과 RStudio를 설치한다. R만으로도 실행가능하지만, 효과적 코딩과 분석 환경을 활용하기 위해 통합개발 환경인 RStudio를 사용하길 권장한다. RStudio는 R 설치 후에 설치해야 한다. 설치과정을 살펴보자.

1. R 설치
2. RStudio 설치

초보자는 R을 사용해도 무리가 없으나, 편집과 실행에 관한 고급 기능들을 활용하려면 RStudio를 추가로 설치하여 사용하면 보다 효과적인 분석이 가능할 것이다. 다음과 같이 R을 먼저 설치한 다음에 RStudio를 설치하면 된다.

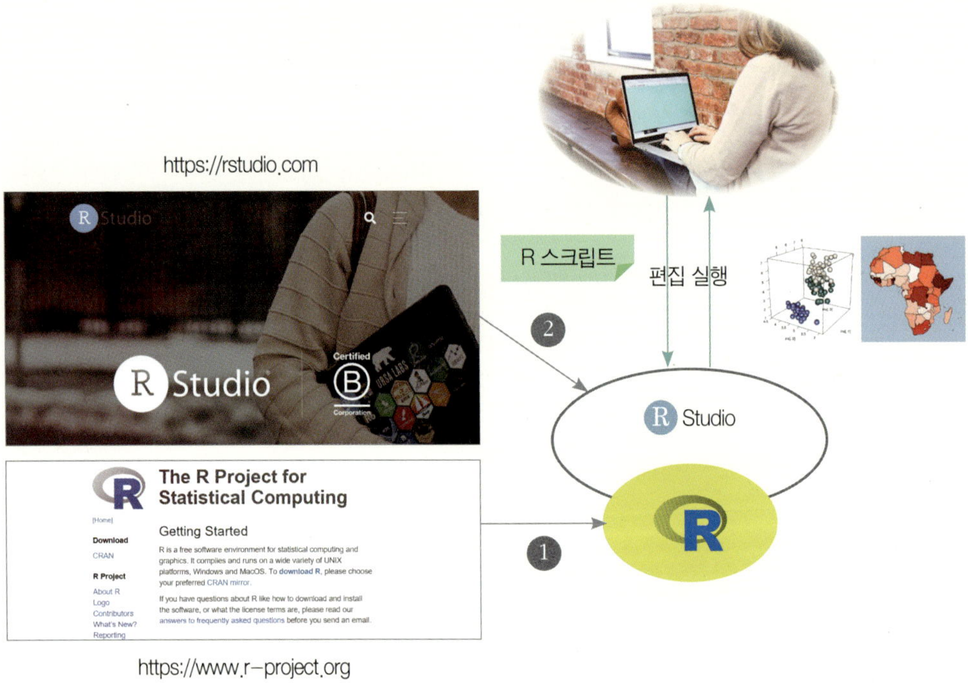

> **참고**
>
> 이 책에서는 일반적으로 많이 사용하는 윈도우 환경에서 설치하는 과정을 예시하였다.

부록 1 : R 설치

① 홈페이지(www.r-project.org) 접속 후 'CRAN' 또는 "Download R" 클릭

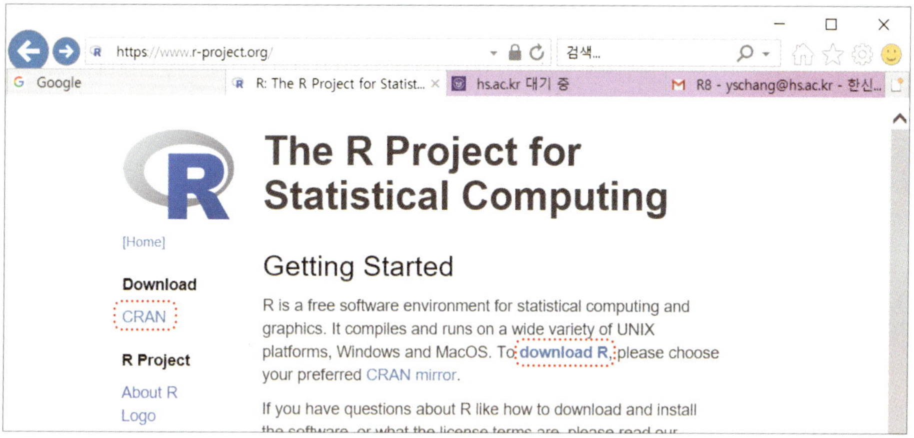

② CRAN 미러의 임의 사이트 선택

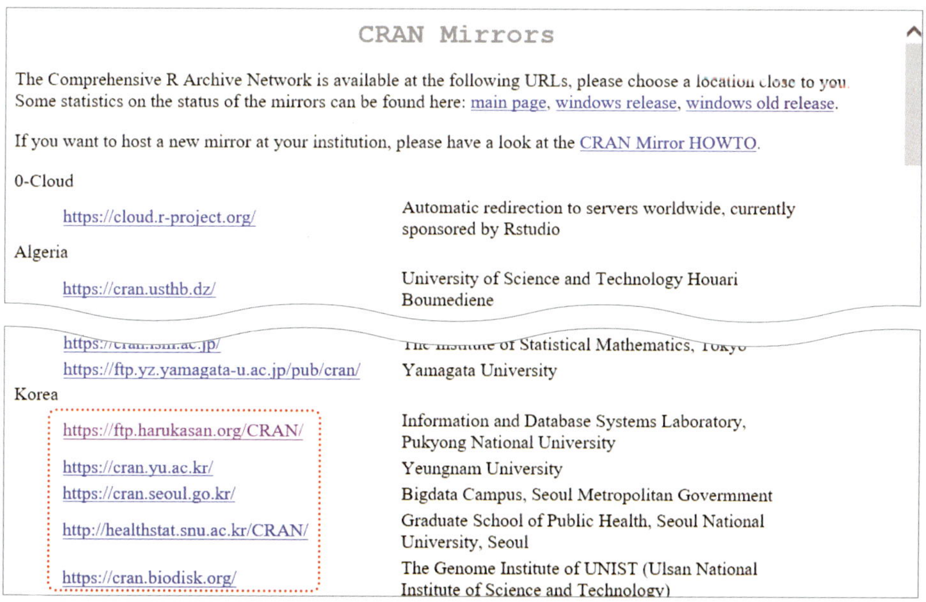

③ 운영체제에 맞는 R 선택

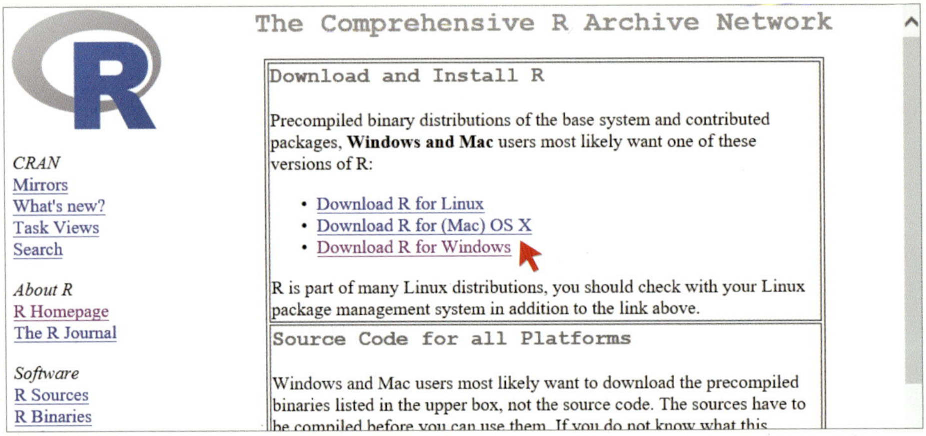

④ R 유형 선택

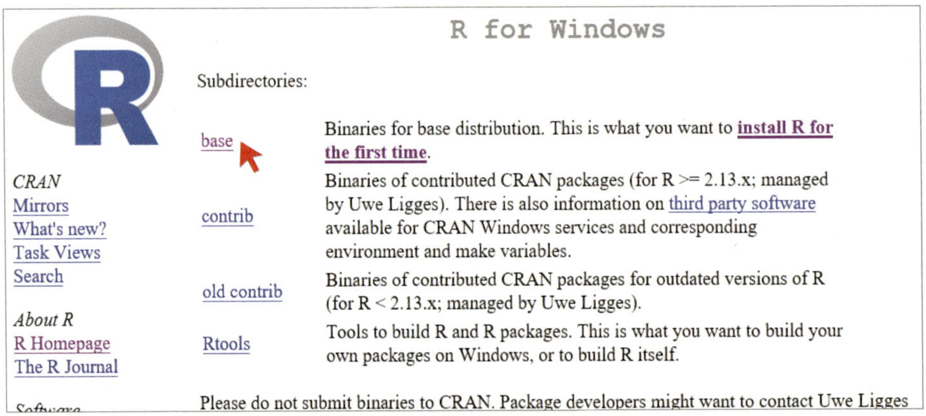

⑤ 최신 버전으로 나타나는 "Download R"을 클릭하고 웹브라우저 하단부의 "실행" 버튼 클릭

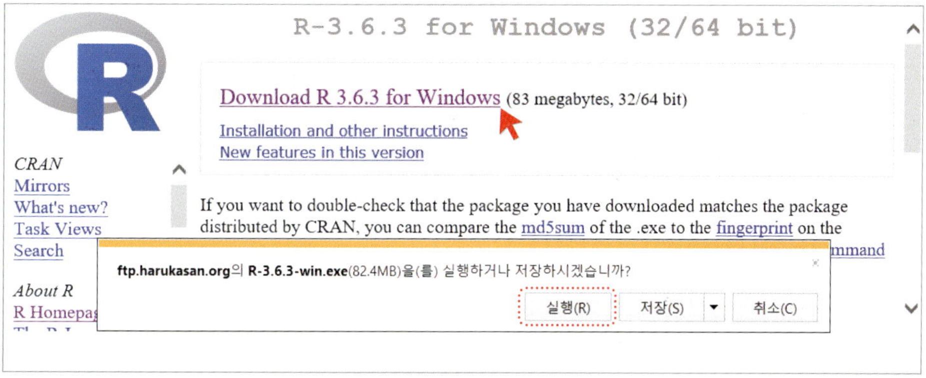

⑥ 언어 선택

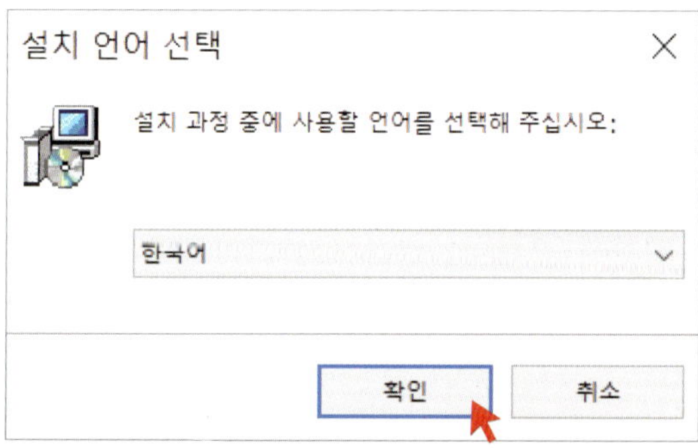

⑦ 설치 정보 확인

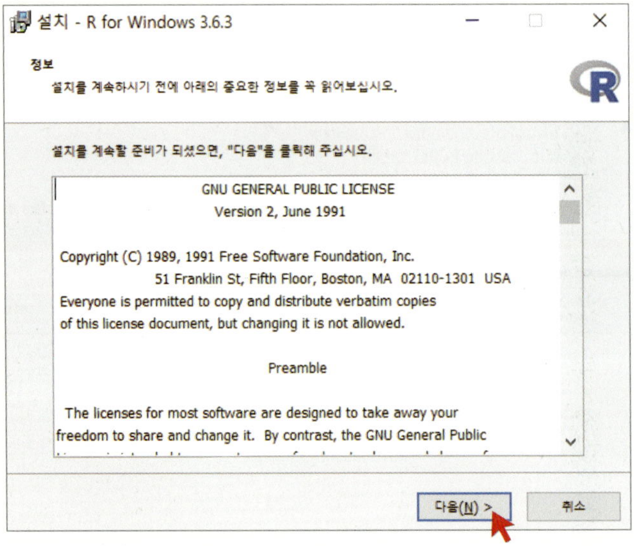

⑧ 설치 폴더 확인

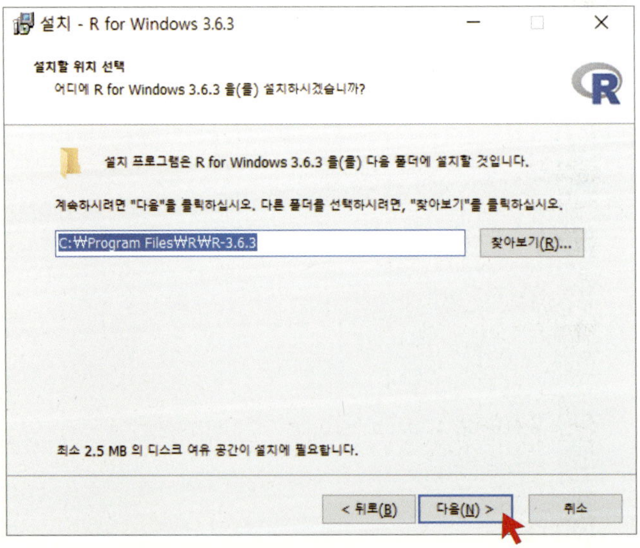

⑨ 설치 구성요소 설정

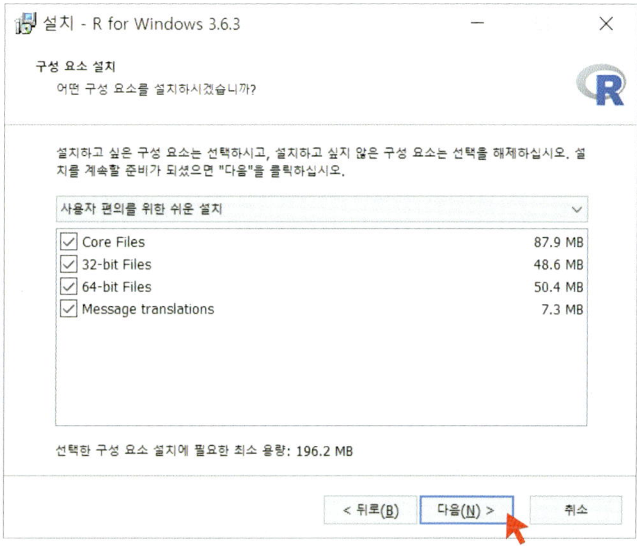

⑩ 스타트업 옵션 선택

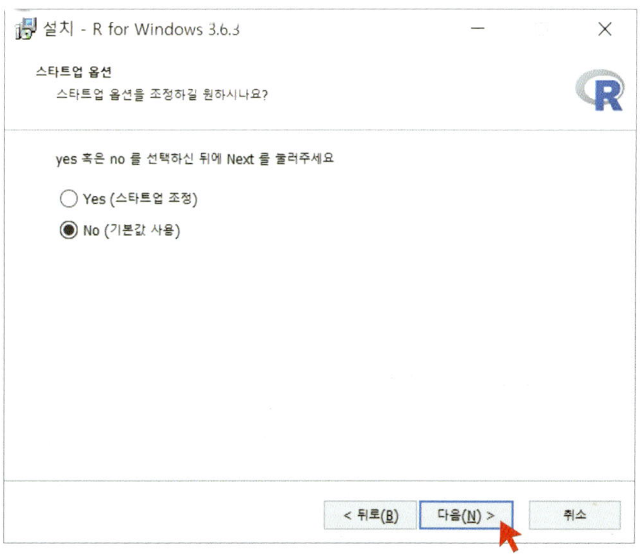

⑪ 시작 메뉴 설정

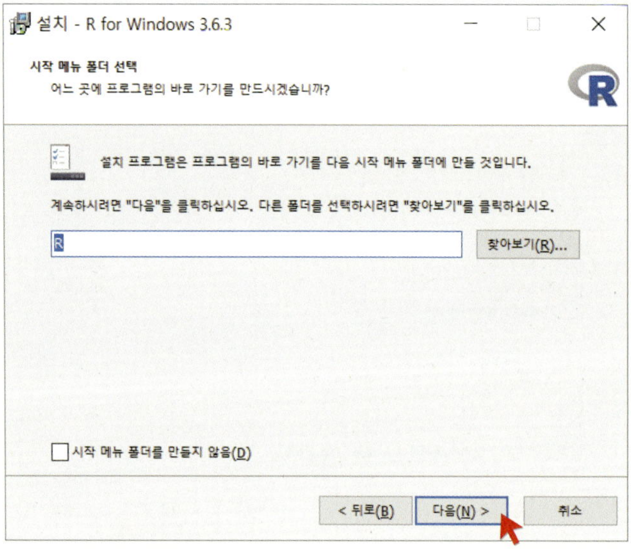

⑫ 추가 사항 설정

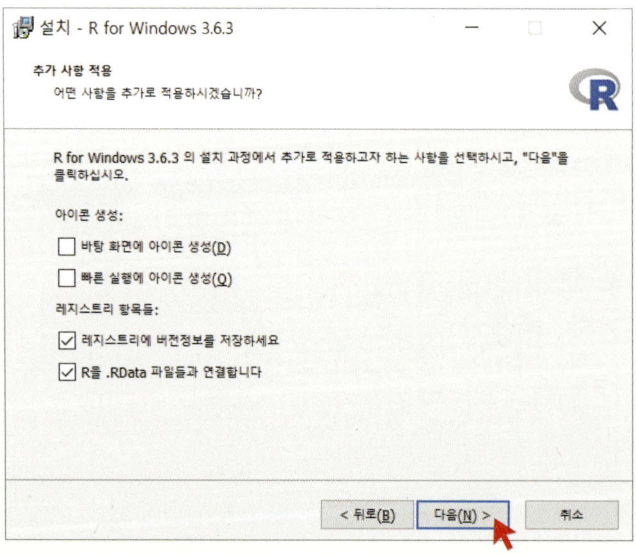

⑬ 설치 진행

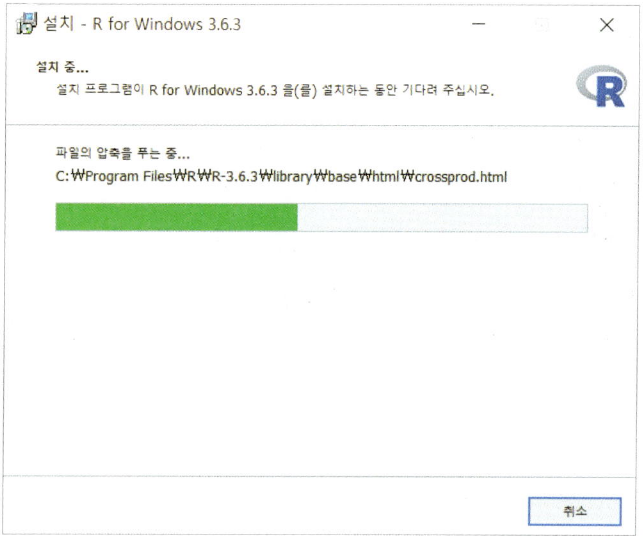
설치 - R for Windows 3.6.3
설치 중...
설치 프로그램이 R for Windows 3.6.3 을(를) 설치하는 동안 기다려 주십시오.
파일의 압축을 푸는 중...
C:₩Program Files₩R₩R-3.6.3₩library₩base₩html₩crossprod.html
취소

⑭ 설치 완료

설치 - R for Windows 3.6.3
R for Windows 3.6.3 설치 완료
설치 프로그램이 R for Windows 3.6.3 의 설치를 완료했습니다. 설치된 바로 가기를 실행하시면 프로그램이 실행됩니다.
"완료"를 클릭하여 설치를 완료하십시오.
완료(F)

⑮ 설치 결과 확인(시작 메뉴)

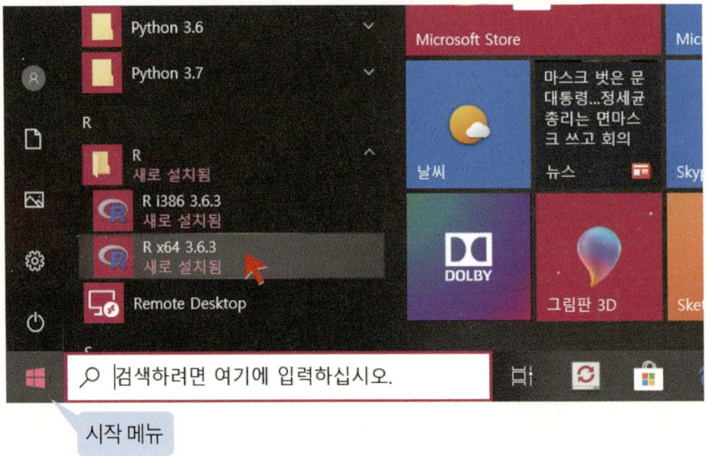

부록 2: RStudio 설치

① 홈페이지(https://rstudio.com)에서 하단부에 있는 "Products → RStudio Desktop" 클릭

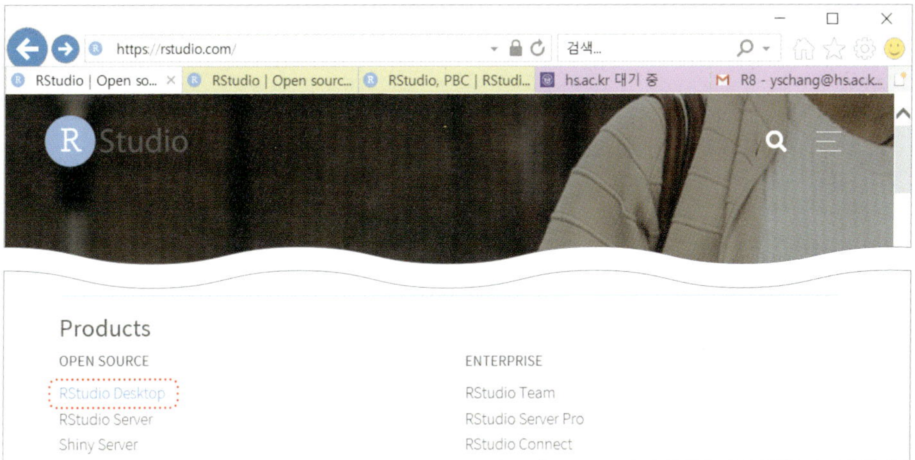

② 무료 버전 선택

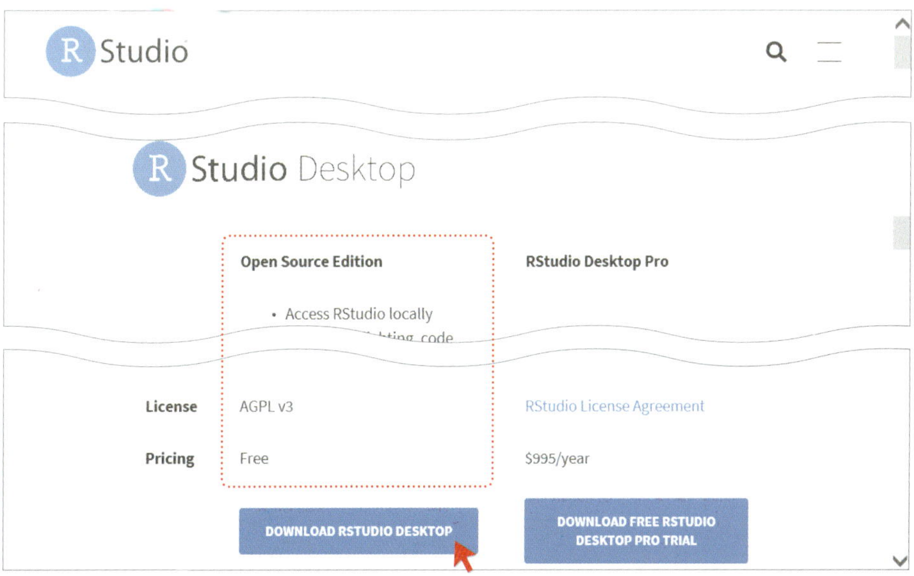

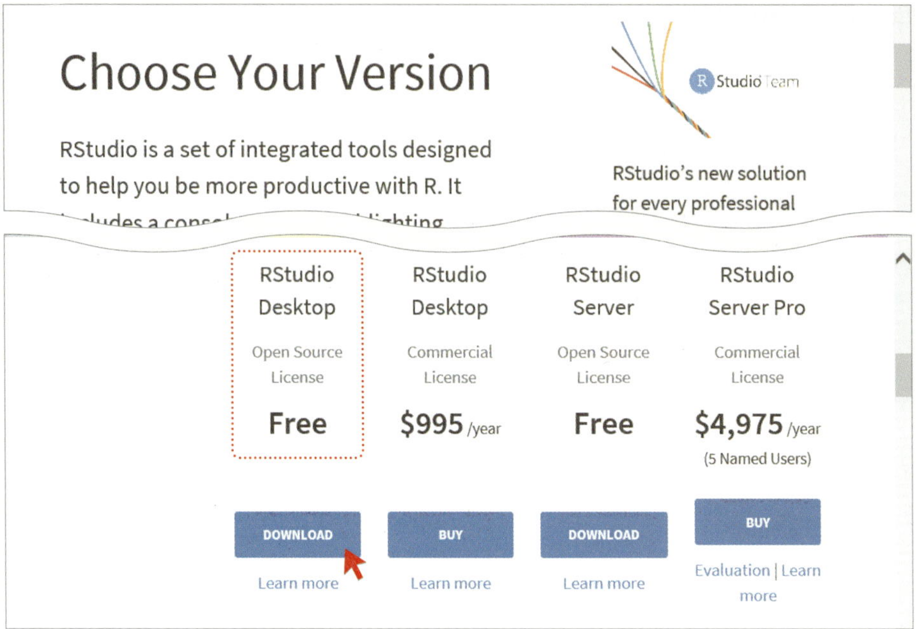

③ "다운로드" 및 "실행" 버튼 클릭

④ "다음" 버튼 클릭

⑤ 설치 폴더

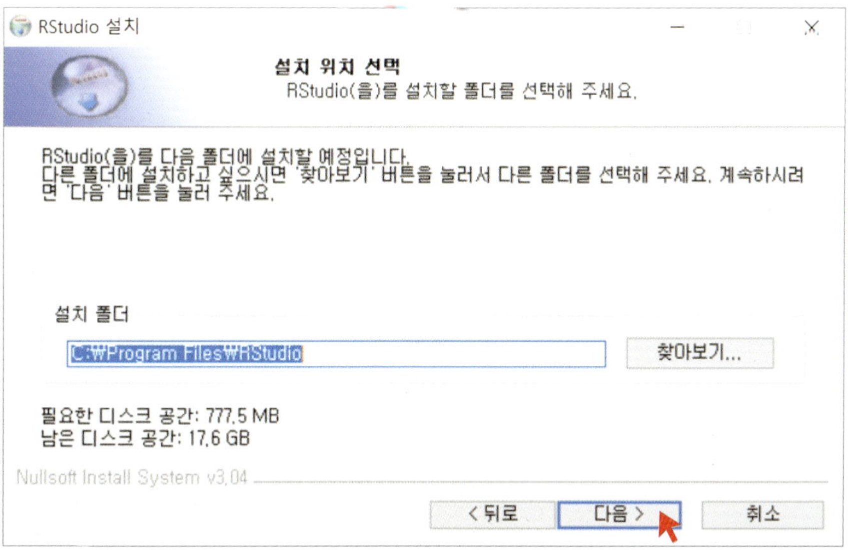

⑥ "시작 메뉴 폴더" 선택

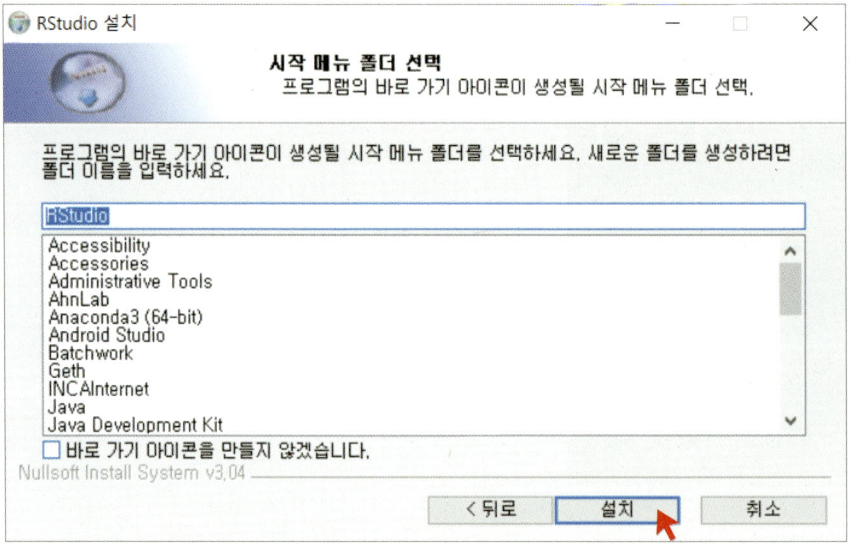

⑦ 설치 진행

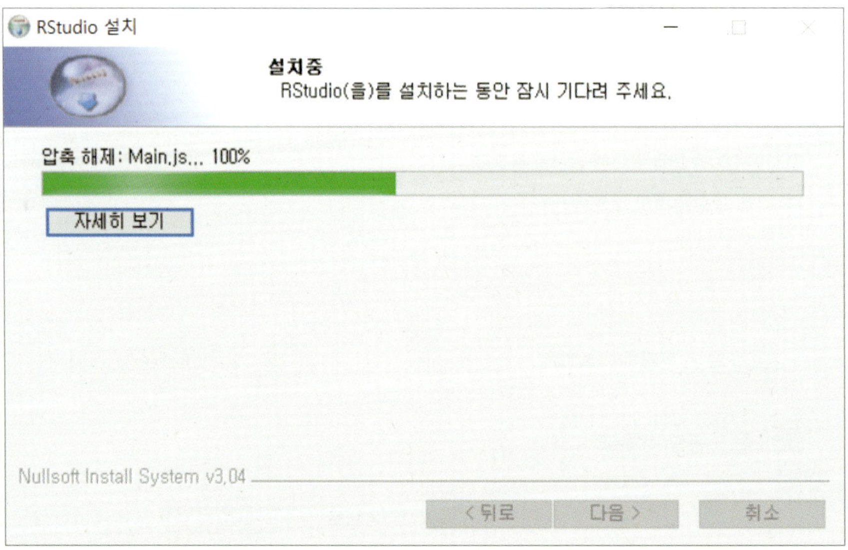

⑧ 설치 종료

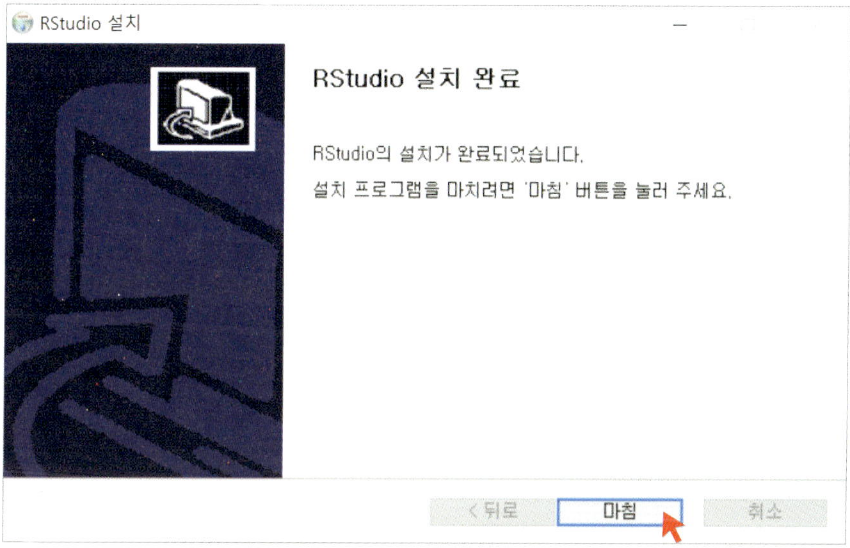

⑨ 설치 결과 확인(시작 메뉴)

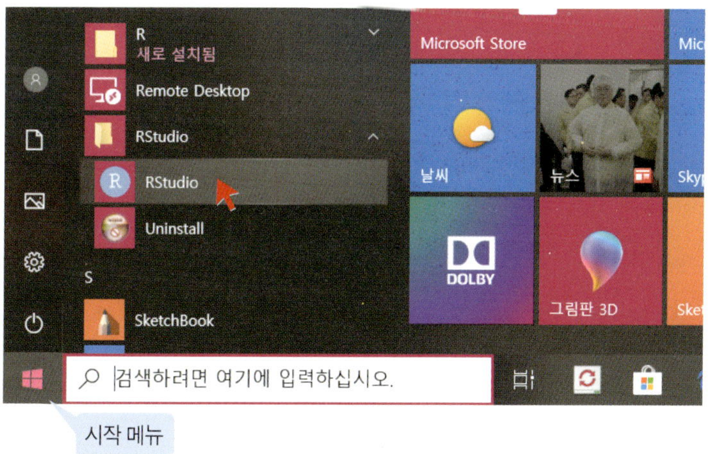

참고문헌

[1] Wikipedia, "industrial revolution", https://en.wikipedia.org/wiki/Industrial_Revolution, (2019. 11.17).

[2] Wikipedia, "assembly line", https://en.wikipedia.org/wiki/Assembly_line, (2019. 11.17).

[3] Wikipedia, "automation", https://en.wikipedia.org/wiki/Automation, (2019. 11.17).

[4] amazon, https://www.amazon.com/b?ie=UTF8&node=16008589011, (2019. 11.17).

[5] David Reinsel et al., The Digitization of the World from Edge to Core, An IDC White Paper, Nov. 2018.

[6] Wikipedia, "artificial intelligence", https://en.wikipedia.org/wiki/Artificial_intelligence, (2019. 11.17).

[7] 서울특별시, 빅데이터 기반 심야버스 노선 수립을 위한 분석, 서울시 빅데이터 분석 사례(요약본), 2018

[8] 서울대중교통, http://bus.go.kr/nBusMain.jsp, (2019. 11.20).

[9] KPMG, https://home.kpmg/xx/en/home/insights/2019/02/2019-autonomous-vehicles-readiness-index.html, (2019. 11.20).

[10] 국토교통부, https://www.molit.go.kr/7works/content/sub_0101.jsp, (2019. 11.20).

[11] Wikipedia, "Waymo", https://en.wikipedia.org/wiki/Waymo, (2019. 11.20).

[12] Medium, https://towardsdatascience.com/review-senet-squeeze-and-excitation-network-winner-of-ilsvrc-2017-image-classification-a887b98b2883, (2019. 11.20).

[13] Wikipedia, "R", https://en.wikipedia.org/wiki/R_(programming_language), (2019. 11.20).

[14] Wikipedia, "flip book", https://en.wikipedia.org/wiki/Flip_book, (2019. 12.10).

[15] Wikipedia, "Phenakistiscope", https://en.wikipedia.org/wiki/Phenakistiscope, (2019. 12.10).

[16] Wikipedia, "A Joy Story", https://www.youtube.com/watch?v=ZQGuVKHtrxc, (2019. 12.10).

[17] Wikipedia, "Seven Bridges of Königsberg", https://en.wikipedia.org/wiki/Seven_Bridges_of_K%C3%B6nigsberg, (2019. 12.20).

[18] Wikipedia, "social network", https://en.wikipedia.org/wiki/Social_network, (2019. 12.20).

[19] Wikipedia, "crash test", https://en.wikipedia.org/wiki/Crash_test, (2020. 1.22).

[20] Wikipedia, "computer simulation", https://en.wikipedia.org/wiki/Computer_simulation, (2020. 1.22).

찾아보기

ㄱ

가중치 381
결측치 47
경사하강법 362
계급의 수 119
계단함수 382
공공데이터 232
공공데이터포털 77, 232
구글맵 168, 170
구글맵 API 168
구글 클라우드 플랫폼 170
그래프 288
근접 291
근접 중심성 294
근접 중심화 294
기계학습 362

ㄴ

난수 142, 351
널 47
네이버 264
네이버 오픈 API키 266
네트워크 288
네트워크 분석 288
논리 연산자 43, 46

ㄷ

다층 퍼셉트론 381
대수의 법칙 352
대입 43
데이터 프레임 38, 55
동전 143
디지털 시뮬레이션 348
딥러닝 381

ㄹ

라이브러리 33
레벨 49
리스트 38, 53

ㅁ

마커 193
막대 그래프 84
몬테카를로 시뮬레이션 348, 357
밀도 300

ㅂ

바 차트 84, 99
박스 플롯 84, 121, 123
반복문 134, 137
배열 38, 50
백분위수 123
벡터 38, 39, 40
복원 추출 350
분류문제 380
비교 연산자 43, 45
비복원 추출 350
비용함수 362, 383
비지도학습 380

ㅅ

사회연결망분석 289
산술 연산자 43
수학적 확률 352
순전파 382
스탠포드 네트워크 분석 플랫폼 320
시그모이드 함수 382
시뮬레이션 79, 348
식별자 40

ㅇ

아날로그 시뮬레이션 348
앞면이 나올 확률 143
애니메이션 74, 132
역전파 382
연결정도 291
연결정도 중심화 292
연산자 43
오픈 API 77, 232, 265
오픈 API키 233
요인 38, 49
워드 클라우드 73
웹 스크래핑 212
웹스크롤링 77
웹크롤링 212
은닉층 381
인공신경망 378
인공지능 378
입력층 381

ㅈ

정규화된 중심성 291
정규화된 중심화 291
좌표코드 192
줄기-잎 그림 84, 86
중개 291
중개 중심성 296
중개 중심화 296
중심성 291
중심화 291
지도 168
지도학습 379

ㅊ

차트 84
최단 경로 300
최소자승법 362
출력층 381

ㅋ

컴퓨터 시뮬레이션 348

ㅌ

텍스트 마이닝 212

ㅍ

파이 차트 84, 90, 91
팔레트 94
패키지 33
편향 381
표본 추출 349

ㅎ

함수 66

합성함수 381
행렬 38, 52
확률모형 143
활성화함수 382
회귀문제 380
회귀선 361
히스토그램 84, 115, 116

A
all() 46
animation 133
any() 46
API 169
array 50
array() 50

B
base 66, 144
break 138

C
c() 40

D
data frame 55
datasets 61, 86, 107
DOM 213

F
factor 49
factor() 49
for 137
function 66

G
Geocoding API 170
ggmap 169, 232
ggplot2 169, 232
graphics 85

I
i 362
igraph 290, 301
imager 133
Inf 48

L
level 49
library() 61
list 53
list() 53

M
magick 133
MAPE 396
Maps Static API 170
maptype 188
MASS 380, 383, 385
matrix() 52

N
NA 47
NaN 48

neuralnet 380, 385, 399
next 138
NULL 48

O
openxlsx 169, 203

Q
quakes 62, 115

R
R 22, 23
RColorbrewer 85
RCurl 265
ReLU 함수 382
rep() 42
repeat 138
rest 212
rgl 349
rivers 86
RmecabKo 266
RStudio 22, 29
rvest 78, 218

S
seg() 40
Sys.sleep() 144

T
tanh 함수 382
type 111

V
vector 39

W
while 138
women 107
wordclous 266

X
XML 232, 266
X-Y 플로팅 71, 84
X-Y 플리팅 107

Z
zoom 189